VOYAGES, AVENTURES

ET

CAPTIVITÉ DE J. BONNAT

CHEZ LES ACHANTIS

PAR

JULES GROS

OFFICIER D'ACADÉMIE

OUVRAGE ENRICHI DE GRAVURES ET D'UNE CARTE

PARIS

LIBRAIRIE PLON

E. PLON, NOURRIT et Cie, IMPRIMEURS-ÉDITEURS

RUE GARANCIÈRE, 10

1884

Tous droits réservés

VOYAGES, AVENTURES

ET

CAPTIVITÉ DE J. BONNAT

CHEZ LES ACHANTIS

L'auteur et les éditeurs déclarent réserver leurs droits de traduction et de reproduction à l'étranger.

Ce volume a été déposé au ministère de l'intérieur (section de la librairie) en juin 1884.

OUVRAGES DU MÊME AUTEUR :

Voyages et découvertes de Paul Soleillet. (Maurice Dreyfous, éditeur, 13, rue du Faubourg-Montmartre.)
Conquête du Ton-kin par Jean Dupuis. (Id.)
Lettres de Nordenskiold. (Id.)
Les Explorations des régions polaires. (Id.)
Un volcan dans les glaces. (Id.)
Les 773 millions de J. F. Jollivet. (Jules Rouff, éditeur, 14, Cloître-Saint-Honoré.)
Les Trésors de la montagne. (Id.)
Les Secrets de la mer. (Id.)
Mouffetard 1er. (Id.)
Monsieur et madame Mouffetard. (Id.)
Cours d'histoire de France en 40 leçons. (Fayard, éditeur, 73, boulevard Saint-Michel.)

J. BONNAT.

VOYAGES, AVENTURES

ET

CAPTIVITÉ DE J. BONNAT

CHEZ LES ACHANTIS

PAR

JULES GROS

OFFICIER D'ACADÉMIE

PARIS

LIBRAIRIE PLON

E. PLON, NOURRIT ET Cie, IMPRIMEURS-ÉDITEURS

10, RUE GARANCIÈRE

—

1884

Tous droits réservés

A MON AMI

ÉTIENNE CARJAT.

C'est à toi, cher ami, que je dédie ce livre. Tu as connu la plupart des personnages qui y jouent un rôle, le capitaine Magnan, le capitaine Charles Girard, Bonnat, le peintre Cuisinier, le malheureux Brun, Edmond Musy et les autres.

Pardonne-moi si mon récit n'a pas tout l'attrait qu'un autre de plus de talent aurait pu lui donner. Il aura, à défaut d'autres qualités, le mérite de l'exactitude et de la plus scrupuleuse sincérité.

JULES GROS.

AVANT-PROPOS

L'histoire que je me propose de raconter est si remplie d'événements étranges, elle se passe en grande partie au milieu d'un peuple dont les mœurs diffèrent tant de la façon de vivre des Européens, qu'avant de commencer mon récit, j'éprouve le besoin d'affirmer à mes lecteurs que pas un des événements qui défileront devant leurs yeux n'a été par moi ni inventé, ni grossi, ni embelli.

Ce livre est écrit de bonne foi, sincèrement, à l'aide des documents les plus précis et les plus authentiques. J'ai personnellement connu et aimé Bonnat, comme je m'honore d'avoir été l'ami de la plupart des personnages qui figurent dans ce volume. J'ai assisté, dès le principe, aux événements qui décidèrent la vocation de notre héros ; j'ai pu, dans une modeste limite, l'aider à se faire connaître et à mettre en pratique les rêves de fortune et les projets d'avenir qu'il avait formés. Depuis sa mort, sa famille, certaine de l'affection que je portais au glorieux martyr, a bien voulu me confier les lettres qu'il a écrites pendant la durée de ses voyages, de sa captivité, de ses luttes commerciales et industrielles. Elle m'a autorisé à raconter les péripéties de cette poignante histoire.

J'ai sous les yeux toute une volumineuse correspondance et près de deux mille pages de notes de voyage. C'est à l'aide de ces documents que j'écris les aventures de Bonnat.

C'est donc lui, bien plus que moi, qui, ressuscitant pour l'histoire, racontera ses voyages, ses efforts, ses souffrances, ses angoisses et ses douleurs.

Quelques mots de biographie que M. l'abbé Bonnat, le frère du vaillant explorateur, a bien voulu m'adresser, termineront ce court avant-propos et me permettront d'entrer dans le vif du récit.

M. l'abbé Bonnat, actuellement curé de Talissieu (Ain), a toujours montré au jeune explorateur, son cadet, une chaude amitié et un dévouement à toute épreuve. Dans chacune des lettres que lui écrit le voyageur, il dit combien est douce et encourageante pour lui la tendresse éclairée de son frère et celle de sa sœur, mariée au pays.

Marie-Joseph Bonnat est né à Grièges, canton de Pont de Veyle (Ain), le 28 mai 1844. Grièges est un bourg modeste situé sur la rive gauche de la Saône, à six kilomètres de Mâcon. Bonnat y vint au monde non loin de la maison où naissait, quelques années auparavant, l'organisateur de la seule expédition française ayant pour objectif la recherche du pôle, le regretté Gustave Lambert, qu'une balle prussienne frappa mortellement dans le parc de Buzenval.

Antoine Bonnat, le père de Marie-Joseph, était un très-honorable instituteur, exerçant ses dures fonctions dans son pays natal, où ses anciens élèves parlent encore de lui avec vénération. L'Académie de l'Ain avait plusieurs fois reconnu, par des distinctions honorifiques, le zèle et l'excellence des méthodes d'enseignement de ce maître dévoué, qui mourut en décembre 1849, à l'âge de trente-huit ans, victime de l'ardeur avec laquelle il se dépensait à son devoir.

La jeune veuve du modeste instituteur restait seule avec cinq enfants, dont M. J. Bonnat, alors âgé de quatre ans et demi environ, était le dernier.

Pleine de foi et de courage, cette digne mère, loin de se laisser abattre, sentit son courage grandir avec les difficultés de la situation. Confiante en Dieu, elle envisagea sans trembler l'avenir qui s'ouvrait devant elle, et s'efforça de former par son exemple ses enfants à la vertu.

Elle ne négligea pas néanmoins leur instruction, et elle les confia aux soins d'un excellent maître du voisinage, M. Bonnel, qui avait été l'ami de son mari.

En présence des qualités d'esprit et de cœur qui se développaient chez son enfant, madame veuve Bonnat aurait voulu le pousser vers l'étude; c'était le conseil que donnait aussi le vieux maître d'école, mais il y avait à cela plus d'un obstacle.

Des sacrifices déjà faits pour les deux frères aînés, dont l'un se destinait à l'état ecclésiastique, et pour les deux autres enfants, avaient entamé largement les modestes ressources de la famille. De plus, la santé de Marie-Joseph était frêle et délicate; sa mère en concevait de graves inquiétudes.

Au moment où il fallait se décider à prendre une décision relativement à l'état à embrasser, un événement imprévu survint, à la suite duquel le jeune garçon dut se résigner à accepter un modeste emploi dans une ville de province.

Un peu plus tard, M. Joseph Bonnat était employé à Paris, au Grand Hôtel du Louvre. Ce fut alors que celui qui écrit ces lignes fit sa connaissance, et que commence en réalité la série d'aventures que j'ai résolu de raconter.

J. G.

VOYAGES, AVENTURES
ET
CAPTIVITÉ DE J. BONNAT
CHEZ LES ACHANTIS

CHAPITRE PREMIER

Le capitaine Magnan. — Le lieutenant Charles Girard. — Le peintre Cuisinier. — La guerre à la Russie. — Une entreprise mort-née. — Une exploration projetée. — Alexandre Dumas père et la goëlette *l'Emma*. — Organisation commerciale. — Voyage aux bouches du Niger. — Tempête. — Naufrage. — Des Robinsons sur la côte de France.

J'avais fait connaissance à Paris avec un capitaine au long cours, un Marseillais natif d'Aubagne, qui nous charmait par sa verve inépuisable et son imagination endiablée. On le nommait le capitaine Magnan.

C'était en 1863, et tout le monde se préoccupait de l'insurrection polonaise; toutes les sympathies françaises étaient pour le malheureux peuple opprimé, toutes les haines et toutes les colères pour les Russes oppresseurs.

Un soir, nous nous trouvions quelques amis réunis sur la terrasse du café de Madrid, qui, comme on sait, est, depuis sa fondation, le rendez-vous de toute une série de gens de lettres, d'artistes et de publicistes. Parmi les habitués présents se trouvaient plusieurs personnes qui ont joué dans l'épopée de Bonnat un rôle plus ou moins important. Là, en effet, à la même table que moi, étaient assis Charles Girard, lieutenant de chasseurs à pied démissionnaire, que dévorait l'amour des aventures; le peintre Léon Cuisinier, déjà bien connu dans le monde des arts; l'architecte Étienne Dejoux, le dernier survivant de ceux qui voulurent prendre part à la première expédition où figure Joseph Bonnat.

Le capitaine Magnan entra tout à coup, et se précipitant vers nous :

— Mes amis, dit-il avec cet accent provençal qu'il a si bien conservé jusqu'à sa mort, je viens vous apprendre, sous le sceau du secret, une nouvelle extraordinaire.

— Qu'est-ce que ce peut être? interrogea Charles Girard. Les Polonais ont-ils battu les Russes?

— Pas encore tout à fait, répondit du ton le plus sérieux le capitaine Magnan, mais les affaires de la Russie n'en vont pas mieux pour cela, car, en un mot comme en mille, moi, capitaine Magnan, je viens officiellement de lui déclarer la guerre au bénéfice du peuple opprimé.

Nous regardâmes le Marseillais, nous attendant à une de ces facéties dont ses compatriotes sont prodigues, car nous ne pouvions croire qu'il pût être devenu fou subitement.

Mais il ne sourcilla pas, s'assit au milieu de nous, et quand il nous vit tout disposés à l'écouter, il prit la parole.

Il nous fit savoir que le sort de la Pologne l'intéressait vivement, et que depuis longtemps il avait formé le projet de se mettre au service de son indépendance.

Ce ne fut pas sans une profonde stupéfaction, mêlée d'un peu d'incrédulité, que nous apprîmes que le capitaine, donnant corps à son projet, venait de se procurer en Angleterre un navire tout armé et prêt à entrer en campagne.

— Mon bâtiment, ajouta-t-il, est en route pour Marseille, où il doit m'attendre sous peu de jours; il ne manque plus à mon entreprise qu'un personnel vaillant et dévoué; dès aujourd'hui la formation de mon équipage devient mon seul souci. C'est vous dire, mes amis, que si vous avez sous la main des hommes que vous jugiez dignes d'être mes compagnons d'armes, je suis disposé à les enrôler sur votre recommandation.

— Toi d'abord, ajouta-t-il en s'adressant à Charles Girard, je te nomme mon second à bord, et le commandant des troupes de débarquement; cela te va-t-il?

— Topez là, dit le lieutenant.

Léon Cuisinier, après quelques minutes de réflexion, demanda à être compris dans les cadres de l'état-major, à titre de peintre de l'expédition. Dejoux se proposa pour en être l'architecte en cas de descente à terre, et l'historiographe pendant le reste du temps; pour moi, je crus devoir m'abstenir, car la seule place qui eût pu me convenir, celle d'écrivain, avait été retenue par mon ami Dejoux.

— Mes enfants, dit en quittant la table le capitaine endiablé, je vous invite tous quatre à dîner ce soir à l'Hôtel du Louvre; dans une heure je vous y attends, pour boire au triomphe des corsaires français au service de la Pologne.

Nous n'eûmes garde de manquer au rendez-vous. Le repas fut somptueux; le champagne et les vins généreux coulèrent à flots. Quand on arriva au dessert, l'enthousiasme était à son paroxysme.

Tout à coup nous vîmes entrer un petit jeune homme imberbe, aux formes un peu débiles, mais à l'œil bleu, vif et brillant.

— Je désirerais parler au capitaine Magnan, dit-il timidement.

— Approchez-vous, mon ami, répondit le capitaine, je suis tout oreilles.

Le jeune homme avait sans doute depuis longtemps ruminé sa leçon, car il s'exprima ainsi tout d'un trait, sans hésiter et sans reprendre haleine :

— Capitaine, je me nomme Marie-Joseph Bonnat, j'ai vingt et un ans accomplis; je suis né dans le département de l'Ain; je n'ai pas de fortune, et je rêve depuis longtemps de partir pour une entreprise aventureuse. Je sais que vous allez vous battre sur mer contre les Russes; moi, je suis pour les Polonais; je viens vous supplier de me prendre à votre service. Je vous jure que vous serez content de moi.

— Quel métier fais-tu? demanda le capitaine.

— Je n'ai malheureusement aucun métier manuel, mais je suis jeune, vigoureux, d'une famille honorable, quoique pauvre. Je suis résolu à tenter la fortune, et je sens en moi l'étoffe d'un Livingstone ou d'un Poncet.

— Quel est ton pays?

— Grièges, canton de Pont-de-Veyle, en Bresse.

— Tu es Bressan, alors tu dois savoir faire la cuisine?

— Dame, monsieur, je la ferais comme tout le monde, si l'occasion s'en présentait.

— C'est parfait, s'écria le capitaine. Je t'engage dès maintenant comme maître coq sur mon bâtiment. Viens me trouver dans ma chambre, au n° 16 de l'hôtel, demain matin vers dix heures. Tu signeras ton engagement, et je te ferai connaître les conditions de l'embarquement.

C'est ainsi que Bonnat se trouva subitement transformé de pacifique employé d'hôtel en farouche corsaire. Dès ce jour, il entra dans la carrière des aventures qui s'ouvrait devant lui, et il ne la quitta qu'après avoir réalisé tous les points du programme tracé par sa juvénile ambition.

Je ne sais si l'empire des czars trembla en recevant la déclaration de guerre du capitaine Magnan; mais ce qui est certain, c'est que la chose resta à l'état de menace et n'entra jamais dans la période d'exécution.

Le navire, armé et aménagé en Angleterre, fut obligé par le mauvais temps à relâcher dans un port d'Espagne. Là, par suite d'un hasard, d'une indiscrétion ou d'une délation, on s'aperçut qu'il était bourré d'armes de toute sorte, qu'il naviguait sans papiers réguliers, et l'on en opéra la saisie.

Quand cette nouvelle arriva à Paris, elle plongea dans la consternation tous ceux qui avaient espéré faire partie de l'expédition. On tint conseil dans un café, et Bonnat ne fut pas celui qui témoigna le moins de chagrin de cette entreprise manquée. Chacun, en effet, avait plus ou moins péniblement habitué sa famille à l'idée d'un prochain départ; chacun avait fait ses préparatifs, acheté des armes et des vêtements. Le capitaine Magnan se montra touché du désespoir général.

— Mes amis, dit-il, consolez-vous. La confiscation de notre navire nous interdit sans doute l'espoir de continuer notre généreuse et périlleuse entreprise. Si cette pensée peut vous consoler un peu, réfléchissez aux conséquences possibles de notre guerre avec la Russie; malgré ma déclaration de guerre, il est peu probable qu'on nous ait déclarés belligérants, et si nous avions eu l'imprudence de nous laisser prendre, nous aurions tous été pendus aux vergues de notre vaisseau.

— Nous savions tous les risques que nous courions, interrompit Charles Girard, et pour nous tous les dangers en perspective étaient un attrait de plus que nous offrait l'expédition.

— Bien! bien! reprit le capitaine. Je ne regrette pas moins que vous, croyez-le, l'impossibilité où nous sommes de poursuivre notre but, mais il m'est survenu une idée que je désire vous soumettre.

— Voyons, voyons, écoutons! dirent tous les aventuriers réunis.

— A côté des expéditions militaires, dit le capitaine, il y a d'autres entreprises moins brillantes, mais non moins utiles et non moins dangereuses. Je veux parler de la conquête du monde inconnu. Que penseriez-vous d'un voyage sur les côtes d'Afrique, d'une exploration d'un des grands fleuves qui traversent le mystérieux continent? Pour moi, j'ai résolu d'aller visiter les embouchures du Niger et de remonter le fleuve jusqu'à sa source, si cela est possible. Qui de vous, mes amis, consent à m'accompagner?

— Nous irons tous, tous, s'écrièrent à la fois Girard, Cuisinier, Dejoux, Bonnat et deux ou trois autres qu'on avait recrutés pour la guerre de Pologne.

Le capitaine crut que le jeune Bonnat désirait, mais n'osait prendre la parole.

— Voyons, qu'as-tu à dire? interrogea-t-il d'un ton si bienveillant que le jeune homme sentit disparaître toute sa timidité et s'exprima en ces termes :

— Comment irons-nous sur la côte d'Afrique, maintenant que nous n'avons plus de navire?

— Ne vous occupez pas de cela, j'en fais mon affaire, répondit en souriant le capitaine marseillais.

Il avait en effet déjà fait son plan, et il ne fut pas long à l'exécuter.

Il connaissait Alexandre Dumas, le grand romancier. Il alla le voir dans son château de Monte-Cristo et lui fit part de son projet. L'enthousiaste écrivain l'approuva sans réserve.

— Quel malheur que je ne puisse être des vôtres! dit-il; je suis, hélas! attaché au rivage; mais dites-moi en quoi je pourrais vous servir.

— Maître, dit le capitaine, je ne viens pas vous demander de l'argent, bien que ce soit là ce qui me manque le plus et ce qui m'est le plus nécessaire. Vous avez de nombreux amis dans la presse; si vous voulez m'aider et recommander mon entreprise, je me fais fort, à bref délai, de trouver sinon l'argent nécessaire, au moins les marchandises suffisantes pour faire un chargement. Restera la question du navire. Quand j'en serai là, je chercherai.

— Ne cherchez pas, au contraire, s'écria le généreux écrivain. J'ai ce qu'il vous faut. Connaissez-vous l'*Emma?*

— Quel marin français ne connaît pas l'*Emma,* votre jolie goëlette? Avec un pareil bateau, il me semble que je ferais le tour du monde.

— Eh bien! mon ami, prenez l'*Emma,* qui est en ce moment dans le port de Marseille, et faites une heureuse navigation. Je regrette de ne pouvoir faire davantage pour vous. Quant à la presse, rapportez-vous-en à moi, je ne négligerai rien pour vous créer des alliés dévoués dans tous les clans de journalistes.

Magnan quitta Alexandre Dumas le cœur rempli d'espoir et de reconnaissance.

Il était doué d'une activité endiablée; il se mit en

courses. Bientôt, grâce à l'appui des journaux, il rencontra de nombreuses sympathies parmi les marchands, qui, comme on sait, sont restés pourtant trop longtemps réfractaires à toute idée d'entreprises lointaines.

Le capitaine marseillais avait une imagination féconde; il trouva une combinaison qui lui assura le concours effectif des négociants les moins disposés à livrer leurs marchandises aux risques d'une entreprise aussi aléatoire. Une série d'assurances contractées vis-à-vis de compagnies solvables convertissait en une excellente affaire une opération commerciale qui sans cela eût été impossible. Les fonds de magasin furent vidés, et tous les rossignols de l'industrie parisienne vinrent s'entasser dans les flancs de l'*Emma*.

La goëlette du grand romancier et les marchandises qu'elle contenait furent assurées, et l'on put enfin s'occuper du départ.

Les compagnons de route du capitaine étaient partis en avance et l'attendaient à Marseille; il s'y rendit lui-même et compléta son équipage à l'aide de matelots noirs, Malgaches ou Sénégalais, qu'il choisit en raison même de leur couleur et de leur acclimatation dans les régions tropicales.

L'*Emma* partit du Frioul, près de Marseille, le 14 août 1865, à une heure du matin. Une tempête effroyable l'assaillit à la sortie du port, et le malheureux navire fut jeté à la côte dans la baie de Fos, à sept heures et quart du soir, au plus fort de la tourmente.

Matelots et passagers, voyant l'*Emma* perdue sans ressource, se jetèrent à la mer et tâchèrent de gagner la côte à la nage. Deux hommes trouvèrent la mort dans ce naufrage : c'étaient un ami du capitaine Magnan que celui-ci avait embarqué comme comptable, et un brave Malgache, excellent nageur, qui périt victime de son dévouement en essayant de sauver ce passager que le capitaine lui avait confié.

Magnan, Girard, Cuisinier, Bonnat et le reste de l'équipage arrivèrent heureusement à terre, où l'on improvisa un campement et où commença pour ces malheureux une existence de Robinsons, dont le récit détaillé ne saurait trouver place ici, mais suffirait à lui seul pour faire un livre intéressant.

Qu'il me suffise de dire que les riverains se montrèrent aussi peu hospitaliers envers les naufragés que si le désastre eût eu lieu sur les côtes les plus barbares de l'Afrique ou de l'Océanie. Le capitaine, songeant aux intérêts qu'il représentait et à la responsabilité qui pesait sur lui, se hâta de déléguer son pouvoir à M. Girard, son second, et prit la route de Marseille d'abord, puis de Paris, faisant espérer à ses compagnons que le désastre serait bientôt réparé et qu'ils recevraient de prompts secours.

Dans l'attente de ces secours, on vécut tant bien que mal, sans la moindre assistance des habitants, qui traitèrent les naufragés comme ils auraient fait d'une bande de Bohémiens errants. On s'occupa activement du sauvetage des marchandises restées sur le navire échoué; mais, hélas! le malheur était complet, et l'on ne put en retirer ni vivres ni vin, ni rien qui eût conservé une valeur quelconque.

Les matelots nègres, plus ou moins habitués à la vie sauvage, se montrèrent d'un dévouement et d'une habileté admirables. Grâce à eux, les vivres ne manquèrent pas tout à fait, car ils réussirent à pêcher des poissons et des coquillages pour empêcher tout le monde de mourir de faim.

Campés sur la plage en vue de leur navire, que chaque flot achevait de mettre en pièces, les infortunés attendaient affamés et découragés le retour du capitaine, que ses affaires et les difficultés de toute sorte qu'il rencontrait retenaient toujours à Paris.

Pendant ce séjour à la côte, qui dura près de deux mois, deux événements méritent d'être signalés. Bonnat avait écrit à sa famille, qui, en toute hâte, lui expédia une feuillette de cet excellent vin blanc de Mâcon dont la réputation est bien faite dans toutes les maisons où l'on pratique le culte de la gourmandise. Pour des hommes affaiblis par le jeûne et l'absence de toute ressource, c'était là une sorte de manne providentielle; on eut la sagesse de ménager cette provision inespérée, qui apporta un peu de gaieté dans le camp pendant près d'un mois.

Une autre ressource vint s'ajouter à cette bienheureuse feuillette. Les matelots noirs en allant la nuit poser leurs lignes à la mer rencontrèrent un porc qui s'était sans doute échappé d'une étable du village inhospitalier. Le fugitif fut en un clin d'œil saisi, saigné et mis au saloir. Il en restait encore quelques bribes quand on se décida à lever le camp.

Charles Girard voyant le capitaine non-seulement prolonger indéfiniment son absence, mais encore persister dans un mutisme qui paraissait inexplicable, comprit que l'existence des naufragés ne pouvait durer ainsi, et il prit un parti héroïque. L'ordre fut donné de lever le camp, et l'on se remit en route pour Marseille. Les matelots furent déchargés de l'engagement contracté et rendus au bureau de recrutement; quant aux passagers, ils avaient enfin reçu quelques secours de leurs parents et de leurs amis; ils purent prendre le chemin de fer et revenir à Paris avec le désespoir de n'avoir pu commencer une expédition pour laquelle ils étaient partis avec un tel entrain et un tel enthousiasme.

Cette fois encore Bonnat commença à désespérer; il alla à la recherche du capitaine Magnan, qui, en proie à des difficultés inextricables, le reçut assez mal et l'engagea à s'adresser au lieutenant Girard.

Ce dernier se montra plus gracieux que son chef et entretint Bonnat d'un projet qu'il venait de former et qui n'était rien moins que la reconstitution de l'expédition du Niger sur nouveaux frais, avec ou sans le concours du capitaine Magnan.

Bonnat avait eu le temps de réfléchir mûrement pendant la triste période du naufrage; mais, chose singulière, les obstacles, loin d'éteindre ou de diminuer en lui l'esprit d'aventure qui y était éclos, semblaient au contraire l'agrandir et lui donner un corps. Il entra avec ardeur dans les projets de Girard, mais il en comprit tout de suite les difficultés.

— Qui commandera le navire, demanda-t-il, en admettant que nous en trouvions un autre? Vous ne pouvez le faire, puisque vous n'êtes pas capitaine au long cours.

— C'est juste, répondit Girard, mais j'ai la ferme volonté de le devenir, et je le serai.

Bonnat, confiant dans la parole du lieutenant, trouva d'abord un modeste emploi, puis il partit pour Brest avec Charles Girard. Ce dernier se mit avec ardeur à l'étude. Pendant leurs loisirs, les deux compagnons naviguaient de conserve, étudiant ainsi la manœuvre d'une embarcation. Le lieutenant passa avec succès ses examens. Quand il revint à Paris, il apprit que les affaires du capitaine Magnan allaient de mal en pis. Il n'avait donc plus à compter que sur ses propres forces.

Il se mit résolûment à l'œuvre, et une nouvelle expédition s'organisa.

Cette fois, de ses anciens compagnons, Girard ne trouva que Bonnat qui consentît à le suivre. Les autres avaient trouvé à Paris des situations qui avaient modifié leur ordre d'idées. Bien que d'un caractère plus résolu que réfléchi, le nouveau chef d'expédition comprit qu'il y avait dans Bonnat l'étoffe d'un homme utile et d'un solide camarade de route. Il l'engagea provisoirement comme préposé aux subsistances, mais il promit de le nommer, dès l'arrivée, employé intéressé à l'entreprise. Le jeune homme, sur l'ordre de son chef, alla attendre à Toulon le moment de s'embarquer.

Disons maintenant comment le capitaine Charles Girard parvint à organiser son expédition, dont le but restait le même : exploration du cours du Niger, en cherchant si une des bouches du fleuve ne se détacherait pas de lui au-dessus des chutes d'eau qui rendent impossible sa navigation dans sa partie inférieure.

CHAPITRE II

Le *Joseph-Léon*. — Départ. — Les Canaries. — Saint-Louis du Sé égal. — Appréciations de M. J. Bonnat. — Son journal de voyage. — Gorée et Dakar. — Fernando-Po. — Le Bony. — Le roi Peppel et son tuteur Ya-Ya. — Le grand chef de la religion Adalessen. — Un dîner chez les noirs. — Les mangliers et les huîtres.

Le capitaine Girard ne perdait pas son temps pendant que son compagnon de route l'attendait à Marseille, ou plutôt à Toulon, où il avait réussi à trouver un petit emploi.

Après s'être assuré à Paris l'appui et le concours de quelques négociants disposés à fournir des fonds et des marchandises à l'entreprise nouvelle, Girard était allé à Bordeaux, puis à Rochefort, afin de trouver un armateur disposé à lui confier un navire.

Malheureusement les Alexandre Dumas sont rares dans le monde commercial, surtout au point de vue de la générosité princière. Il fallut au créateur du nouveau projet une rare persistance et une éloquence peu commune pour convaincre des hommes habitués à traduire en chiffres précis les opérations les moins certaines. Il finit néanmoins par découvrir un négociant de Bordeaux qui possédait un petit sloop de vingt-huit tonneaux, hors de service, et qui consentit à le mettre à la disposition de l'aventureux explorateur. Ce navire fut réparé, repeint à neuf et expédié dans le port de Rochefort, où le capitaine se hâta de donner rendez-vous à son équipage.

Le *Joseph-Léon* fut présenté par Girard à ses compagnons comme un vaisseau tout neuf, construit spécialement pour le voyage projeté. Bonnat prit pour argent comptant la toilette du navire, et c'est avec quelque enthousiasme qu'il en parle à son frère l'abbé Exupère, dans une lettre datée de Rochefort le 4 mai 1866.

« M. Charles Girard, dit-il, est arrivé à avoir un crédit de 500,000 francs, de sorte qu'aujourd'hui il est à la tête d'une expédition. Il a un beau bateau sous les pieds, avec une bonne cargaison lui appartenant; il a en outre l'appui du gouvernement, qui lui donne un canon de 12 et douze carabines avec baïonnettes, gibernes, munitions et tout le nécessaire. Notre navire a été fait à Bordeaux, et il sort des ateliers d'un grand fabricant. »

Dans une autre lettre du 8, adressée à M. Patrasson, un ami de la famille, il indique mieux encore sa foi profonde dans le succès de l'entreprise :

« Les plans de M. Girard, dit-il, ne sont pas tout à fait les mêmes que ceux du capitaine Magnan, mais le but à atteindre est identique. Prenez un peu patience, et vous entendrez parler de nous. Il me semble vous voir sourire, mais tout vient à point à qui sait attendre. Vous verrez!... »

Le 9 mai 1866, le *Joseph-Léon* quitta Rochefort, mais ce ne fut pas sans peine qu'il se mit en route. Si les passagers eussent été superstitieux, ils auraient pu voir un fâcheux présage dans les difficultés qui signalèrent la traversée.

Le 12 juin, Bonnat écrit de Las Palmas à sa sœur et lui

raconte ce départ, qui menaça de finir comme le voyage de l'*Emma*.

« Lorsque je t'écrivis la dernière fois, dit-il, j'étais en mer, mais le temps nous força de revenir nous abriter dans la rivière. La fureur de la mer devint tout à fait terrible. Huit jours après seulement nous avons pris définitivement le large ; le beau temps nous a favorisés trois jours, après quoi le vent s'est mis contre nous, et nous avons été obligés de louvoyer tout le long de la côte de Portugal. »

Le brave Bonnat ne s'est peut-être jamais douté de l'état réel dans lequel se trouvait le *Joseph-Léon*. Charles Girard a avoué à celui qui écrit ces lignes que tous les marins expérimentés de Bordeaux ou de Rochefort lui avaient déclaré que le départ d'une pareille embarcation était une folie, et que le voyage projeté n'aboutirait qu'à un repas de gourmands pour les requins.

Là ne s'arrêtèrent pas les épreuves qui attendaient les voyageurs. Laissons raconter à Bonnat ses impressions de navigateur novice. C'est à sa sœur qu'il s'adresse :

« En quittant la côte du Portugal, nous avons reçu un gros coup de vent. Je t'assure qu'il n'y faisait pas bon ! La mer venait balayer le pont à chaque instant. Néanmoins nous sommes arrivés à soixante lieues d'ici (Las Palmas), à peu près sans accident.

« Là, dans un grain (ce qu'on appelle en patois bressan un *revolou*), nos haubans ont cassé, et il s'en est peu fallu que nous ne perdions notre grand mât, et même que nous ne fassions naufrage. La Providence a veillé sur nous, et le mât a tenu bon. Quarante-huit heures après, nous avons mouillé devant Las Palmas, la capitale des îles Canaries, qui est une petite ville magnifique, plantée sur le versant d'une haute montagne. »

Les Canaries, quelque enthousiasme qu'elles aient pu causer au jeune voyageur, ont été trop de fois décrites sous toutes les formes pour que nous suivions Bonnat dans les descriptions pompeuses qu'il en fait à sa famille. Bien que peu lettré, il affirme que ce sont de véritables petits paradis terrestres, et que les Romains, en les appelant îles Fortunées, les avaient bien nommées.

Rien d'ailleurs au monde n'est moins surprenant que cette admiration d'un homme qui quitte pour la première fois l'Europe et se dirige vers les régions tropicales. La flore s'est tout à coup transformée, et de moins naïfs que notre héros ne rencontreraient pas sans émotion, pour la première fois, les plantes intertropicales, le bananier, le dattier, le cocotier, le manglier, la canne à sucre, les plantes grasses, depuis l'aloès jusqu'au cactus sur lequel on élève la cochenille, une des grandes richesses du pays.

La réception faite aux Canaries aux aventureux voyageurs fut pleine de cordialité. On leur offrit des fêtes magnifiques et on les compara, dit Bonnat, tout simplement à Christophe Colomb.

Le *Joseph-Léon,* après avoir subi les réparations nécessitées par la tempête, quitta le port de Las Palmas le 20 juin et arriva le 27 à Saint-Louis du Sénégal. La première partie du rêve de Bonnat était réalisée; il touchait enfin le sol du mystérieux continent auquel il avait résolu d'arracher le plus possible de ses secrets. Il allait enfin voir des noirs! Ici nous ne saurions refuser de lui donner la parole et de faire connaître au lecteur ces premières impressions qui, à défaut de nouveauté dans les détails, offrent l'intérêt poignant d'observations naïves et sincères faites par un homme chez qui les émotions n'avaient pas encore été déflorées.

Personne, à mon avis, n'est d'ailleurs plus à même de donner un dessin vrai des choses nouvelles qu'il aperçoit, que l'homme qui les voit pour la première fois. L'habitude de regarder un objet, de vivre au milieu de mœurs les plus singulières, ne tarde pas à émousser les émotions du voyageur, qui finit par les considérer comme si naturelles qu'il oublie souvent de dire un mot des choses les plus capables d'intéresser ceux qui l'écoutent ou qui le lisent.

« A sept heures du matin, dit Bonnat, nous apercevions Saint-Louis... Nous hissâmes nos couleurs pour faire connaître notre nationalité et pour demander un pilote. Un instant après, nous aperçûmes une masse noire qui se mouvait, et bientôt nous reconnûmes une pirogue montée par trois naturels du pays. Ils étaient debout dans cette frêle embarcation et pagayaient avec vigueur en venant de notre côté. Ils maniaient la pagaye avec une adresse merveilleuse. Il m'aurait fallu, à moi, pour me tenir debout dans cette embarcation, avec cette grosse houle, faire des prodiges d'adresse, et pourtant j'ai déjà le pied marin. Tu vas comprendre toi-même la difficulté.

« Une pirogue est faite d'un tronc d'arbre creusé ; on lui donne la forme ronde en dessous, pointue dans les deux bouts, de telle façon que cela n'a pas la moindre stabilité : deux Européens, non habitués à de semblables embarcations, les feraient certainement chavirer en tentant d'y entrer.

« Les pirogues varient de dimensions ; on en voit qui ont 4 mètres de long sur 45 à 50 centimètres de large ; ce sont les plus nombreuses au Sénégal ; mais il y en a de bien plus grandes, et qui portent jusqu'à 10,000 kilogrammes. Elles marchent toutes à la pagaye et à la voile.

« L'embarcation qui accosta le bord était envoyée par

le gouverneur, comme cela se fait pour tous les navires qui se présentent devant Saint-Louis. On venait savoir d'où nous venions, où nous allions, si nous n'avions pas de malades à bord, etc., etc. Sitôt que ces braves gens furent montés sur le *Joseph-Léon* et qu'ils se furent acquittés de leur mission, ils nous demandèrent à manger ; nous leur donnâmes quelques biscuits et quelques bananes qui nous restaient d'un régime apporté des Canaries ; ils s'en régalèrent ; mais quand nous leur offrîmes à boire du vin et du cognac, ils nous répondirent en chœur : *Moi marabout.* Cela voulait dire qu'ils étaient mahométans, et que le Coran leur interdit l'usage des boissons fermentées.

« Le noir qui semblait être le chef des deux autres était un gaillard de vingt-cinq ans environ, mesurant six pieds de hauteur, large d'épaules, avec des bras et des jambes à décourager tous les hercules et les lutteurs qui parcourent la France. Son teint était noir d'ébène ; il avait le nez épaté, moins cependant que les Hottentots, que cet organe et la bouche défigurent complétement. Ses traits étaient, en somme, assez réguliers, et, sauf sa couleur, il eût passé chez nous pour un très-beau garçon.

« Il portait un vieux bonnet de matelot, une espèce de grand camail blanc dont il relevait les bouts sur les épaules pour avoir les bras dégagés. J'ai su plus tard que c'était un *boubou* coupé en deux. Il avait en outre un pantalon usé qui certes n'avait pas été fait pour lui, car je reconnus à la ceinture la marque de Godchaux à Paris. Quant à la chemise et à la chaussure, il n'est pas besoin d'en parler ; c'est dans ces contrées le comble du luxe, et il y a peu de naturels qui se permettent ce superflu.

« Tel était à peu près le pilote qui devait nous conduire jusque devant la barre de la rivière.

« Le second était un individu ayant trois ou quatre pouces de moins que le premier, aux pommettes saillantes, au regard très-vif, à la mâchoire allongée, aussi noir que l'autre, mais bien plus âgé. Sa tête était nue; il portait un chiffon bleu sur les reins, et un autre lui cachait sa nudité; il s'appelait Abd-Allah; j'ai su son nom parce qu'il est revenu souvent à bord apporter du poisson et m'a servi plus d'une fois de guide à la chasse.

« Le troisième, neveu d'Abd-Allah, paraissait avoir quatorze ou quinze ans. Sa figure était agréable, et il avait pour tout vêtement un chiffon sordide qui lui servait de ceinture.

« Quand on eut répondu aux demandes de l'autorité, Abd-Allah partit avec son neveu, laissant à bord leur compagnon qui devait nous servir de pilote.....

« Nous entrâmes dans le grand fleuve Sénégal, hanté par les requins, les crocodiles, les caïmans, et autres hôtes désagréables, qui donnent le cauchemar à ceux qui, comme toi, se contentent, en France, de lire les récits des voyageurs.

« Le vent n'étant pas très-favorable, nous fûmes obligés de louvoyer, ce qui nous fit passer très-près des rives, où nous aperçûmes bientôt des huttes, des naturels occupés à couper du bois, des palmiers en quantité, des oiseaux aquatiques de toute espèce et que je n'avais jamais vus, même au jardin zoologique de Paris.

« De l'autre côté s'étendait une grande pointe de sable qui s'avance dans la mer et qui est une sorte de prolongation du grand désert. Des chameaux debout ou couchés sur ces sables achevaient de me donner une idée du Sahara.

« Bientôt nous aperçûmes l'île de Saint-Louis, où est construite la capitale de notre colonie sénégalienne. Charmante ville que Saint-Louis avec ses maisons blanches à terrasse et à galerie; un double pont la relie aux deux rives du fleuve. »

Ici Bonnat donne une agréable et pittoresque description du marché de Guet'Dard, qu'il appelle Guet-en-Dard, suivant la prononciation des Français de Saint-Louis. Nous serions heureux de poursuivre ces intéressantes citations, mais le temps nous tarde de montrer au lecteur le vaillant pionnier dans les pays neufs et d'arriver le plus vite possible aux événements qui l'ont classé parmi les plus illustres explorateurs de France.

Reprenons donc son récit au moment où le *Joseph-Léon* quitta le Sénégal.

« L'expédition vient d'augmenter son personnel de trois membres. C'est en premier lieu un nommé Samba, grand noir Sarakoulé qui porte sur les joues les marques particulières de sa tribu. Il est mahométan et parle le français, l'anglais et plusieurs dialectes de l'intérieur, ce qui le rend précieux à titre d'interprète.

« Le second engagé se nomme Cirey; c'est un nègre Toukouleur, cuisinier de profession, et qu'on a embarqué comme tel.

« Enfin nous emmenons un petit mousse noir, nommé Demba Diob. Il est charmant, un peu capricieux et très-espiègle.

« Le 27 juillet 1866, à huit heures du matin, nous partons remorqués par l'*Étoile* jusqu'en dehors de la barre. Là, nous larguons l'amarre et mettons à la voile pour Gorée.

« Le lendemain, nous doublons le cap Vert, et à onze heures l'île Magdeleine. Enfin à midi nous sommes à Gorée; mais comme ce mouillage est très-mauvais, nous pénétrons dans le port de Dakar, à qui Gorée est ce que le château d'If est à Marseille.

« Pendant la traversée de Saint-Louis à Gorée, j'ai pris une insolation qui m'a forcé d'entrer à l'hôpital, où je suis resté du 3 au 12 août. Je suis revenu le 12 à bord, encore faible, mais guéri, grâce à mon excellent tempérament.

« Gorée est une île dont les dimensions ne dépassent pas celles des îles qui entourent Marseille; seulement elle contient une citadelle magnifique et une ville plus grande que belle.

« Dakar, qui est sur le continent, est une ville tracée, mais non faite. Le coin de chaque rue est marqué par une pierre blanche; mais on ne voit encore que quelques misérables cabanes plantées çà et là [1].

« Les blancs sont à Gorée et à Dakar fort considérés même par les indigènes. Il en est de même d'ailleurs dans toute l'Afrique. Un jour, ne sachant que faire, j'allai sur les bords de la mer pour voir pêcher; j'arrivai bientôt vers une troupe de noirs feba et yoloff, qui pêchaient avec une grande activité. Quand je voulus me retirer, celui qui semblait le chef de la bande fit signe à un de ses compagnons et lui commanda de me donner du poisson. J'acceptai ce cadeau avec un singulier plaisir, parce qu'il me montrait le respect que les nègres ont pour nous. Je donnai en échange une poignée de tabac qui fut reçue avec joie.

« Un spectacle curieux qu'il m'a été donné de voir à Dakar, c'est un passage de sauterelles. Pendant deux heures le soleil a été littéralement obscurci par des nuées

---

[1] Que nos lecteurs n'oublient point l'époque où Bonnat écrivait ces lignes.

de ces insectes malfaisants qui ne laissent rien de vert partout où ils se reposent.

« Le temps, qui était très-mauvais, retarda notre départ jusqu'au 26 août. Nous partîmes le soir de ce jour, et nous espérions bien nous diriger en droite ligne vers les embouchures du Niger. Mais l'homme propose, et Dieu dispose; nos projets durent être modifiés, et pour ma part je n'en fus pas fâché.

« Le capitaine de pavillon, M. Morenas, tomba malade et ne tarda pas à acquérir la conviction qu'il ne pourrait pas supporter le climat de l'Afrique équatoriale. Il pria M. Girard de le rapatrier. Il fut donc convenu qu'on ferait escale à Fernando-Po, et l'on prit la route de cette île, où nous arrivâmes le 2 octobre.

« Cette traversée ne présenta rien de bien remarquable, sinon l'ennui que nous éprouvâmes en nous trouvant sur les écueils de Poupoui, près des îles Bissagos, où nous restâmes près de huit jours, faute de vent pour continuer notre route.

« Une pluie diluvienne nous accompagna pendant ce voyage, surtout quand nous atteignîmes ce point que les marins appellent le *Poteau noir*. C'est l'espace compris entre 10° et 2° de latitude nord, et qui est fameux par la quantité d'eau qui y tombe presque sans cesse pendant toute l'année. Ce phénomène amène dans ces parages des navires qui se dérangent de trois ou quatre cents lieues de leur route pour venir faire de l'eau quand ils en sont à court.

« Pendant cette traversée, nous prîmes trois requins, dont deux avaient la peau d'un bleu splendide. Le plus grand mesurait quatre mètres de long et avait un mètre cinquante de circonférence. Nous pêchâmes aussi des dorades magnifiques.

« Pour arriver à Fernando-Po (Fernâo-do-Poo), nous eûmes à lutter contre le temps, et nous n'entrâmes dans le port Isabelle qu'après avoir erré trois jours autour de l'île, à cause de la brume et de la pluie qui tombait sans discontinuer.

« Je rencontrai dans l'île un missionnaire jésuite qui me conduisit dans un village voisin de son ermitage; il me présenta au roi, que nous trouvâmes fumant sa pipe, accroupi au milieu de sa tente. Sa Majesté nous serra démocratiquement la main.

« Comme tous ses sujets et ses sujettes, le roi était presque nu. Comme signe distinctif de sa dignité, il portait des sortes de genouillères en cuir, garnies de franges faites de coquilles et de plumes. Sur son chapeau de paille grimaçaient des têtes de squelettes d'animaux divers. Je remarquai avec quelque étonnement des corbeilles en jonc tressées par les habitants, et si serrées qu'elles contenaient de l'eau sans en laisser filtrer une seule goutte.

« Nous demandâmes à boire; on envoya des indigènes cueillir pour nous du vin de palme à un palmier qui s'élevait tout près de nous. Je fus vraiment charmé de voir avec quelle agilité prodigieuse ces gens grimpent aux arbres. Pour cela ils se servent d'un cercle assez grand dont ils entourent à la fois leurs reins et le tronc du palmier. Appuyant alors leurs pieds contre l'arbre et leurs mains au cercle qui les enveloppe, ils donnent une secousse et montent ainsi plus vite que nous ne pourrions le faire le long d'un escalier ou d'une échelle.

« Le vin de palme se récolte en pratiquant une incision dans l'arbre au-dessous de la grappe de ces noix de palme qui donnent l'huile de ce nom. Sous cette plaie on place une noix de coco ou une gourde; la sève vient emplir ces récipients, et il reste aux visiteurs à boire le vin de palme. Cette boisson a un petit goût à la fois doucereux et aigrelet, et quand elle est fraîche, elle est fort agréable à boire.

« Dans plusieurs cases, je remarquai des sagaies en bois de fer fort artistiquement travaillées. Beaucoup de naturels ont une figure très-intelligente; pourtant j'ai appris que dans l'intérieur on fait encore des sacrifices humains.

« Nous quittâmes enfin Fernando-Po pour nous rendre à Bony, où nous arrivâmes le 24 octobre. Là, pour entrer dans le fleuve, nous eûmes à traverser une passe très-dangereuse que nous franchîmes avec un bonheur insolent. C'est du moins ce que nous dirent des Anglais qui assistaient à notre entrée. Leurs cheveux, nous affirmèrent-ils, se dressaient sur leur tête en nous voyant nous engager dans un passage qui n'a pas $2^m,25$ de fond. Pouvaient-ils se douter que notre navire, avec son énorme voilure, ne calait qu'un mètre d'eau? Nous dépassâmes les pontons qui leur servaient de demeure, et pendant qu'ils songeaient encore à détacher leurs chaloupes pour venir à notre aide, nous pénétrâmes dans le fleuve, en appuyant nos couleurs d'un coup de canon, aux cris mille fois répétés de : *Vive la France!*

« Notre arrivée causa quelque inquiétude aux Anglais, qui avaient eu jusque-là le monopole du commerce de ces contrées.

« Le brave *Joseph-Léon*, malgré son faible tirant d'eau et ses petites dimensions, a fait ainsi ses 2400 lieues sans accident grave et par tous les temps. Il est gréé en sloop et a 18 mètres de long sur $4^m,50$ de large à son maître bau. Sa mâture a 66 pieds, et il se comporte admirablement à la mer. Avec lui, nous pour remonter le fleuve,

LA RÉCOLTE DU VIN DE PALME.

même sur les points où un autre navire serait arrêté par les bancs de sable et le manque de profondeur.

« Voilà pour le navire ; quant à notre armement, il ne laisse rien à désirer. Le gouvernement a fourni à l'expédition douze fusils rayés avec leurs munitions, ainsi qu'un obusier de 12 qui est monté sur pivot à l'avant du navire. Ce canon est muni d'obus, de boîtes à mitraille et de tous les accessoires qu'il nécessite. En cas d'attaque, nous avons tout ce qu'il faut pour nous défendre.

« Ajoutez à cela nos armes particulières; pour chaque homme, un revolver à six coups, une hachette et un poignard. Nous avons en outre deux carabines magnifiques et d'une portée considérable, dont une à balles explosibles. Ces armes et nos fusils de chasse à deux coups sortent de chez le célèbre armurier parisien Fauré-Le Page, et j'ai déjà eu bien des occasions d'apprécier comme elles le méritent les qualités des dernières. Grâce à elles, nous n'avons jamais chômé à terre de gibier; quant aux carabines, nous les réservons pour des rencontres plus sérieuses ; elles nous serviront pour la chasse aux éléphants, aux hippopotames, aux lions, aux panthères et autre gibier de grande taille.

« Notre but bien défini par le capitaine est de poursuivre le plus loin possible notre exploration au triple point de vue scientifique, commercial et humanitaire. Nous sommes tous pleins de confiance et de courage. »

Le fleuve Bony, dans lequel s'était engagé le *Joseph-Léon*, est une des vingt-huit bouches du grand fleuve le Niger ; il leur restait un parcours de quarante-cinq lieues environ pour atteindre ce cours d'eau. Le capitaine Girard fit mouiller l'ancre en un point de la rivière où l'eau était très-profonde, 27 mètres à peu près. Les renseignements qu'il ne tarda pas à recueillir furent peu favorables au projet de rejoindre le Niger par le Bony; on lui parla de rapides infranchissables qui l'arrêteraient indubitablement. Dès lors il prit la résolution, après qu'il se serait assuré de la réalité de ces obstacles, de gagner l'embouchure du Nouveau-Calebar, autre branche du Niger qui se jette dans la même baie que le Bony.

Devant le mouillage du *Joseph-Léon* était un petit marigot conduisant au village nègre de Paléma, résidence du roi de ce pays.

Ce roi, nommé Georges Peppel (les Anglais écrivent Peeple), était fils de ce Peppel Ier qui accorda aux Anglais la permission de commercer avec son peuple. C'est ainsi que, depuis trente ans environ, les Anglais seuls avaient eu le monopole du trafic dans ces parages. Ce commerce consiste en huile de palme, en gommes, en ivoire, en or, etc. Les Anglais avaient à cette époque dans cette rivière quinze navires mouillés qui y faisaient un trafic considérable. Nos compatriotes, dont l'arrivée inattendue les inquiéta vivement, les rassurèrent en leur disant qu'ils ne poursuivaient qu'un but scientifique et voulaient remonter le fleuve le plus loin possible.

Le lendemain du jour où le *Joseph-Léon* fut à l'ancre, les explorateurs virent arriver à eux les principaux chefs du pays, entre autres Dja-Dja, le prince régent, qui gouvernait en attendant la prochaine majorité du jeune roi. Les explorateurs à leur tour ne tardèrent pas à aller visiter ces grands personnages dans les villages qu'ils habitaient.

Le roi fit à son tour sa visite aux explorateurs. C'était un jeune homme de vingt ans à peu près, à la figure avenante, bien que tout à fait noire; il avait la main fine, et l'on pouvait dire aristocratique; il avait fait ses études à Cantorbery, en Angleterre, et avait passé vingt-quatre heures à Paris. Son guide n'avait pas jugé à propos de lui laisser faire un plus long séjour dans la capitale du monde civilisé.

Le commandant de l'expédition fit cadeau au jeune monarque d'un revolver, d'un sabre avec son ceinturon, et d'une canne à épée. Le roi se confondit en remercîments pour ces présents, qui dépassaient à ses yeux toutes les limites de la magnificence. Il engagea les voyageurs à lui faire une visite,

Girard, Bonnat, Féba, Ernest et Duval se rendirent à cette invitation, emportant leurs excellents fusils doubles. Leur projet était de chasser en route; mais quand ils arrivèrent, ils furent invités à dîner à la table royale.

Le jeune monarque avait fait tuer une chèvre, et pendant qu'on la dépeçait et la faisait cuire, il prit le capitaine Girard par le bras et se mit à causer avec lui des choses d'Europe. Pendant ce temps, les voyageurs se répandirent dans le village pour y chasser les oiseaux multicolores qui s'abritaient dans le feuillage des arbres. En six coups de fusil, Bonnat en abattit vingt, au grand étonnement et à l'admiration de quatre-vingts ou cent indigènes rassemblés qui, à chacun de ces beaux coups de feu, poussaient des cris de joie frénétiques.

La demeure du roi, et celles du régent et du chef de la région, étaient des huttes un peu plus grandes que les autres, mais dans lesquelles les explorateurs furent surpris de rencontrer un confortable qu'ils étaient loin de s'attendre à y trouver.

Les maisons étaient construites sur des sortes de pilotis qui soutenaient un premier étage assez haut au-dessus du sol. Un double escalier, espèce d'échelle de meunier, y donnait accès. Le rez-de-chaussée n'était point occupé, en raison de l'humidité constante et meurtrière qu'on y aurait trouvée. En avant du premier étage s'ouvrait une vaste véranda ouverte à tous les vents, et qui donnait entrée dans la maison par une petite porte s'ouvrant sur une pièce ayant l'aspect d'une seconde antichambre.

Là se voyait une grande table couverte d'un tapis vert.

Plus loin se trouvaient les appartements de Sa Majesté, puis les cuisines et le logement des esclaves. Les murs étaient en clayonnage enduit de terre glaise et supportés par une charpente en bois, le tout recouvert d'un toit de zinc.

L'ameublement était presque européen. Canapés, fauteuils, tentures, tableaux, pendules, cristaux et candélabres, rien n'y manquait. Combien les Anglais avaient-ils dû gagner à ces fournitures importées !

Le roi Peppel, qui avait une superbe écriture, remit au capitaine Girard une lettre à l'adresse de l'Empereur des Français, en lui témoignant sa sympathie et sollicitant son alliance.

Le village de Palema est construit au beau milieu d'un marécage. Dans la cour du palais royal, il n'est pas rare de marcher à côté d'un caïman, qui d'ailleurs accorde peu d'attention aux visiteurs. Bonnat en vit plus de dix pendant la seule journée qu'il passa là ; un d'eux avait touché en passant le pied de l'échelle conduisant à la demeure du roi.

Bonnat et ses compagnons descendirent souvent encore à terre pour se livrer au plaisir de la chasse et entretenir ainsi la table du bord de viande fraîche et succulente. Toujours des centaines d'indigènes s'attachaient à leurs pas et applaudissaient à leur adresse. Pendant ces promenades, ils eurent l'occasion de visiter la demeure de tous les principaux chefs du pays. Ce qui les surprit, c'est que ces cases étaient toutes plus riches et plus confortables que celle du roi.

Chez Adalessen, le grand chef de la religion, par exemple, ils remarquèrent une pièce très-singulièrement meublée. Au milieu, une belle et grande table en noyer; dans un coin, un canapé Louis XV avec un bout de l'étoffe déchiré, quatre pendules, dont l'une sans cadran portait le nom de Genève qui indiquait son origine. Des gravures ou lithographies et même des peintures étaient accrochées aux murs; et dans le fond, formant pendants, le portrait de Napoléon III et celui d'Omer-Pacha, dans de superbes cadres dorés.

Un autre jour, nos voyageurs se présentèrent chez Dja-Dja, ou Ya-Ya, le régent du royaume; ils le trouvèrent en train de converser avec un autre grand dignitaire, et M. Girard allait prendre le parti discret de se retirer, quand le maître de la maison s'approcha de lui avec empressement et le pria de rester à dîner avec ses compagnons. L'offre était si cordiale qu'il n'y avait pas moyen de refuser. Les voyageurs se rendirent donc dans la salle de conversation, espèce de véranda ouverte d'un côté tout entier et donnant sur la cour intérieure.

Quand on les introduisit dans la salle à manger, ils y trouvèrent la table garnie d'une nappe bien blanche et le couvert mis à l'européenne. Chaises élégantes et luxueuses, belles porcelaines anglaises, verres de cristal, couverts d'argent, rien ne manquait à ce repas, qui fut vraiment splendide, si l'on tient compte du pays où il avait lieu.

Dans des carafes brillantes se trouvaient de la bière et

du *tombo* (en anglais *tuumbo*), ou vin de palme. On servit un grand plat d'argent sur lequel était dressée à peu près la moitié d'un porc tué pour la circonstance; puis une saucière de même métal pleine d'une sauce abominablement pimentée, suivant la coutume du pays. Bonnat, qui célèbre ce repas dans une lettre adressée à ses amis, déclare qu'il n'a jamais rien mangé de plus appétissant.

Le second service se composa de poissons divers et de poulets sautés que chacun déclara délicieux. En guise de pain, on leur servit une pâte fabriquée avec des ignames cuites à l'eau et pilées. Depuis longtemps déjà les voyageurs avaient adopté cet aliment à bord et le trouvaient très-bon.

Ce repas copieux et charmant comptait six convives : Ya-Ya, un autre chef indigène, M. Girard, Bonnat, Ernest et Féba. On en parla longtemps à bord du *Joseph-Léon*.

Les hôtes qui recevaient aussi princièrement nos compatriotes étaient vêtus rudimentairement d'une espèce de chemise fabriquée d'étoffe à mouchoirs de poche, d'une jupe appelée *saïmbou* qui se porte sous la chemise, et d'un petit chapeau de feutre.

Ya-Ya avait au doigt une bague en or magnifique, présent de la reine d'Angleterre; sur le chaton était gravé le nom du chef.

Le capitaine Charles Girard, après amples renseignements, décida qu'on ne tenterait pas de remonter le Bony, mais qu'on s'engagerait dans le Nouveau-Calebar dans le but de gagner le Niger. Bonnat, son chef et deux matelots noirs prirent le canot afin d'aller sonder l'embouchure du cours d'eau, dont les abords sont très-difficiles. Ce travail leur prit une journée entière, puis en rentrant ils s'engagèrent dans une petite crique pour y pêcher des huîtres. L'opération était des plus simples, car à la marée basse on en rencontre des quantités énormes collées aux rejetons du manglier, et qui semblent en être le fruit.

Qu'on se figure des bâtons partant de la tige principale et descendant dans l'eau, où ils prennent racine et deviennent des arbres à leur tour. C'est ainsi que des cours d'eau même très-larges arrivent à être complétement obstrués par ce singulier végétal, qui atteint une grosseur et une hauteur considérables.

Les huîtres s'attachent en grand nombre à ces rejetons du manglier, de sorte qu'à marée basse elles restent complétement en l'air, où l'on n'a que la peine de les cueillir par milliers.

CHAPITRE III

Le Nouveau-Calebar. — Navigation fluviale. — M. Bobigton. — Les pontons anglais. — M. Cromswick. — M. de Cardi. — Le roi Will Amakri. — Un dîner chez un prince nègre. — Un sacrifice aux fétiches. — Une visite inattendue au *Joseph-Léon*. — Le village du Grand-Calebar. — Les tombeaux des ancêtres. — Le temple et ses ornements. — Le beau Dick, frère du roi. — Le roi Gouéché. — Le balafon. — Danses et fêtes. — Les marchés du Haut-Calebar. — Tchioppo et son chef Boy. — Avaries et difficultés. — Le roi d'Atego et la batterie électrique. — Le *Pas-des-Éléphants*. — Girard Jew-Jew. — Retour du *Joseph-Léon* à l'embouchure de la rivière.

Le lendemain de cette récolte miraculeuse, le *Joseph-Léon* passa de nouveau devant les navires anglais mouillés dans le Bony et qui, convertis en pontons, servent de demeures à toute la colonie britannique. M. Bobigton, agent principal d'une importante compagnie anglaise, et commandant le ponton *le Celma*, se joignit à eux pour leur apporter l'appui de son expérience.

Le petit navire entra dans le Nouveau-Calebar, où il ne tarda pas à découvrir six nouveaux pontons anglais mouillés à trois milles dans le fleuve.

Les explorateurs virent arriver à eux une grande pirogue montée par une vingtaine de rameurs. C'était le roi de la pointe Fouché qui venait leur rendre visite et leur demander à boire de l'eau-de-vie de France que tous les nègres préfèrent au mauvais tafia de traite que leur donnent les Anglais.

A midi, ils arrivèrent près des pontons à l'ancre. M. Bobigton prit un canot avec M. Girard, qu'il alla présenter sur un de ces navires à M. Cromswick, son sous-agent. Le retour du capitaine fut une véritable fête, car il rapportait deux superbes canards et une chèvre, cadeaux du commandant anglais sur lesquels l'équipage fonda justement l'espérance d'un repas délicieux.

Ce jour-là, Charles Girard fit la connaissance d'un autre personnage, Français d'origine, affirmait-il, M. de Cardi, qui devait plus tard avoir des intérêts mêlés à ceux de Bonnat. M. de Cardi proposa à Girard et à ses compagnons de les conduire au village de Tema. Ils partirent dans une grande pirogue, armés de leurs fusils de chasse, s'engagèrent dans une rivière dont le confluent était sur la rive droite du fleuve, puis ils pénétrèrent dans un marigot, sorte de fossé formant un véritable labyrinthe. Parfois les explorateurs devaient se baisser, se coucher même dans leur embarcation pour passer sous les branches des mangliers formant une voûte au-dessus de leurs têtes.

Après maints détours, ils arrivèrent enfin devant le plus beau des paysages. Là, le ruisseau s'élargissant formait un lac au bord duquel s'étendait une belle place plantée de palmiers et de cocotiers. Quelques pas plus loin se dressait le village encadré par un immense rideau de verdure formé par des arbres gigantesques et de toute espèce. Ce spectacle inattendu parut splendide aux visiteurs.

Ils furent d'ailleurs bien accueillis, et le roi Will Amakri les invita à dîner dans sa case. Ils avaient apporté du café ; le monarque noir en but et le trouva délicieux. Le chef de la religion, dont le matelot Ernest avait fait la conquête, et qui avait été aussi un des convives du roi, les conduisit au temple et leur demanda du vin pour ses fétiches.

Les explorateurs invités à assister à la cérémonie se placèrent dans un coin et purent contempler le plus bizarre des spectacles. Le féticheur prit un verre, le remplit et en versa une partie dans un trou creusé au milieu du temple. Il marmotta ses patenôtres en langage du pays, puis il se versa une pleine rasade qu'il avala sans sourciller.

Il en offrit ensuite aux assistants, leur disant que la France est un grand pays qui produit du vin (tombo) de première qualité.

Pendant ce temps, un naturel frappait à coups redoublés avec deux baguettes sur un tronc d'arbre creux dans lequel on avait pratiqué deux petites ouvertures. Deux ou trois autres tambourinant sur des tam-tams faisaient un bruit assourdissant.

Le lendemain, plusieurs grandes pirogues descendirent du village du Grand-Calebar; elles apportaient des fûts d'huile de palme aux pontons anglais. La pirogue de George, frère du roi, accosta le *Joseph-Léon,* et le prince monta à bord. C'était un homme grand et de belle mine ; sa pirogue était montée par trente vigoureux rameurs pagayant avec un ensemble merveilleux.

Chaque pirogue était ornée d'une tente sous laquelle étaient entassés de vieux fusils et de vieux sabres, toutes armes de provenance française ; deux canons de petit calibre étaient braqués, l'un à l'avant, l'autre à l'arrière ; comme ils étaient solidement amarrés sur deux morceaux de bois fixés dans la pirogue, et placés d'une façon rigide dans la position horizontale, ils étaient condamnés à l'immobilité et ne devaient pas être très-redoutables. Ils servent néanmoins à envoyer des biscaïens.

Chaque chef de pirogue a un pavillon particulier plus ou moins beau suivant sa richesse; chaque pirogue possède aussi son orchestre composé de tam-tams, de grelots en coquilles marines, de troncs d'arbres creusés formant tambours, et enfin d'instruments en ivoire rappelant la forme de l'olifant. Tout cela agit à la fois et produit un vacarme épouvantable, auquel se joint la voix de tous les hommes montés sur l'embarcation. Le poëte de la troupe improvise une chanson sur un air connu, et tous répètent le refrain. Tout cela ne manque ni d'ensemble ni d'harmonie.

Le prince George invita les voyageurs français à aller lui rendre sa visite dans le village du Grand-Calebar, et le lendemain ils y allèrent accompagnés de M. Cromswick.

Bob, un frère du roi, après leur avoir offert du tombo, les conduisit chez Amakri, qui les reçut dans la case royale avec toute sorte de démonstrations amicales. Sa demeure avait l'aspect d'une boutique d'armurier; de toutes parts on y voyait des râteliers d'armes, des fusils, des tromblons, des sabres, des pistolets, des piques et des lances. Bonnat fit la remarque que le plus grand nombre de ces armes portaient la marque de Maubeuge, 1807.

Quand le jeune voyageur fit part au roi de son observation et lui dit que les fusils en sa possession étaient d'origine française, Amakri parut fort étonné. Il répondit que ces armes étaient devenues la propriété de sa famille à l'époque où son grand-père était encore un enfant. Ce sont ses paroles textuelles. Alors, en effet, les Français et les Espagnols faisaient sur une grande échelle la traite des esclaves, et ils payaient avec des armes les captifs qu'ils emmenaient. Cela explique aussi la quantité énorme de canons qu'on trouve dans le village; on en rencontre dans toutes les rues, dans les maisons particulières et dans les temples; mais pas un seul n'est en bon état.

Ce qui surprit le plus Bonnat et amena le rire sur les lèvres de ses compagnons, c'est la panique qui se produisait à leur passage parmi les femmes et les enfants. Sans doute ces derniers n'avaient jamais vu de figures blanches, et nos compatriotes leur criaient vainement, du plus loin qu'ils les apercevaient Bonjour! (*Aquio!*) tout ce monde disparaissait comme un éclair. Les plus hardis les suivaient à cinquante pas, et ce ne fut que plus tard que quelques hommes se hasardèrent à venir leur demander du tabac.

Le roi Will Amakri conduisit ses hôtes au tombeau de son père. Ces sauvages professent une grande vénération pour les mânes de leurs aïeux. Ceux-ci reposent tous au même endroit. C'est une hutte plus grande et plus élevée que les autres, presque toujours plus élégante. Le roi y réunit son conseil.

Au milieu se trouve une grande table, et dans le fond s'ouvre une niche remplie de têtes en bois sculpté grossièrement et peintes de couleurs criardes. On y voit encore toute sorte de choses. Bonnat y remarqua jusqu'à une flûte à boire du champagne.

Devant cette niche est un tombeau souterrain dans lequel reposent les cendres des aïeux. Généralement on brûle les corps des morts; dans la famille royale seulement on les fait dessécher et momifier à la façon des anciens Égyptiens. Sur les tombeaux de forme circulaire on met l'ancienne monnaie du pays, des rondelles de fer, gros anneaux de 15 à 20 centimètres de diamètre, et des morceaux de cuivre forgé.

Les voyageurs visitèrent aussi le temple, qui est très-grand. Ils y rencontrèrent une série d'objets les plus singuliers et les plus disparates, piles d'assiettes, pots et bouteilles en verre et en faïence, statues, gravures de toute sorte, étoffes à mouchoirs de poche, une multitude de têtes desséchées d'un petit quadrupède. Ajoutez à cela des chèvres, des singes, des moutons et six défenses d'éléphant artistiquement sculptées. La porte du temple et l'une de ses parois étaient formées de joncs entrelacés avec un véritable talent.

Le lendemain de cette intéressante excursion, le roi Will vint sur le *Joseph-Léon* où on lui servit un dîner; il lui parut si bon qu'il demanda au capitaine de vouloir bien entretenir sa table pendant tout le temps de son séjour.

Girard profita de cette visite pour se renseigner sur la navigation du haut fleuve. Le roi lui promit de lui adjoindre comme guide, otage et compagnon de route, son frère Dick, qui, selon Bonnat, était le plus beau nègre qu'il soit possible de voir. Dick se montra très-heureux de ce choix, et il s'empressa de faire parade de ses connaissances en français. Il disait : *Bonjour, monsieur,* assez correctement et en était très-fier.

Depuis plusieurs jours le *Joseph-Léon* restait stationnaire; le capitaine, de plus en plus lassé de son inaction, alla, une fois encore, demander au roi l'autorisation de s'engager sur le haut fleuve. Will lui répondit qu'il devait partir le lendemain pour donner la chasse aux gens d'Akrika, et il promit de prévenir sur sa route tous les chefs, ses tributaires, afin que les voyageurs trouvassent chez eux libre passage.

Le lendemain matin, quarante pirogues de guerre, sortant de la crique, entourèrent le navire. Les cris, les coups de canon et de fusil produisaient un vacarme insupportable. Will, en tête de ses hommes, faisait des sacrifices à ses fétiches. C'étaient des poules qu'il jetait à la mer, et qui, en peu de temps, devinrent la proie des milans; c'étaient aussi des verres de tafia, de tombo et de genièvre dont il répandait quelques gouttes aux quatre points cardinaux et dont il buvait le reste. Enfin toute l'escadrille s'ébranla et fit route vers le nord. Le 26 novembre, les pirogues étaient de retour.

Le roi Will annonça au capitaine qu'il ne pouvait passer, que la guerre régnait sur les deux rives, et que toute tentative de voyage pouvait devenir fatale. Will ajouta que si des Européens étaient tués dans ces régions, il lui en arriverait mal à lui, responsable d'eux vis-à-vis du gouvernement français.

Le lecteur a pu voir, par les récits qui précèdent, combien, depuis le départ, la situation de Bonnat à bord du *Joseph-Léon* s'était modifiée à son avantage. A partir de la première escale, le capitaine Girard avait constaté sa belle intelligence, son esprit pratique et son courage; il avait bientôt compris que ce jeune homme était destiné à se faire un nom illustre dans le monde des explorateurs.

Depuis lors, Girard ne faisait rien sans le consulter et l'emmenait à terre avec lui chaque fois que l'occasion s'en présentait. A la suite d'un conseil tenu avec Bonnat et tout l'état-major du navire, le capitaine fit prévenir le roi qu'il était las d'attendre, et que, bon gré, mal gré, il passerait. Il lui donna même une déclaration écrite constatant qu'il se rendait seul responsable de ce qui pourrait arriver.

Le 28, on appareilla à quatre heures du matin avec le flot et par une faible brise de sud-ouest. Le *Joseph-Léon* fit route vers le nord en rangeant la terre le plus près possible à l'ouest. A sept heures, on était arrivé sur un grand banc qui forme devant la pointe de Calebar un plateau de vase de plus de un mille et demi. La sonde indiqua là une hauteur d'eau de 1^m,50. Néanmoins on passa.

Ils venaient de franchir ce banc, vers deux heures environ, quand les voyageurs furent hélés par une pirogue qui, rangeant la terre sous les mangliers à l'ouest, leur faisait signe de s'arrêter. Le capitaine fit amener toutes ses voiles, et en peu d'instants le *Joseph-Léon* fut accosté par cette embarcation qui amenait, pour servir d'interprètes, trois frères du roi Will et un naturel parlant la langue du pays d'Ibo. Les frères du roi étaient Dick, Cochroo et Yung-Prince; le naturel se nommait Numbré. Will avait changé d'avis à l'égard de l'expédition, et, disait Dick, la meilleure preuve de bon vouloir qu'il pût donner au capitaine était de lui confier trois de ses frères.

Girard interpréta différemment le procédé. Il pensa que Will ayant vu, malgré ses prévisions, le navire ne pas s'échouer sur le banc placé à l'est du village, lui envoyait des espions pour contrôler ses actes et l'empêcher le plus possible d'entrer en relation avec les naturels du haut de la rivière. Il reçut néanmoins ses hôtes de son mieux, se réservant à l'occasion de s'en servir comme otages.

Dans la nuit du 28 au 29 novembre, il faisait une brume épaisse; les voyageurs appareillèrent au jour et aperçurent, cachée sous les mangliers, une pirogue montée par trois naturels qui, en voyant arriver les blancs, déchargèrent sur eux leurs fusils et s'enfuirent. Peu ému par cette démonstration, le capitaine continua sa route, malgré les cris de Dick, qui cherchait à le convaincre qu'on courait à une mort certaine.

Plus loin, dans une éclaircie de bois, ils aperçurent des naturels en assez grand nombre qui leur envoyèrent une décharge et s'enfuirent dans les fourrés. Personne ne fut touché à bord. Dick et ses frères, couchés sur le pont, poussaient les hauts cris et réitéraient pour la centième fois le conseil de revenir sur ses pas et de ne pas s'aventurer plus loin.

Bonnat aperçut à tribord et signala au capitaine une petite crique garnie de chevaux de frise ; Girard, pensant qu'elle devait être, comme toutes les autres dans ce pays, le point de départ d'une route conduisant à un village, fit mouiller aussitôt et mettre à l'eau le canot pour se rendre à ce point. Il prit avec lui Dick, son inséparable Bonnat, et trois hommes, tous bien armés, et bientôt, après avoir passé entre deux chevaux de frise, la petite embarcation, portant en poupe le pavillon français, aborda sur une plage bordée de grands arbres.

Deux huttes qui servaient de postes avancés au village étaient remplies de naturels, qui étaient occupés à faire la cuisine et qui reçurent les nouveaux venus plutôt avec crainte qu'avec hostilité. Ils étaient nus à peu près ; leurs vêtements consistaient en une sorte de ceinture faite en cotonnade, qui, de la taille, leur descendait un peu au-dessus des genoux. Les deux chefs seuls, le roi, qui se nommait Gouéché, et son second, Colobrédo, portaient comme Will et les autres chefs de Calebar, de longues chemises en madras ; leur cou était orné de verroterie et de corail. Gouéché, en qualité de chef, avait à la main une longue canne ornée d'une pomme de cuivre argenté de provenance anglaise. Sur la partie droite de son front était fixée la moitié d'un œuf percé, signe distinctif des hommes vaillants à la guerre.

Les maisons, sortes de hangars, faits de pieux plantés en terre et recouverts de branches d'arbres entrelacées, formaient un fort joli paysage au milieu des cocotiers qui les abritaient.

On conduisit les nouveaux venus par un petit sentier à travers des champs d'igname qu'ombrageaient des cocotiers et des palmiers. Ce chemin étroit et sablé les conduisit en dix minutes à un village situé à cinq cents mètres environ du fleuve et entouré de palissades pour prévenir les attaques des gens d'Akrika et celles des tigres. Quatre vieux canons couchés à terre et maintenus au moyen de pieux fichés en avant et en arrière servaient à défendre Bakana, où les voyageurs reçurent l'hospitalité la plus cordiale du roi Gouéché. Ce prince, qui les fit conduire dans son palais, portait des moustaches et une impériale; il avait le corps et la figure couverts de dessins à l'encre; il organisa une véritable fête pour recevoir les visiteurs. Danses d'hommes et de femmes au son du balafon et des grelots de bois, abondantes distributions de tombo, rien n'y manqua. Les explorateurs profitèrent d'un aussi bon accueil pour chasser et pour faire des observations afin de déterminer la situation du village.

Le balafon est un instrument de musique. Celui du Sénégal est composé de cordes et de calebasses de diverses grandeurs qui produisent certaines notes. En frappant sur les cordes tendues sur une espèce de châssis que touchent les calebasses, elles produisent des sons non définis, impossibles à rendre avec nos instruments, et qui font les délices de la population noire.

Le balafon de Bakana se composait de deux souches vertes de bananier dépouillées de leur première enveloppe; des pointes de feuilles de palmier placées à égale distance (environ cinq centimètres) formaient huit cases dans chacune desquelles on fixait un morceau de bois sec; deux naturels placés vis-à-vis l'un de l'autre frappaient ces morceaux de bois à contre-temps et produisaient une musique que Bonnat déclare avoir trouvée assez harmonieuse.

Pendant ces danses et ces fêtes, le capitaine Girard avisa, au milieu des femmes, une jeune fille d'une dizaine d'années environ, dont le maintien modeste le frappa. Elle formait avec ses compagnes un contraste curieux; on eût dit une Européenne. Il chargea Féba, son second, d'aller la chercher; lorsqu'elle fut près de lui, il lui attacha au cou un collier composé de grains de corail et de petites boules de cuivre argenté. Elle était radieuse, mais sa joie ne fut pas turbulente; baissant toujours les yeux, elle alla rejoindre ses compagnes, qui s'extasiaient sur la richesse du présent. Quelques instants après elle revint auprès du chef blanc et lui donna trois œufs. Cette jeune fille, appelée Eymeri, était fiancée au prince Georges, un des parents du roi Will, et Girard apprit plus tard qu'elle devait sous peu de jours faire partie de ce sérail.

Le lendemain matin, 30 novembre, le capitaine prévint Gouéché et Colobredo qu'il allait appareiller. Gouéché le supplia de rester encore quelques jours avec lui; mais Girard ne put obtempérer à cette demande. Le roi lui présenta alors deux malades, en le priant de les guérir.

Après avoir pansé tant bien que mal les deux pauvres diables, le docteur improvisé fit lever l'ancre vers huit heures; l'équipage arma les avirons de galère, et l'on se remit en route, Girard et Bonnat devisant sur la cordiale hospitalité de Gouéché et de son peuple.

Ils avaient fait à peine une demi-heure de route qu'une petite pirogue se détachant d'un massif de mangliers vint les accoster à tribord. C'était le père d'Eymeri qui apportait du tombo et semblait fort heureux de se rendre agréable à l'équipage.

En naviguant toujours au nord-ouest, les voyageurs rencontrèrent à quelques milles le village de Hulow, qui est caché dans les bois comme Bakana, puis celui d'Ewaffé. Tous les naturels accoururent sur le bord de la rivière. Un coup de fusil ayant été tiré sur le navire par un groupe de noirs qui se trouvaient sur la hauteur, le capitaine fit mouiller, et son second alla à terre avec Dick et deux hommes armés. Féba rentra à bord quelque temps après; le chef d'Ewaffé leur avait demandé où ils allaient, quel but ils poursuivaient, etc., et avait paru satisfait de leurs réponses.

Girard fit lever l'ancre aussitôt, et le *Joseph-Léon*, favorisé par une jolie petite brise, continua sa route. Vers midi, il passa devant le village d'Ania; là encore il essuya le feu de deux coups de fusil; enfin, le soir, il jeta l'ancre devant le village d'Ogonania.

Ici se placent deux remarques personnelles de Bonnat que nous trouvons consignées dans une lettre datée du 24 décembre 1866. La première a trait à la façon de pêcher usitée chez les naturels.

« Nous étions, dit-il, entre deux villages placés l'un à droite, l'autre à gauche du fleuve qui allait sans cesse en se rétrécissant. Parfois les feuilles des arbres s'avançaient jusqu'à notre bord. C'est là que je constatai une ingénieuse idée mise en pratique par les riverains.

« Ils avaient fait au bord de la rivière un clayonnage en roseaux très-serré embrassant une certaine étendue. Au moment de la marée montante, ils ouvrent une porte assez large pratiquée au milieu de cette barrière. Le poisson entre sans défiance par cette ouverture qu'on referme au moment de l'étale. Lorsque l'eau s'est complétement retirée, il ne reste plus aux habiles pêcheurs qu'à venir recueillir les infortunés prisonniers. »

La seconde citation que nous ferons de la lettre de

Bonnat est une description des paysages traversés par le *Joseph-Léon*.

« Rien de plus merveilleux à contempler, s'écrie-t-il. Supposez un cours d'eau s'écoulant à travers une forêt vierge et de temps en temps une petite éclaircie où s'élancent quatre ou cinq grands arbres droits à la cime touffue. Là apparaissent tout à coup deux ou trois mille noirs, hommes, femmes et enfants. Quelques rayons de soleil filtrant dans les branches viennent faire sur ces corps bronzés des taches rondes d'un or brillant. Jamais, pendant mon séjour à Paris, je n'ai vu dans aucune féerie de décors pareils…

« Dès qu'ils voyaient apparaître notre bateau, ils poussaient des hurlements frénétiques. Mais je dois dire, à l'honneur du beau sexe, que partout les femmes ne nous envisageaient pas d'un œil trop sauvage et ne nous montraient aucune antipathie. »

Ewaffé, Ania et Ogonania sont des marchés permanents et très-fréquentés. Les seules denrées qu'on y échange sont les huiles de palme, les ignames, des chèvres et des porcs. Les échanges se font contre des étoffes, des armes, de la verroterie, du sel, des barres de fer, etc. Les appoints se font avec une monnaie en bronze qui a la forme d'un fer à cheval.

L'étude de ces marchés développe ou plutôt révèle tout à coup à Bonnat sa vocation commerciale :

« Vous nous encouragez au moins, vous, écrit-il à son excellent ami M. Patrasson, tandis que ce cher Exuper, tenace comme un vrai Bonnat, espère encore me voir revenir désillusionné. Il faudrait alors que je ne fusse plus moi-même. J'ai trop sacrifié pour l'expédition du Niger pour que quelques difficultés m'arrêtent. »

Plus loin, il ajoute :

Page 44.
FEMME D'ÉWAFFÉ.

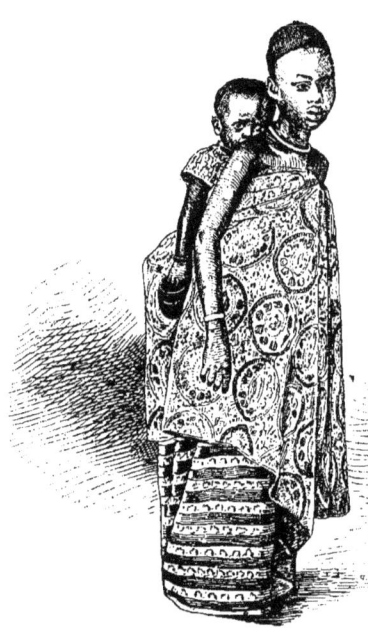

Page 226.
JEUNE FILLE PORTANT SON FRÈRE.

« Le peuple du Nouveau-Calebar a craint que nous ne vinssions lui disputer le monopole du commerce dans le haut fleuve; il ne vit en effet que grâce aux bénéfices qu'il réalise sur les huiles de palme achetées dans les marchés de l'intérieur et revendues aux Anglais. A Tchiappo, nous avons acheté des chèvres et des moutons pour une valeur de vingt à trente centimes. Jugez de ce qu'on peut gagner dans un tel pays. »

Le samedi 1er décembre, Girard fit appareiller au petit jour, et l'expédition continua sa route dans le N. O. Une grande quantité de pirogues de Calebar sillonnaient la rivière. Bonnat remarqua que beaucoup de chefs avaient un coup de pinceau blanc sur l'œil droit; il interrogea sur ce fait un homme de l'équipage, Den-Kroo, natif de Bonny. Il apprit que les hommes ainsi marqués étaient allés voir le grand Jew-Jew, et que, sans doute, cette visite correspond chez ces peuples fétichistes au pèlerinage de la Mecque chez les musulmans.

Le *Joseph-Léon* navigua en ralliant le plus possible l'ouest, et l'on reconnut le marché peu important d'Okpo, puis ceux de Sobor et d'Aloa, qui sont très-considérables. Ils étaient à onze heures du matin devant ce dernier village, lorsqu'une pirogue de guerre, se détachant tout à coup du rivage, vint déposer à bord deux chefs calebariens qui intimèrent à Girard, de la part du roi Will Amakri, l'ordre de rebrousser chemin. Le capitaine, pas plus que ses compagnons, n'étaient hommes à se laisser si aisément influencer. Il conseilla à ces messagers d'avoir à s'éloigner au plus vite, puis, les traitant d'imposteurs, il les menaça de les jeter à la rivière, s'ils ne se hâtaient de s'exécuter. D'arrogants qu'ils étaient, ils devinrent souples et obséquieux, et demandèrent une bouteille d'eau-de-vie. Girard, ne voulant pas se laisser exploiter, fit promptement vider les lieux à ces imposteurs.

A peine étaient-ils hors du bord que le matelot Den Kroo, qui était à la barre, dit au capitaine que l'un d'eux l'avait menacé de mort s'il ne jetait pas le navire sur un des nombreux bancs de la rivière. Girard gronda fort cet homme et lui reprocha de ne pas l'avoir prévenu quand ces traîtres étaient encore à sa portée.

Le *Joseph-Léon* continua sa route, et les voyageurs reconnurent Amaffa, Abovem et enfin Tchioppo, où l'on mouilla à six heures du soir, à la nuit.

Tchioppo, dont Bonnat donne une description admirative, est un grand marché dont Will et ses frères se réservent le monopole. Un chef appelé Boy y résidait alors, et les pirogues royales de Calebar vont et viennent sans cesse sur le fleuve pour assurer la traite des huiles. Boy se rendit à bord du *Joseph-Léon*. C'était un chef, sinon intelligent, tout au moins fort débonnaire. Girard lui offrit de venir prendre ses repas avec lui, ce qu'il accepta avec empressement.

Tchioppo était un point favorable pour y faire des observations. Charles Girard, aidé de Bonnat, ne le quitta qu'après en avoir déterminé la situation. La rivière était devenue fort étroite, et la navigation ne s'effectua plus qu'avec peine au milieu des arbres qui en obstruaient le cours. Ils passèrent ainsi devant Alibarada, Tchioppo, Kollokolo. Là, le mât s'engagea dans les arbres de la rive gauche, et le navire, poussé par le courant qui était très-fort, tomba en travers. Le capitaine crut un instant son grand mât rompu; fort heureusement il n'en fut rien. Après un travail opiniâtre de plusieurs heures, auquel Bonnat prit une part active, l'équipage parvint à dégager le navire en élaguant les arbres à coups de hache.

Le *Joseph-Léon* rendu à la liberté, Girard fit aussitôt rentrer les boute-hors et dépasser le mât de flèche. La grande voile fut amenée sur le pont ainsi que la voile de fortune. Ils continuèrent leur route à l'aviron, et à la fin du flot ils allèrent mouiller devant le village d'Odoouan. Les troncs d'arbres jetés pêle-mêle au milieu de la rivière leur faisant apercevoir le commencement de difficultés sérieuses, le chef de l'expédition jugea à propos de pousser une reconnaissance en canot. Il emmena avec lui Bonnat, devenu son inséparable. A deux milles et demi environ, ils trouvèrent un arbre qui, tombé d'un bord à l'autre de la rivière, la barrait complétement; il était à peine recouvert de 50 centimètres d'eau à marée haute. Bonnat, qui devenait de plus en plus ingénieux, *débrouillard,* pour nous servir d'une expression en usage dans le monde des explorateurs, comprit qu'il était bon d'attendre que l'eau eût baissé suffisamment pour permettre de couper l'arbre à coups de hache. L'avis parut bon et fut adopté. L'opération faite, on revint à bord, et, au commencement du flot, le capitaine fit appareiller pour mouiller auprès de l'obstacle et se mettre en mesure de l'enlever le lendemain matin.

Ce fut la première nuit où les voyageurs constatèrent avec plaisir que les moustiques étaient remplacés par une quantité innombrable de petites mouches phosphorescentes, dites mouches à feu. Le navire était mouillé dans une eau douce, fraîche, courante. Le calme de la nuit n'était interrompu que par les cris des singes et le bruit continu que faisaient les oiseaux. De temps en temps un bruit de branches brisées faisait croire au voisinage des éléphants.

Au point du jour, ils disposèrent des caliornes pour arracher l'arbre qui obstruait le passage, et ce ne fut qu'après trois heures d'efforts qu'ils parvinrent à l'enlever et à le laisser tomber sur la rive droite du fleuve. Un sondage exécuté au-dessus du point obstrué donna quatre mètres à marée basse... L'obstacle disparu, on fit petite route, et l'on reconnut les marchés d'Orenketa et d'Iba.

A chaque instant le navire était arrêté par des branches d'arbres que la hache faisait disparaître, mais qui, en revanche, infestaient les voyageurs de fourmis.

On mouilla le soir du 3 décembre devant la crique Okolo. Comme à un détour du fleuve deux coups de fusil avaient été tirés sur l'équipage, Girard descendit à terre avec Bonnat et trois hommes afin de demander des explications. Ils abordèrent, et, précédés par Dick, ils atteignirent le village d'Atego. Le roi, affreux nègre, tout couvert de lèpre, leur demanda à venir à bord. Cet homme, complétement nu, suivi de quatre de ses dignitaires, monta sur le canot. Bonnat, sur l'ordre de son chef, lui donna une bouteille d'eau-de-vie et un peu de tabac. Boire cette bouteille ne fut que l'affaire d'un instant. A moitié ivres, ces cinq hommes voulurent exiger une quantité de choses qu'on ne crut pas devoir leur donner. Craignant que les sujets du roi, qu'on apercevait dans les mangliers, ne vinssent à lui faire un mauvais parti s'il employait la force pour faire déguerpir ces importuns, Girard usa d'un stratagème qui lui réussit fort bien.

Il avait dans sa chambre une batterie électrique de plusieurs éléments Bunsen et assez forte pour pouvoir donner de vigoureuses secousses. Un des hommes du bord, sur les indications du chef de l'expédition, mit cette batterie en contact avec une plaque de tôle servant de dessous à la cuisine portative placée sur le pont du navire. Prenant le roi d'Atego sous le bras, Girard le conduisit insensiblement sur cette plaque. Les secousses que reçut l'infortuné monarque, les cris qu'il poussa et les grimaces qu'il fit terrifièrent les quatre chefs et les hommes qui les observaient des broussailles, de telle façon que les uns s'enfuirent et que les autres se jetèrent dans la rivière en criant que les étrangers étaient des Jew-Jew.

A onze heures et demie, on appareilla de nouveau, et toute l'après-midi fut employée à débarrasser la route des arbres qui l'obstruaient. Mais la rivière se resserrait de plus en plus, et le *Joseph-Léon* se trouvait tellement emprisonné par la terre des deux bords qu'il lui aurait été impossible de virer. Le capitaine ordonna de mouiller par l'avant et par l'arrière, et, approvisionné pour quatre jours de vivres, il partit en reconnaissance avec le fidèle Bonnat.

Tout à fait en face du lieu où était le navire, on put constater de nombreuses traces de pieds d'éléphants, et probablement cet endroit devait être un abreuvoir très-fréquenté par ces pachydermes. Pour conserver ce souvenir, on baptisa le lieu *Pas-des-Éléphants*.

Les voyageurs continuèrent leur reconnaissance jusqu'au village Obovem, dont Girard et Bonnat déterminèrent la situation. De retour à bord le lendemain soir, ils résolurent de rester au Pas-des-Éléphants jusqu'à ce qu'ils eussent terminé la carte du fleuve. Le manque de vivres les força à revenir deux jours après. Girard, furieux de n'avoir pu, par cette voie, gagner le Niger, se résigna à retourner sur ses pas, sans cependant que ni lui, ni ses compagnons, désespérassent d'atteindre le but proposé.

Le voyage de retour se fit plus promptement; on ne rencontrait plus les obstacles qui avaient barré le passage à l'aller. On arriva à Tchioppo le soir même du départ. Ce marché est très-bien approvisionné; on y acheta, en échange de menus objets de verroteries et d'étoffes, des chèvres et des ignames. Le roi Boy alla à bord, et Girard l'interrogea sur les moyens d'arriver à cet Ibo dont on parlait tant à Calebar et où le marché était si considérable, qu'au dire des naturels, la seule chose qu'on n'y pût acheter, c'étaient *des yeux*. Boy répondit qu'un blanc ne saurait y aller sans causer la mort du roi, etc., etc., et après bien des supplications, il consentit à y conduire, le soir, le second du navire Féba, qui, en sa qualité de noir du Sénégal, et grâce à sa connaissance de l'anglais et de la langue du Calebar, pouvait se faire passer pour un nègre du pays. Féba se revêtit du madras et de la chemise bleue des chefs, puis, armé d'un sabre et ayant dans sa ceinture un revolver, il partit avec Boy vers quatre heures de l'après-midi.

Tout le monde à bord passa une mauvaise nuit. Il se pouvait fort bien que ce brave Féba fût assassiné; aussi chacun fut-il heureux, quand, à cinq heures, le lendemain matin, on le vit arriver à bord. Ibo, qu'il avait vu, était situé dans le sud-est de Tchioppo; il n'était point construit sur le bord d'une rivière, et il y existait beaucoup de puits. Le roi Boy vint à bord quelques instants après, accompagné de deux hommes qui s'étaient blessés en se battant à coups de couteau et de cinq ou six autres affectés ou d'éléphantiasis ou d'ulcères. Bonnat, chargé de les panser, ne se servit que de phénol Bobœuf, dont l'expédition était amplement approvisionnée, et en peu d'instants il arrêta les hémorragies des blessés. On laissa à Boy deux flacons de ce précieux remède, en lui enseignant la manière de s'en servir.

Girard et Bonnat ont souvent vanté les services que leur a rendus ce médicament. Paul Soleillet et Largeau, les explorateurs du Sahara, n'ont eu également qu'à s'en louer. Grâce à cette liqueur, ils ont non-seulement obtenu des succès médicaux précieux dans ces pays où tout blanc est considéré comme un médecin, mais encore ils ont pu, soit en mer, soit sur la terre ferme, préserver leurs vêtements des affreux cancrelats et des autres insectes immondes qui sont la plaie des pays tropicaux.

Après trois jours consacrés à Boy et à son village de Tchioppo, le capitaine Girard appareilla pour descendre avec le jusant le cours de la rivière. La mâture étant remise en place, on put profiter de quelques bonnes brises. Aussi, le premier jour, passèrent-ils rapidement devant Obovem, Aguaocolo, Amatta, Aloa, Soba-Alakika et Okpo. Partout il y avait marché, et de tous côtés on leur criait : *Alabo yagyagri baba,* ce qui signifie : Adieu, chef courageux, vaillant, emporté ! Le soir, le *Joseph-Léon* mouilla devant Ewaffé.

Les explorateurs purent constater par la découverte d'un cadavre accroché aux branches d'un manglier que les indigènes n'enterrent pas leurs esclaves, mais les jettent tout simplement à l'eau.

Une brume s'éleva dans la nuit du 10 au 11 décembre. Il fut impossible d'appareiller avant neuf heures du matin. A deux heures et demie, ils arrivèrent devant Bakana, dont les habitants leur souhaitèrent bruyamment la bienvenue.

Le chef de l'expédition descendit à terre après avoir mouillé. Le roi Gouéché et son premier ministre Colobrébo le comblèrent d'amitiés et de présents. Girard fut ainsi fait Jew-jew, c'est-à-dire sacré. Gouéché l'ayant mené au tombeau de son père, qui est placé à droite de la case, jeta sur le tumulus un peu de tombo pour délayer la terre, puis il en frotta le front, le creux de l'estomac et le dessus de chaque main de son hôte. Ces marques étaient fort apparentes; aussi le peuple ne fuyait-il plus en voyant l'homme blanc, car cette espèce d'onction le faisait parent du roi.

Le capitaine, ayant fait provision de bois et d'eau douce, se disposait à partir, lorsque Gouéché réclama de lui un souvenir constatant son passage à Bakana. Girard lui donna une déclaration en quelques lignes; il y apposa sa signature, et y fit joindre celle de ses compagnons européens, y ajouta les noms du restant de l'équipage et lui fit don d'un habit de lancier de la garde, d'un chapska, d'un sabre et d'un ceinturon.

A Colobrébo et aux autres chefs il donna des shakos et des coutelas appelés *machettes*. Il voulait donner à Gouéché le costume complet, mais celui-ci ne voulut jamais accepter le pantalon. De leur vie, les voyageurs n'avaient encore vu des hommes aussi heureux que les chefs de ce village. Ils ne pouvaient plus rester à bord; on les renvoya donc à terre, et, dans le sentier qui mène de la rivière au village, ce ne furent que cris de joie et danses. Gouéché avait perdu le demi-œuf, insigne de sa bravoure; Colobrébo, à force d'essuyer son visage mouillé de transpiration, avait effacé le coup de pinceau blanc de son œil droit, signe qu'il avait accompli le long voyage au pays des grands Jew-jew. Leur entrée dans le village fut triomphale, et les explorateurs eurent encore une fois l'honneur de boire le tombo avec Sa Majesté et les Altesses royales.

Une heure après, l'expédition repartit. Ils quittèrent le charmant village de Bakana, emportant tous un excellent souvenir de la réception qui leur avait été faite. On put naviguer une partie de la nuit, et le lendemain matin, à huit heures, le *Joseph-Léon* laissait tomber l'ancre devant le village de Nouveau-Calebar.

Après avoir fait de riches présents aux frères du roi Will Amakri, qui avaient été ses compagnons de route, Girard les mit dans la pirogue qui était venue les chercher et que, dans la joie de se retrouver chez eux, ils faillirent faire chavirer.

Les voyageurs descendirent à terre pour remercier Will des procédés qu'il avait eus pour eux; ensuite on appareilla pour aller reprendre l'ancien mouillage, au bas de la rivière, en face des pontons anglais.

CHAPITRE IV

La pointe Fouché. — Les pilotes réfractaires. — Une navigation impossible. — Retour à Bonny. — Départ pour la France du capitaine Girard. — Le subrécargue Bonnat promu au grade d'économe. — Les ponchons d'huile de palme. — Un commerce fructueux. — Les dangers du voyage. — État politique, constitution, famille, religion, funérailles, moyens d'existence, guerres des peuples du bas Niger. — Anthropophagie. — Rôle possible de la France. — Fâcheuses nouvelles. — Événements récents ; massacre des Jew-Jew. — La justice indigène. — Un voleur à bord. — Chasse et pêche. — Un village de Krickmen. — Un pavé de coquillages à Jew-Jew-town. — Une négociation difficile. — Triomphe de la cuisine française. — Un jugement de piraterie. — Le roi d'Ibo et son sceptre. — Les pêches miraculeuses à Calebar. — Mariage de Charles Girard. — M. Delport. — Un vol à bord. — Voyage à Calebar. — La fête des eaux. — Une fumisterie nègre. — Le roi de Tchioppo et le roi des Krickmen. — Une petite guerre à Bonny. — Un naufrage. — Scène de piraterie.

Quand le *Joseph-Léon* arriva le 13 décembre 1866 près de l'embouchure du Nouveau-Calebar, le capitaine Girard, Bonnat et deux autres membres de l'expédition tombèrent malades. La fièvre paludéenne, qui règne en maîtresse dans ces parages marécageux, les prit à la gorge et ne les quitta qu'après dix jours d'absorption quotidienne de sulfate de quinine pris à hautes doses. Les fêtes de Noël et du premier de l'an furent célébrées au mouillage tout près des pontons anglais.

Le 2 janvier, le *Joseph-Léon* se remit en route et vint jeter l'ancre près de la pointe Fouché, devant le village de ce nom. On descendit à terre pour demander un pilote ; Girard et Bonnat profitèrent de l'occasion pour faire une visite au roi qu'ils connaissaient déjà.

Les pilotes refusèrent absolument de les conduire, sous le prétexte qu'ils craignaient d'être enlevés et retenus à bord. Procès-verbal de ce mauvais vouloir fut dressé ; mais tous les pourparlers nécessités par ces discussions avaient fait perdre aux voyageurs quatre journées. De plus, le vent, d'abord très-favorable, avait tourné et rendait la navigation difficile. Il fallait pourtant prendre un parti ; on se décida à lever l'ancre et à se passer de pilote. C'est dans ces conditions défavorables que le navire franchit sans encombre la barre du fleuve.

L'intention du capitaine Girard était d'aller pousser une reconnaissance dans le fleuve Niger, et, pour cela, d'aller prendre sa principale embouchure. On se dirigea de ce côté, c'est-à-dire vers le nord-ouest, mais les vents du sud-ouest soufflèrent continuellement, et de plus le navire rencontra les courants de foudre, formés par les cinq rivières qui se jettent dans la mer entre Bonny et le Niger. Le *Joseph-Léon*, quoique excellent voilier, lutta vainement ; au bout de quinze jours, il n'avait pas encore atteint la seconde rivière qui est située à vingt milles de Bonny.

Il fallut se résigner et battre en retraite. Le 21, on se trouva à l'ancien mouillage. A la suite de nouvelles apportées de France le lendemain par le courrier, le capitaine Girard, un peu soucieux, réunit son équipage et lui déclara qu'il était obligé de retourner en France, où d'ailleurs il se proposait de s'arrêter le moins possible.

— Mes amis, dit-il, je laisse des instructions à mon second

Féba, auquel je vous enjoins d'obéir comme à moi-même. Je ne tarderai pas à revenir parmi vous, avec les moyens de réaliser un projet que je mûris depuis longtemps.

J'ai résolu d'établir un comptoir à Bonny; il nous servira doublement pour l'exécution de notre grande exploration : d'abord les bénéfices que nous réaliserons nous seront d'un grand appui, car l'argent est aussi bien le nerf des voyages que celui de la guerre; ensuite ce sera pour nous un centre d'opération.

D'un autre côté, j'amènerai avec moi un bateau à vapeur calant peu d'eau sans l'aide duquel nous serions, vous en avez fait l'expérience, réduits souvent à l'impuissance, soit qu'il s'agisse de lutter contre le vent, soit qu'il faille marcher contre d'irrésistibles courants.

Pendant que le capitaine avait élaboré ces nouveaux projets, l'esprit de Bonnat n'était pas resté inactif. Ses propres observations concordaient si bien avec la détermination prise par Girard qu'il ne lui vint pas à l'idée de lui faire la plus légère objection.

Cependant ce dernier le prit à part :

— Bonnat, lui dit-il, vous m'avez déjà donné tant de preuves d'intelligence et de dévouement que je ne crains pas de faire un nouvel appel à votre amitié. Voici un papier qui vous accrédite à bord, pendant mon absence, comme économe de l'expédition; cette situation, bien supérieure à celle de subrécargue que vous occupez, vous sera continuée sur le ponton que j'amènerai de France pour en faire le siège de notre comptoir. A partir d'aujourd'hui, vos appointements sont portés à 2,400 francs, et vous aurez la faculté de les laisser fructifier dans notre opération, qui vous payera non-seulement les intérêts, mais vous traitera en actionnaire.

Le jeune voyageur, nous l'avons dit, avait étudié les questions commerciales qui s'agitent sur ce point du globe avec plus de maturité qu'on n'en aurait pu attendre d'un homme de son âge. Dans une lettre datée du 2 mars 1867 et adressée de Bonny à son ami M. Patrasson, il s'exprime en ces termes :

« Les huiles de palme sont ici d'un rapport considérable. Le ponchon d'huile qui contient neuf cent cinquante litres environ est échangé par les naturels du pays aux Anglais contre une valeur de 200 francs en marchandises. Ces huiles sont fondues à bord d'un ponton dans de grandes chaudières, pour en extraire les matières étrangères qu'elles peuvent contenir ; elles sont ensuite transvasées dans des ponchons préparés à cet effet. Ce sont des Kroumen qui sont chargés de ce travail. Quand la provision est suffisante pour un chargement, un navire arrive et la transporte à Liverpool. Là le ponchon est vendu 42 livres sterling, soit 1,050 francs. Pour tous les frais réunis, transport, agents, employés et nourriture, on compte 300 francs par ponchon. Il revient donc à 500 francs nets rendu à Liverpool ; vous voyez que les bénéfices de ce commerce sont considérables. Or, je n'exagère pas, M. Girard a acheté avant son départ un ponchon d'huile en petites boules blanches, pour une valeur de 6 francs. Cela lui paye son voyage. »

Dans cette même lettre il rassure son ami contre les dangers que redoutent pour lui ceux qui, en France, pensent à lui sans cesse.

« Ces dangers, dit-il, ne sont pas aussi grands qu'on le croit. J'ai pu moi-même m'en assurer pendant mon exploration du Nouveau-Calebar. Pourtant nous avons passé chez des naturels dont la férocité ne peut être mise en doute, puisqu'ils sont anthropophages.

« En fait d'animaux féroces, je ne puis attester la présence que de l'éléphant et de l'hippopotame. J'ai vu aussi chez les naturels des cornes de rhinocéros et des peaux de chats-tigres. A Bakana, j'ai encore vu une peau de panthère mouchetée; mais elle avait l'air bien vieille, et rien ne me prouve que ce n'était pas là un objet d'importation.

« Quant aux reptiles, j'ai traversé bien des forêts vierges, bien d'épais fourrés, je n'ai rencontré qu'un petit serpent à la robe verte, long d'un mètre, et qu'on m'a signalé d'ailleurs comme très-venimeux. J'ai vu un caïman splendide; et en ce moment j'en élève deux petits à bord. Il n'ont encore que trente centimètres de long, mais je constate qu'ils n'en sont pas moins méchants pour cela, en vertu sans doute du proverbe latin que m'a appris mon frère Exupère : *Talis pater, talis filius.* »

Lorsqu'il s'agit d'observation sur les institutions des indigènes, nous aurons plus d'une occasion de le constater, Bonnat fait toujours preuve d'un esprit et d'une perspicacité extraordinaires. Quand il parle des mœurs des habitants des bouches du Niger, je serais bien fâché de changer un mot à ses descriptions.

« La royauté est héréditaire, dit-il; mais ce qui distingue ces pays des monarchies d'Europe, c'est que le roi, avant de mourir, choisit parmi ses nombreux fils celui qui lui semble le plus apte à régner. Ce choix doit être difficile, car ordinairement il a une immense postérité. Le roi de Calebar, de qui je tiens ces renseignements, a vingt femmes et vingt enfants.

« Le pouvoir dans les mains du roi n'est pas absolu; il le partage avec les chefs qui sont en grande partie ses frères. Rien de sérieux ne peut être fait ni décidé sans la convocation du Conseil. Cette réunion a lieu dans une grande hutte où sont enterrés les mânes des rois précédents.

« Les frères du roi portent le titre de princes. Chacun des chefs est tenu d'avoir en propre une pirogue de guerre pour défendre le pays et pour escorter les pirogues de commerce qui vont et viennent sur tout le parcours du fleuve. Cette obligation est d'autant plus naturelle qu'eux seuls ont le droit de faire la traite des huiles de palme. Le roi jouit du même privilége, car il n'a pas de rentes et est loin d'être le plus riche d'entre les chefs ; cela est vrai à Calebar comme à Bonny : dans la nation, tout ce qui n'est pas chef est esclave.

« Tous les villages d'une certaine importance sont gouvernés par un vice-roi qui relève du roi de la capitale. C'est au conseil du roi que sont portés toutes les affaires importantes qui intéressent ces villages divers.

« Pour ce qui concerne la famille, voici comment se passent les choses : Un chef achète une, deux, trois, quatre femmes, suivant sa richesse. La femme en effet se vend comme un ballot de marchandises. La première femme qui enfante est seule reconnue par son mari comme femme légitime ; toutes les autres sont des esclaves servant seulement à la procréation et aux soins de l'intérieur. Tous les enfants sont également reconnus par le père, et le fils de l'esclave est ainsi l'égal du fils de la femme légitime. Le père doit pourvoir aux besoins de toute la famille.

« Cette polygamie donne parfois lieu à de bizarres situations. Lorsque Dick, le frère du roi, vint à bord pour nous accompagner, il s'y rencontra avec Da-Kroo, que nous avions engagé pour nous piloter dans la rivière. Or ces deux hommes étaient frères de ventre ; la même mère les avait enfantés : l'un était prince, l'autre esclave. La mère de

Dick, par un caprice royal, avait été vendue ou donnée un esclave De cette union était sorti Da-Kroo, qui s'étai plus tard enfui de chez son maître pour s'engager à notre service et s'abriter sous notre pavillon.

« Les fils de chef d'ailleurs ne sont pas plus heureux que les enfants d'esclave ; souvent ils sont assis sur le même banc pour pagayer, et il n'est pas rare de voir un père vendre ses enfants. Telle est la famille chez ces peuples primitifs.

« Leur religion est le fétichisme, la plus étrange aberration d'esprit qui soit au monde. Cette croyance ne contribue pas peu à les conserver dans l'état sauvage où ils sont, malgré le contact constant que les besoins de leur commerce les obligent à avoir avec les Européens. Ils ont un grand temple, mais pas de prières. Les seules pratiques religieuses qu'ils connaissent sont des offrandes et des sacrifices. Ces derniers comprennent jusqu'aux prisonniers. Ils se figurent que dans un lieu quelconque, au détour d'une rivière par exemple, il y a un bon ou un mauvais génie. Ils vont y planter un bâton auquel ils attachent un chiffon blanc ou un poulet vivant, ou encore un petit poussin qui sort de l'œuf. Ces choses se rencontrent à chaque pas.

« Ce qu'ils ont de meilleur, c'est le respect qu'ils professent pour les cendres de leurs ancêtres. La mort d'un chef amène des fêtes à n'en plus finir dans la famille du défunt. J'ai assisté à ce spectacle à Bonny lorsque mourut le frère d'Adalessen. Pendant huit jours ce furent des fêtes que je ne craindrai pas d'appeler carnavalesques, car rien n'y manquait, ni les déguisements les plus comiques, ni les danses macabres, ni les cérémonies burlesques, ni les festins somptueux, ni les coups de canon. Plus de mille coups de canon furent tirés pendant ces huit jours. Ces fêtes se terminent toujours par un festin auquel sont conviés le roi et tous les chefs du pays.

« Je vous ai parlé de l'impossibilité de cultiver les terrains marécageux dans lesquels sont campés ces peuples; et vous avez dû vous demander comment ils peuvent vivre sans récoltes. Voici l'explication de ce problème.

« Les villages de Bonny et de Calebar doivent sans aucun doute leur existence à quelques chefs descendus du haut du fleuve pour vendre des esclaves aux négriers, et c'est pour avoir un pied-à-terre près du lieu où ils faisaient leurs marchés qu'ils se sont décidés à construire ces huttes dans la fange et dans la boue. Ils recevaient toutes leurs victuailles et leurs esclaves du haut du fleuve. Lorsque la traite des noirs fut abolie, ils se mirent à traiter de l'huile de palme avec les habitants de l'intérieur et vinrent la vendre aux Anglais. Ceux-ci, trouvant un bénéfice considérable, s'inquiétèrent peu de chercher à savoir par combien de mains avait passé ce produit, et ne songèrent même pas à aller traiter eux-mêmes dans le haut fleuve avec les producteurs. C'eût été la ruine des habitants du bas de la rivière, qui n'ont d'autres moyens d'existence que ces échanges d'huile de palme contre des produits anglais qu'ils vont négocier ensuite chez les gens du centre.

« En allant faire la traite de l'huile, ils achètent des ignames, des bananes, du maïs, des chèvres, des poules, etc., dont les rives du fleuve abondent. C'est cela qui constitue à peu près leur unique nourriture avec le poisson qu'ils prennent dans la basse rivière et qu'ils conservent après l'avoir fait fumer. Vous comprenez dès lors quel intérêt ont les gens de Calebar et de Bonny à interdire à quiconque l'accès du fleuve, dont le trafic constitue leur seule fortune. Je vous ai dit quelles difficultés a rencontrées

M. Girard pour pénétrer au delà des villages de Bonny et de Calebar, et quelle somme d'énergie il lui a fallu dépenser.

« La guerre, selon moi, prend presque toujours ici sa source dans les questions commerciales. Chacun cherche à étendre ses relations et ses affaires au détriment de son voisin. Les peuples des rives du Calebar seraient toujours en guerre les uns contre les autres s'ils n'avaient pas la crainte salutaire des Anglais qui ont l'œil sur eux.

« C'est ainsi que les gens de Calebar sont en guerre avec les Kreekmans, parce que les premiers ont exclu les derniers du commerce du haut fleuve. Que font les exclus ? Ils guettent au passage les pirogues qui ne sont pas en force et s'en emparent. L'huile est vendue, les hommes sont mangés et la pirogue est confisquée.

« C'est à cause de ces pirates que les gens du Calebar font escorter leurs embarcations de commerce par des pirogues de guerre, mais cela ne les empêche pas de s'en laisser prendre quelques-unes. Aussi quand les *Calebarmen* parviennent à surprendre leurs adversaires, ne manquent-ils pas de s'en emparer et de les traiter comme ils auraient été traités eux-mêmes s'ils étaient devenus prisonniers. Une de ces deux tribus ne le cède en rien en férocité à l'autre.

« J'ai vu à Bonny une hutte, c'était probablement le temple de la guerre, pavée de crânes humains et ornée de pyramides formées par des centaines d'autres crânes empilés les uns sur les autres. Je m'adressai à un gamin qui m'accompagnait, et je lui demandai ce que c'était que ces têtes. Il me répondit qu'elles avaient appartenu à des prisonniers de guerre.

« — Quand ces hommes ont été décapités, ajouta-t-il,

on fait bouillir les têtes pour en extraire les chairs et conserver les crânes comme trophées. Quant au reste des corps, on les a préparés avec soin et on les a mangés.

« — As-tu participé à un de ces repas ? demandai-je à l'enfant.

« — Oh! oui, et même que je n'ai jamais mangé de viande aussi délicate !

« C'est là sans doute la clef du mystère des chambres noires. »

Quant aux os, ils sont portés sur une grande table soutenue par quatre pieux et placée devant la hutte aux têtes de mort.

Telle est la civilisation de ce peuple qui à ce moment avait pour roi un jeune homme de vingt et un ans. Ce prince, qui avait pourtant fait cinq ans d'études en Angleterre, était extrêmement faible de caractère. Il n'osait ni marcher en avant, ni adopter les mœurs de son peuple et les coutumes de ses prédécesseurs, ce qui lui aurait assuré l'alliance et l'amité de tous les chefs. D'un autre côté, il était protestant, et l'Angleterre lui avait imposé un évêque qui le tenait fermement en laisse, tâchant de l'entraîner du côté de la civilisation. De là pour le jeune roi une situation des plus délicates et des plus difficiles.

Dès cette époque, Bonnat, qui sentait vibrer en lui la fibre patriotique, comprit quel rôle, si elle le voulait, la France pourrait jouer dans ces contrées.

« Rien ne serait plus facile, écrit-il, que de nous rendre maîtres de la situation. Notre pays n'aurait qu'à se présenter. Le roi est pauvre comme Job ; il est criblé de dettes, et poursuivi par ses créanciers. Il est le débiteur de tous ses chefs qui assistent chaque jour à la consommation de sa ruine, et le malheureux n'a pour se relever ni rentes à recevoir, ni impôts à toucher, ni même commerce à faire. Ya-Ya, lui, est un ancien esclave, fort intelligent, fort rusé, qui a gouverné pendant la minorité du roi et qui a su profiter des circonstances pour acquérir une énorme fortune. Il est d'ailleurs complétement hostile à son souverain et guette l'occasion de le renverser. On voit quel rôle important, au milieu de ces intrigues et de ces complications politiques, serait appelé à jouer un petit navire français qui viendrait stationner dans ces parages et prendrait résolûment le parti du roi. Le pavillon tricolore flotterait bientôt sur cette terre, et les Bonnymen ne tarderaient pas à être de fidèles et dociles alliés. Ce premier pas accompli, les prétextes ne manqueraient pas pour étendre notre protectorat sur les Krickmen, sur Calebar et sur Brass. Notre influence serait ainsi souveraine sur une grande partie du delta du Niger que les Anglais exploitent seuls jusqu'à 300 milles dans l'intérieur. »

Vers le 20 ou le 25 avril, une lettre de Girard adressée à Bonnat arriva de Paris. Elle contenait toute sorte de fâcheuses nouvelles. En arrivant en France, le capitaine avait appris la disparition de son banquier, qui était en même temps son commanditaire. D'un autre côté, M. le marquis de la Rochejaquelein, son protecteur et l'ami de sa mère, venait de mourir. Cependant Girard ne désespérait pas. Tout le monde, ajoutait-il, avait pris part à ses ennuis et lui avait tendu la main. Une nouvelle compagnie d'exploration se créait plus riche et plus puissante que la première. Bientôt il irait rejoindre ses compagnons avec deux navires destinés à être convertis en pontons, et à être mouillés l'un en face de Bonny, l'autre en face de Calebar. Dans ces comptoirs flottants on traiterait de l'huile de palme et l'on ferait un commerce considérable avec les peuplades de l'intérieur.

Ces nouvelles chagrinèrent vivement Bonnat, qui y vit ce qu'elles contenaient en effet, un changement complet de direction dans l'expédition primitive.

« Avec tant d'affaires, écrit-il à son frère Exupère, nous serait-il possible de continuer notre exploration? Je crains bien que tu ne voies les nouveaux Argonautes se transformer en marchands d'huile de palme!... »

Dans cette lettre à son frère, datée de Bonny, Bonnat raconte les événements récents qui ont agité cette contrée :

« Ce qu'il y a de nouveau et qui fait époque ici, c'est le massacre des Jew-Jew, les plus vénérés et les plus anciens. Je veux parler des iguanes. Ces animaux vivaient jusqu'ici en pleine liberté et couraient dans les rues de Bonny sans être inquiétés. Aussi y en avait-il en si grand nombre qu'on ne pouvait faire trois pas sans en rencontrer et que bien souvent on était obligé de faire un détour pour ne pas marcher dessus. La religion les protégeait d'une façon des plus efficaces, car l'auteur de la mort d'un de ces animaux était impitoyablement sacrifié. Or une révolution vient de s'accomplir; voici dans quelles circonstances :

« Une iguane, il y a huit jours, a mangé une couvée de petits poussins qui venaient de sortir de l'œuf, et le même jour une autre s'est introduite dans une maison, et s'attaquant à un malade, lui a fortement endommagé une partie précieuse de son individu. Toi qui latinises, mon cher Exupère, tu ne manqueras pas de citer ici l'adage bien connu : *Quos vult perdere Jupiter dementat*.

« Plainte fut portée contre ces déprédations au roi qui est protestant. En présence du chef de la mission, il fit rassembler son conseil; un acte d'accusation bien en règle fut prononcé contre les accusés, et les iguanes déclarées coupables furent destituées de leur dignité de Jew-Jew. Un massacre général fut ordonné.

« Je dois ajouter que ce massacre, hautement approuvé, fut consciencieusement accompli par le peuple, qui, affamé pour la plus grande partie, n'envisagea pas sans plaisir la perspective de se procurer, avec la chair de ses anciens dieux, des provisions de bouche pour plusieurs jours...

« Un autre événement dont l'issue, hélas! a été dramatique, te fera connaître, mieux que des dissertations, les mœurs de ces peuples singuliers.

« Un matelot noir, mahométan, nommé Samba, que nous avions engagé au Sénégal, avait donné une pièce d'étoffe comprenant sept mouchoirs de poche à une femme habitant un petit village voisin du point où nous sommes à l'ancre. Ce cadeau avait été fait moyennant certaines conditions que la femme, esclave d'un chef, refusa d'accomplir. Elle ne voulut pas davantage rendre la pièce d'étoffe. Samba alla se plaindre sans nous prévenir. Or nous venons d'apprendre, trois jours après la plainte déposée, que la malheureuse femme a subi les plus terribles supplices. On lui a d'abord coupé les deux mains et les deux pieds, puis on lui a crevé les yeux et on lui a tranché la tête. Elle a été mangée dans son village même. Malheureusement je n'ai pas été prévenu de cela, car je me serais placé entre cette justice féroce et cette pauvre créature. Je l'aurais certainement sauvée, car je suis au mieux avec tous les chefs du pays : Mac Diombo, le propriétaire de la malheureuse esclave, Odalessen, Ya-Ya et Monilla, l'oncle du roi actuel et le plus puissant de tous.

« Ces quatre chefs doivent venir dîner à bord dimanche, et ils se déclarent très-partisans de la cuisine française, à laquelle leur appétit fait honneur.

« Il semble que, dans ces conditions, les voleurs devraient être ici fort rares, en raison de la sévérité de la répression; eh bien! il n'en est pas ainsi, et les neuf dixièmes de ces gens volent sans scrupule. A bord, plusieurs larcins ont été commis avec beaucoup d'adresse. Hier encore, le Djoudjouman ou chef de la religion de Djew-Djew-Town, village placé à l'entrée de la rivière, vint à bord avec un pilote que nous connaissons. Il vit un couteau qui le tenta et le prit. Médan, à qui l'objet volé appartenait, l'avait vu faire et l'arrêta au moment où il allait descendre dans la pirogue. On lui trouva le couteau dans la main, il fut donc dans l'impossibilité de nier. On l'amarra aussitôt avec une chaîne et un cadenas à la chaîne de l'ancre, car nous n'avons pas à bord de barre de justice. Lui et ses compagnons se confondirent en excuses et demandèrent humblement pardon. Ce fut bien pis quand on le menaça de le conduire chez le roi. Nous n'en fîmes rien, car nous savions que c'eût été un homme perdu. Nous nous contentâmes de lui faire passer la nuit aux fers. Aujourd'hui nous l'avons renvoyé chez lui en le mettant à l'amende de cinq chèvres. Il a demandé douze jours pour s'acquitter.

« J'ai bien souvent fait des promenades en pirogue, dans le but d'aller ramasser des huîtres et des coquillages qui abondent dans les criques. Un jour, j'étais parti avec Féba, chassant et pêchant (on fait toujours ici les deux choses à la fois); nous vîmes apparaître devant nous deux petites pirogues qui se dissimulaient de leur mieux sous le feuillage des mangliers et disparurent tout à coup. Cela nous intrigua et nous inquiéta même un peu, car les Kricquemen n'ont pas une réputation des plus rassurantes.

« Nous nous mîmes sur leur piste, et au bout de quelques

minutes nous découvrîmes l'endroit par où ils avaient disparu. Le passage n'était pas des plus commodes; il fallut nous courber pour pénétrer sous les branches des mangliers qui obstruaient l'entrée. Impossible de nager à l'aviron; il fallut donc aller à la godille. Nous marchâmes ainsi environ vingt minutes dans ce couloir étroit, et pendant le trajet j'eus le bonheur de tuer un beau singe et plusieurs oiseaux au plumage éclatant.

« Quand nous arrivâmes au bout de cette sorte de boyau de verdure, nous aperçûmes une petite baie au fond de laquelle, derrière un rideau formé de deux rangées de cocotiers, s'élevait une centaine de cases. Le paysage avait réellement un aspect féerique.

« Dès que les indigènes nous aperçurent, ils accoururent à notre canot, sans doute pour voir s'il contenait quelque chose à leur convenance. Ils n'y trouvèrent qu'un singe mort, deux fusils de munition chargés et deux magnifiques fusils de chasse à deux coups, dont la précision faisait l'éloge de M. Fauré-Le Fage, leur fabricant, et l'étonnement des Anglais qui venaient quelquefois chasser avec nous. Cet arsenal refroidit l'ardeur des Crickmen, qui nous accueillirent avec cordialité.

« Nous les suivîmes dans leur village et nous leur demandâmes à boire, car notre provision d'eau était épuisée et nous mourions de soif. Nos hôtes n'avaient pas de tombo à nous offrir comme nous en trouvions dans tous les autres villages, et nous dûmes nous contenter d'une eau plus ou moins claire, qui nous parut néanmoins délicieuse. Nous fîmes le tour du village et nous arrivâmes en un endroit où nous vîmes plusieurs hommes, des femmes et des enfants assis sur des bancs. Un homme, un **Jew-jewman**, les marquait au front, aux tempes et sur la poitrine, avec un mélange de cendres et de terre. Ces marques doivent être conservées jusqu'à ce qu'elles disparaissent naturellement.

« Nous nous mîmes à tirer sur de petits oiseaux qui s'y trouvaient en immense quantité et qui faisaient leurs nids sur les cocotiers. Nous en tuâmes un si grand nombre que les naturels vinrent demander leur part de notre chasse. Ils finirent même par devenir si importuns que je perdis patience et que je levai la baguette de mon fusil pour en donner sur les doigts au plus acharné. Je n'eus pas le temps de le frapper, car en voyant mes dispositions agressives, il prit le parti le plus sage et disparut à toutes jambes.

« Un autre jour j'allai visiter Jew-jewtown, le pays de notre voleur. Ce village, comme tous les autres, est masqué par les nombreux cocotiers qui abritent les maisons. Une petite crique en fait le tour. J'ai vu là les rues pavées de coquilles comme les jeunes filles de nos pays en emploient pour se fabriquer des pelotes. Nous rencontrâmes un pilote sachant quelques mots de français et qui nous accueillit de la façon la plus cordiale. »

A ce moment, Bonnat entreprit une tâche des plus difficiles; il s'agissait de déterminer le roi à vendre sur la côte quelques centaines de mètres de terrain sur lesquels on se proposait de construire un hangar pour y conserver les tonneaux d'huile de palme qu'on achèterait. Or le roi et son conseil toujours défiants craignaient de voir les Français s'emparer de leur pays ou tout au moins monopoliser à leur profit le commerce du haut fleuve; ils avaient déjà à plusieurs reprises refusé cette concession. Bonnat usa de tout son talent diplomatique et résolut de réussir là où ses compagnons avaient échoué. Il alla visiter successivement tous les chefs les plus influents, et, connaissant leur goût particulier pour la cuisine française, les invita à dîner. La gourmandise accomplit le miracle que toute l'adresse des membres de l'expédition n'avait pu faire.

Le 28 avril, le roi invita à déjeuner chez lui Bonnat et Féba, et leur annonça que le soir il rassemblerait son conseil pour prendre une décision définitive sur la demande qu'ils avaient formulée. La journée se passa chez le prince dans l'intimité la plus parfaite, ce qui donna à Bonnat bon espoir pour le succès de la négociation. La séance du conseil fut longue et orageuse; mais après trois heures de discussion, notre cause était gagnée; trois cents mètres carrés de territoire furent concédés à l'expédition, et les liens d'amitié qui unissaient nos compatriotes aux indigènes se resserrèrent encore.

Dans ce même conseil on jugea une affaire qui avait eu lieu entre les Krickmen et les gens de Bonny.

Sept hommes du village d'Ibo descendaient la rivière avec une pirogue sur laquelle étaient chargés sept ponchons d'huile destinés à un chef de Bonny. Ils furent arrêtés par les Krickmen, qui les prirent pour des gens de Calebar, malgré leurs dénégations et leurs protestations. Ils furent faits prisonniers, garrottés étroitement, et ne furent remis en liberté que devant la menace d'une expédition pour les délivrer. Le conseil consulté condamna les Krickmen coupables à payer à leurs victimes sept autres ponchons d'huile en dehors de la restitution de ceux indûment confisqués.

Pendant son séjour chez le roi de Bonny, Bonnat assista à la visite faite à ce souverain par un de ses collègues d'Ibo. C'était un homme très-grand, maigre et sec, à qui il manquait un œil, ce qui donnait à sa figure plus noire que la suie une expression des plus bizarres. Il était accompagné par quatre personnages, dont l'un marchait sans cesse devant lui, portant à la main un petit sachet en peau de chat-tigre. Deux autres étaient rangés derrière sur la même ligne, et un quatrième venait ensuite, portant le sceptre, insigne du pouvoir souverain.

Ce sceptre mérite une description, car sa forme était des plus originales. Il se composait d'une sorte de sachet long et en forme de gros boudin en peau de chat-tigre. Trois cornes en fer poli placées deux à l'avant et l'autre à l'arrière donnaient à ce meuble l'aspect d'une blatte ou de quelque gros coléoptère.

Dès que le roi d'Ibo s'arrêta, l'homme qui fermait la marche s'avança au-devant de lui et lui présenta le sceptre que le monarque prit par la corne d'en bas et qu'il ne lâcha, en le remettant aux mains de son porteur, qu'au moment où il se retira.

Plusieurs voyages faits par Bonnat à Calebar où il allait acheter des provisions de bouche parce qu'elles y sont à bien meilleur marché qu'à Bonny, lui donnèrent l'occasion plus d'une fois d'assister aux pêches vraiment miraculeuses qu'y font les indigènes.

« Un Européen qui aurait ici des filets de pêche comme ceux dont on se sert sur nos côtes, dit-il dans une de ses lettres, ferait une fortune rapide. Si jamais les affaires de M. Girard viennent à manquer, je me mettrai pêcheur ici, afin de gagner assez d'argent pour continuer l'œuvre que nous avons commencée. »

Une lettre du capitaine Girard arriva à ce moment, annonçant que ses affaires à Paris prenaient une tournure de plus en plus satisfaisante, et qu'il espérait bientôt pouvoir rejoindre ses compagnons de route. Une révolution venait d'avoir lieu dans son existence ; il venait de se marier avec une jeune et jolie femme, qui, hélas! devait bien peu de temps goûter les joies de la lune de miel.

Dans cette lettre, Girard, tout entier à son bonheur conjugal, conseille en plaisantant à Bonnat de l'imiter et de prendre femme; il lui dit même qu'il a sous la main une charmante demoiselle toute prête à se sacrifier. Bonnat se sentit profondément remué par cette pensée qui se présentait à lui pour la première fois. Il en parle à son excellent frère avec une adorable candeur.

« Ce qui m'étonne le plus, dit-il, c'est que me voilà arrivé à l'âge de vingt-trois ans, et je n'ai jamais aimé de femme; me voilà homme, sans avoir été jeune homme! Je ne sais maintenant quand cela pourra changer, car je ne suis pas dans un pays qui favorise un tel réveil; pourtant, à aucun prix, je ne veux me marier avec une femme que je ne connaisse pas et que je n'aime pas d'un profond amour. Cette indifférence qui m'étonne aujourd'hui que j'y pense pour la première fois a été un bonheur à tout prendre, car si j'avais eu le cœur pris pour une jeune fille, je l'aurais trop aimée, et elle m'aurait empêché de venir au Niger... »

Vers la fin de juin arriva, sur le *Joseph-Léon,* un nouveau venu, M. Delport, ancien quartier-maître de la marine, envoyé, sur la demande de Bonnat, par le capitaine Girard, pour représenter ses intérêts particuliers. M. Delport, qui avait été l'un des témoins du mariage de Girard, bien qu'il fût lui-même marié et père de famille, fut pris à son tour de la folle et invincible envie d'aller courir les aventures. Il partit pour les bouches du Niger et arriva à Bonny on ne peut plus à temps pour remettre un peu d'ordre à bord.

Quand il était parti pour la France, Girard, guidé

par des raisons que je n'ai pu bien définir, avait délégué ses pouvoirs, non à Bonnat, son compatriote et son ami, mais à son second et à son lieutenant, deux noirs, l'un du Sénégal, l'autre de Cayenne. Bonnat était chargé seulement de l'achat des vivres. Néanmoins le capitaine avait recommandé à ses officiers de ne rien faire de sérieux sans consulter le subrécargue. C'était là une situation impossible créée au jeune voyageur. Aussi les choses ne tardèrent-elles pas à aller aussi mal que faire se pouvait.

Dès que Girard fut parti, les deux officiers, qui n'avaient jamais rêvé une semblable autorité, se sentirent gonflés d'orgueil, et, loin de consulter leur inférieur Bonnat, entassèrent maladresses sur bêtises. Le plus grand désordre ne tarda pas à régner à bord, désordre couronné par un fait d'une haute gravité.

Dans la nuit du 26 au 27 mars, pendant le quart confié au lieutenant Médan, un vol fut commis à bord. Quatre revolvers, un grand pavillon tricolore et trois poires à poudre bien garnies disparurent. Bonnat en référa par écrit au capitaine et l'engagea à envoyer à bord du *Joseph-Léon* un homme capable de défendre ses intérêts d'une façon sérieuse. Ce vol commis sur un navire si petit demandait tant d'audace que Bonnat n'hésita pas à croire qu'il eût été accompli ou tout au moins favorisé par quelqu'un du bord.

Une enquête fut ordonnée, mais on ne put rien découvrir. Cependant on apprit quelques jours après qu'un homme, qu'il fut impossible de retrouver, avait offert de vendre un revolver dans le village de Bonny.

En arrivant sur le *Joseph-Léon*, M. Delport, qui était un ancien ami de Girard, apportait une lettre de lui, donnant les nouvelles les plus rassurantes. Son affaire rencontrait à Paris des sympathies inespérées ; le capital offert atteignait la somme énorme de 2,500,000 francs; d'autre part, la compagnie en formation accordait une somme de 25,000 francs qui serait partagée entre les hommes de l'équipage. Ces nouvelles étaient trop favorables pour être complétement vraies, et l'imagination féconde de Girard les avait considérablement exagérées.

Quoi qu'il en soit, tous les gens de l'expédition se sentirent vivement encouragés par la perspective qu'on faisait luire à leurs yeux.

A ce moment, Bonnat fit un voyage à Calebar dans l'intention d'y acheter des vivres. Il y arriva justement un jour de grande fête. Tout le village s'était réuni pour supplier le Jew-Jew, ou génie des eaux, de faire cesser une sécheresse dont tout le monde avait grandement à se plaindre. En effet, la source, ou pour être plus exact la mare, où chacun venait puiser son eau était presque à sec. C'était un infect creux destiné à emmagasiner les eaux de pluie. Tout le monde y venant sans cesse patauger, de même que les chèvres et les moutons, ce singulier réservoir n'offrait plus qu'une bouillie jaunâtre et puante. Il était situé au milieu d'une grande place et entouré de quelques cabanes servant de temples au Jew-Jew, protecteur des eaux.

Le voyageur trouva le roi et ses grands chefs assis sous une tente, et sur l'invitation qui lui en fut faite, il prit place auprès du monarque et put assister au spectacle.

Les chefs de second ordre étaient costumés et masqués; ils avaient des coiffures rappelant vaguement les bonnets à poil des sapeurs, avec cette différence que la fourrure y était remplacée par des goémons et des roseaux secs. D'autres portaient d'immenses chapeaux plats, ornés de plumets de lanciers formant corbeille, et agrémentés de tout un bazar de miroirs, de cartes à jouer, de plumes multicolores, de verroteries et d'objets en cuivre ou en or d'origine algérienne. Ajoutez à ce bric-à-brac une ceinture de dents de tigres formant des festons tout autour des ailes du chapeau, et vous aurez une faible idée de cette fantastique coiffure.

Tous portaient à la main une petite corne d'ivoire sculptée par eux et d'une blancheur éclatante; l'autre main tenait en permanence un jonc à pomme d'or.

Ils étaient vêtus d'une pièce de mousseline avec laquelle ils s'étaient fabriqués une sorte de jaquette sans pans. Cet ornement de nos habits était remplacé par une douzaine de pièces de soie pliées à la largeur de la main et qui descendaient jusqu'aux talons. Ces vêtements étaient retenus par une ceinture à cinq rangs de clochettes produisant un bruit qui rappelait involontairement les mulets d'Espagne ou les chevaux des charretiers bressans venant à la foire de Mâcon. Devant ces chefs marchaient leur aide de camp et un gamin porteur d'une chaise et d'un éventail; ils pouvaient ainsi se reposer lorsqu'ils étaient fatigués.

Les femmes des grands dignitaires et celles du roi étaient dans leur toilette de gala, c'est-à-dire qu'elles étaient couvertes d'arabesques peintes en noir sur leur peau bronzée, et que la partie inférieure de leur corps était enveloppée d'une pièce de soie retenue sur les hanches et tombant jusqu'à terre.

Tous ces gens tournaient autour de l'infect réservoir, dansant, chantant et défilant devant le roi près duquel était placé l'orchestre. Arrivés là, ils s'arrêtaient un à un et se mettaient à faire de fantasques gambades.

Quand le soleil eut disparu à l'horizon, le roi se leva, ainsi que les grands chefs, et pria Bonnat de vouloir bien le suivre. Celui-ci, se rendant à cette invitation, s'approcha de l'orchestre afin d'allumer sa pipe à un feu destiné à chauffer la peau des tambours. Le chef d'orchestre saisit vivement la pipe, l'enleva des mains du voyageur et la lui rendit presque aussitôt après l'avoir soumise à une opération que Bonnat prit pour un simple sortilége commun à tous ces êtres fétichistes. Le fumeur approcha un tison enflammé, mais aussitôt quelques grains de poudre placés dans l'instrument firent explosion et faillirent brûler notre compatriote. Celui-ci avait bonne envie de châtier le musicien et de lui faire expier sa farce de fumiste; mais redoutant le scandale, il s'approcha de lui et se contenta de lui dire :

— Apprends, imbécile, que jamais un Français n'a eu peur de la poudre.

Puis il rejoignit le roi, qui ne s'était aperçu de rien.

Un somptueux dîner, en compagnie de tous les grands du royaume, l'attendait dans la case royale. Il se composait de maïs grillé, arrosé d'huile de palme, de piments rôtis, de poissons grillés, de coquillages bouillis et d'ignames cuites sous la cendre. Bonnat avait emporté avec lui un peu de vin et un peu d'eau-de-vie, dont le roi se régala fort. Aussi ce dernier se montra-t-il de plus en plus gracieux pour son hôte, qui lui raconta la mauvaise plaisanterie qui lui avait été faite.

Le lendemain, le roi fit comparaître devant lui le musicien, qui était un chef. Le coupable voulut nier d'abord, mais ce fut en vain.

— Quelle punition veux-tu que je lui inflige? demanda le roi. Si tu demandes sa tête, elle va tomber à l'instant.

— Non, reprit Bonnat, je ne demande aucun châtiment corporel; mais je veux que cet homme sache bien que jamais un Français ne se laissera molester impunément.

Le pauvre diable se confondit alors en remercîments et en *passici-coco,* ce qui veut dire : J'implore mon pardon.

Pendant les cinq jours de séjour que le voyageur fit à Calebar, il apprit que la veille de son arrivée on avait amené jusqu'à Tchioppo par eau cinq éléphants capturés dans le haut du fleuve. Le roi de ce village vint lui-même à Calebar pour demander justice au roi suzerain contre le prince Boy dont il avait à se plaindre. Bonnat y vit aussi le roi des Crickmen qui venait proposer la paix et un traité d'alliance avec le roi de Calebar.

Rentré à Bonny, le voyageur y assista à un autre spectacle assez singulier. Il s'agissait d'une petite guerre qui dura trois jours. Ya-Ya et un chef voisin ou plutôt les esclaves de ces deux premiers attaquèrent les esclaves de Mounilla Adolessen, Bamengo, etc. Ils avaient des deux côtés pour armes un petit arc qui lançait des flèches à peine capables de tuer une poule. Il est vrai qu'ils augmentaient leur arsenal d'éclats d'assiettes et de bouteilles dont des tas se dressaient à la porte de chaque case. Tant tués que blessés, il n'y eut personne de mort.

Quelques jours plus tard, dans la nuit du 21 au 22 juin, un navire anglais fit naufrage sur le banc *Roug-Corner*. Dès le matin, l'équipage du *Joseph-Léon* se trouva sur le lieu du sinistre ; là, ils virent les indigènes, chefs et esclaves réunis, préparer un campement et courir au rivage pour ramasser les épaves amenées par la mer. Sur six mille ponchons d'huile de palme que contenait le navire, six cents au moins furent recueillis par les naturels et revendus pour la seconde fois aux Anglais, qui ne songèrent même pas à réprimer un pillage accompli à deux pas de leur navire.

Un autre incident plus personnel vint encore rompre la

monotonie de l'existence des voyageurs condamnés par les circonstances à un repos forcé. Féba, le second du navire, revenant un jour de Bonny, fut attaqué par trois indigènes armés. Grâce à sa vigueur musculaire, il rossa les esclaves et réussit à en saisir un qu'il conduisit à Bonny chez Adalessen. Ces hommes appartenaient à Ya-Ya, et il fallut remettre le coupable à ce prince.

— Quelle punition voulez-vous que j'inflige aux trois criminels? demanda Ya-Ya.

— J'attendrai l'avis de M. Delport, répondit Féba.

Le lendemain, M. Delport se présenta chez Ya-Ya et se plaignit vivement d'une agression indiquant peu de respect de la part des naturels pour les Français.

— Je vais tout de suite leur faire couper le cou, répondit Ya-Ya, comme s'il se fût agi de l'exécution de trois poulets.

— Non pas! reprit M. Delport, gardez vos esclaves, mais vous vous acquitterez envers nous moyennant une amende en ponchons d'huile dont le capitaine Girard, à son retour, fixera le nombre.

Cependant le séjour de Girard en France se prolongeait outre mesure, et l'impatience venait gagner l'équipage du *Joseph-Léon*. Bonnat et Delport lui adressaient lettre sur lettre pour lui démontrer la nécessité de son prompt retour; grisé peut-être par l'accueil qu'il recevait dans les sociétés de géographie et jusque dans les régions officielles, il s'endormait dans les délices de Capoue et différait sans cesse son départ.

Ses deux compagnons français, M. Delport d'abord, Bonnat ensuite, furent saisis par un de ces redoutables accès des fièvres paludéennes et pernicieuses qui règnent dans ces parages. Ils furent pendant plusieurs jours entre la vie et la mort.

CHAPITRE V

Une grande résolution. — Désastre financier de Girard. — Un négociant improvisé. — Le commerce de la côte. — Ce qu'il faut vendre. — Ce qu'il faut acheter. — Prix d'origine, prix de vente. — Retour de Girard. — M. Sakakini et ses fondés de pouvoir. — Séparation. — Marchandises anglaises et françaises. — Situation compromise de Girard. — Le comble de l'égoïsme. — Arrivée du *Georges et Rosine*. — Désorganisation de l'expédition. — Propositions d'accommodement. — Séparation définitive. — Appel à la maison Régis, de Marseille. — Bonnat persiste dans ses entreprises commerciales.

De temps en temps il arrivait à Bonnat et à M. Delport des lettres de France leur rendant momentanément le courage et la confiance. Quelques jours avant le 1ᵉʳ janvier 1868, par exemple, ils reçurent la visite d'un aviso de guerre français. Ce navire amenait une commission composée d'un lieutenant de vaisseau et de deux enseignes, chargée de connaître l'actif et le passif de l'expédition. On fit donc un inventaire, et le commandant du vaisseau donna en partant l'assurance à l'équipage du *Joseph-Léon* qu'avant quinze jours un autre navire viendrait les prendre et les remorquer jusqu'au Gabon, où ils pourraient au moins attendre leur chef au milieu de leurs compatriotes.

Ce navire annoncé n'arrivait pourtant pas plus que le capitaine, dont chaque lettre depuis six mois annonçait le départ pour la fin du mois.

Cet état d'incertitude plongeait Bonnat et Delport dans des transes et dans un découragement sans cesse grandissants. Dans une lettre du 1er février adressée à M. Patrasson, son ami et son confident, Bonnat prend enfin un parti.

« Il faut, s'écrie-t-il, que je sorte à tout prix de la situation critique où je me trouve! »

Et il donne des instructions pour qu'on vende le petit bien qui lui revient de sa famille et qu'on lui envoie une pacotille dont il donne les détails les plus précis à sa sœur. Il s'est enfin décidé à renoncer à poursuivre une expédition qu'il reproche à Girard d'avoir rendue impossible, et à tenter seul une entreprise commerciale sur la côte.

« Vous allez certainement me dire, ajoute-t-il, que pour accomplir mon projet, il faut que je rompe définitivement avec M. Girard; mais je dois vous avouer que maintenant nous considérons son retour comme impossible, car dans ses dernières lettres il nous avoue que son banquier refuse de lui donner de l'argent. C'est bien là, à mes yeux, la mort de ce que nous appelions la seconde expédition du Niger. Mais admettez même que je me trompe et que M. Girard revienne dans de bonnes conditions, ce qui est au moins improbable, je renoncerai momentanément à mes entreprises personnelles, quitte à les reprendre plus tard, aidé encore par l'expérience nouvelle que j'aurai pu acquérir.

« Je vais avoir vingt-quatre ans, et je sens l'impérieux besoin de réparer les torts que la fortune a eus envers moi. Je rattraperai le temps que j'ai perdu au service d'une grande idée à laquelle j'ai, hélas! apporté un dévouement inutile! Je préviens M. Girard de mes résolutions, et je lui en indique les motifs. »

Le 1er mai, le jeune négociant improvisé a reçu un premier envoi comprenant pour 800 francs de marchandises ; il écrit à sa sœur pour la remercier de son exactitude et pour lui faire connaître les premiers résultats de ses opérations. Nous sommes heureux de citer textuellement les passages de cette lettre qui jettent un jour complet sur la nature du trafic qu'il faut faire sur la côte et sur les difficultés inattendues qu'on peut rencontrer.

« Je ne puis pas envoyer encore de l'huile de palme, dit-il, mais je vous adresse de l'argent. J'ai vendu déjà pour 200 francs l'indienne étroite, à raison de 1 fr. 60 le mètre. Les mouchoirs sont un peu petits. Je n'en retirerai pas autant que s'ils avaient été plus grands. J'envoie la moitié de ma pacotille à Djella Coffié, dans le Dahomet, où je pense réaliser un bénéfice de 300 pour 100. D'ici à un mois je pourrai faire un envoi d'argent de 2000 francs. Considère, ma sœur, que tant que je suis mal assis, j'ai beaucoup plus de frais, mais que lorsque j'aurai un solide centre d'opérations, tout ira bien, j'en suis sûr.

« J'ai sous la main un personnage qui me sera très-utile et qui s'entend très-bien au commerce sur la côte. C'est lui qui part pour moi à Djella Coffié, car je ne puis quitter le bateau. Cet homme précieux est Médan, dont j'ai déjà eu occasion de parler. »

Plus loin, il donne des instructions pour le second envoi.

« Si les achats ne sont pas faits, dit-il, envoie-moi seulement des indiennes et des mouchoirs de coton ; choisis les plus grands que tu trouveras. Quant aux indiennes, prends-les foncées avec quelques pièces croisées à fond blanc. »

Le 1er juin, une partie de ses espérances s'est réalisée. Il écrit en ces termes à M. Patrasson :

« Médan, que j'avais envoyé à Djella Coffié pour vendre

la moitié de ma pacotille, est revenu avec un bénéfice net de 38 livres sterling, soit 950 francs, déduction faite des frais qui ont été de 9 livres ou 225 francs. Pendant son absence, en dehors des 200 francs réalisés précédemment, j'ai vendu ici pour 250 francs, et il me reste encore quinze douzaines de mouchoirs, deux pièces de cotonnade, six pièces d'indienne et la grande pièce de soie. Je suis, vous le voyez, dans d'excellentes conditions.

« Médan, en revenant, m'a donné les détails les plus circonstanciés sur le pays où je l'avais envoyé. Il a été très-bien reçu, et l'on a été jusqu'à lui faire des offres d'argent d'avance si je consentais à m'établir définitivement dans le pays. L'avance proposée était de 500 dollars (2500 francs), avec une maison et une cour où je pourrais établir ma factorerie. Seulement on lui a dit aussi que mes marchandises étaient trop bonnes, comme cela avait été déjà reconnu à Bonny.

« A Djella Coffié, voici ce qui fait l'objet de la traite : huile de palme, ivoire, arachides, noix de palme, coton. Si je joins ici les prix de vente comparés aux prix d'achat en Angleterre, vous serez fixés sur ce qu'il peut y avoir à faire.

« IVOIRE. — La livre anglaise coûte :

1re qualité	2 fr. 50	à 3 fr.	»
2e —	2	» à 2	50
3e —	1	25 à 1	50

« Cette matière se vend en Angleterre :
« Les 112 livres anglaises :

1re qualité	30 à 36 livres st.,	soit de 750 fr.	à 900 fr.
2e —	27 à 34 —	soit de 675	à 850
3e —	22 à 40 —	soit de 550	à 1000

« Que ces prix si variés ne vous étonnent pas, car l'ivoire coûte plus ou moins cher suivant qu'il est plus ou moins massif.

« Huile de palme. — Je vous ai déjà indiqué les prix comparés à la côte et en Angleterre.

« Coton. — Se vend à Djella Coffié 60 centimes la livre ; son cours qui varie en Angleterre ne m'est pas connu, mais il doit offrir un bon bénéfice.

« Je dirai de même pour les arachides, qui valent ici de 2 fr. 50 à 3 fr. 50 le double décalitre.

« Les marchandises européennes qu'il faut pour trafiquer ici sont :

« *Ramol.* — *Printz-Satin.* — Par pièces de 14 yards.

« *Mouchoirs* dits *Madras* par pièces de 8.

« Ne pas sortir des couleurs rouge, jaune et vert (très-peu de blanc).

« *Mouchoirs de soie* dits *Banana.*

« Le tabac se vend très-bien, surtout s'il est de première qualité. Les dix têtes valent 1 dollar. Seulement je ne vous en demanderai qu'après que je serai fixé sur les premiers résultats.

« Les étoffes énumérées plus haut sont anglaises, et si les correspondants MM. Camus et Tuzzo que vous m'avez trouvés à Liverpool veulent vous ouvrir le crédit qu'ils vous ont offert, écrivez-leur de m'envoyer pour 1000 ou 1200 francs de ces marchandises. »

M. Girard arriva enfin à Bonny le 4 juin ; il se montrait plus optimiste que jamais, mais Bonnat avait perdu une grande partie de sa confiance en lui ; d'ailleurs le capitaine avait complétement changé son plan. Il ne s'agissait plus d'aller explorer le Niger, mais bien de faire du commerce sur place. Or Girard fut bien vite obligé de convenir qu'à l'embouchure des rivières il y avait peu ou pas à faire, et il annonçait sa résolution de forcer le passage du Bonny et d'aller acheter des huiles de palme dans le haut fleuve. Les Bonnymen le laisseraient-ils faire sans résistance ? Là était la question, et l'on avait tout lieu de craindre que la tentative ne coûtât fort cher.

La longue absence du chef lui avait fait un tort considérable dans l'esprit de son équipage. Bonnat lui annonça sa détermination de le quitter. Girard n'en parut pas trop surpris et l'assura qu'il l'appuierait de toutes ses forces. Peut-être, avec cet aveuglement qu'il n'a jamais cessé de montrer pendant la dernière partie de sa vie, se faisait-il illusion et ne croyait-il pas plus au projet de Bonnat qu'à l'intention de tout le reste de l'équipage de se retirer.

— Mes hommes font semblant de me quitter, dit-il à un officier anglais ; ils croient ainsi me forcer à augmenter leurs appointements ; mais je sais de bonne source qu'ils ne redoutent rien tant que de se voir pris au mot.

La nouvelle situation faite à Girard n'était pas seulement compromise par ces difficultés, mais les capitalistes qui l'envoyaient l'avaient, par défiance, absolument paralysé. Il annonça à son ami Delport et à Bonnat, qui l'engageaient à céder aux réclamations de l'équipage, qu'il avait les mains liées et ne pouvait rien faire par lui-même.

Il attendait, ajoutait-il, deux fondés de pouvoirs de M. Sakakini, son bailleur de fonds, afin de régler tous les comptes anciens. Ces messieurs devaient arriver le 7 juillet ; Bonnat, qui avait fixé son départ pour Djellah Coffié au 2 juillet, résolut d'abord de ne pas les attendre et de se faire payer ses appointements arriérés en marchandises ; mais devant la crainte de perdre cette somme relativement importante, il finit par se décider à attendre.

Girard, malgré quelques justes reproches que lui adressa Bonnat, loin de se brouiller avec lui, lui témoigna une affection croissante.

Quand le jeune négociant lui eut montré les résultats inespérés qu'il venait d'obtenir :

— Je reconnais aujourd'hui, mais trop tard, dit le capitaine, le tort que j'ai eu, à mon départ pour la France, de ne pas confier mon commandement à ce jeune homme. Mes intérêts n'auraient pas eu à souffrir, et tout irait mieux.

Cette tardive satisfaction consola un peu Bonnat des misères qu'il avait endurées. Il était trop tard d'ailleurs pour faire renaître la foi et les illusions envolées. Pas de jugement plus sévère et, hélas ! plus juste que celui que je trouve dans une lettre datée de Bonny le 12 juin.

« Girard, dit-il, est un grand enfant, à qui la rude école qu'il vient de faire n'a en rien profité. Il est plein de vanité naïve, croit fermement à son étoile et ne pense jamais qu'à lui-même. Il ne manque certes pas de bonne volonté, mais il n'a pas la chose principale, c'est-à-dire la tête. Qu'on émette devant lui une idée, qu'on lui explique un plan, il écoute, comprend et retient. Le lendemain, il est prêt à l'exécution et s'en va partout proclamant qu'il vient de faire une découverte.

« Malheureusement, pour sa vanité, il y a entre le plan le mieux conçu et son exécution une infinité de difficultés qui surgissent et qu'on n'a pu prévoir ; aussi, dès le principe, Girard reste arrêté et bouche close devant le premier obstacle, parce qu'il n'a ni l'esprit nécessaire pour trouver le moyen de passer outre, ni la modestie suffisante pour s'adresser de nouveau au véritable auteur du projet. »

Une conversation dont les termes mêmes ont été conservés par quelqu'un qui en fut le témoin donnera une idée de cet égoïsme poussé jusqu'aux extrêmes limites.

M. Girard était avec ses amis dans sa cabine et se plaignait, non sans quelque amertume, de se voir presque abandonné par ceux sur lesquels il avait le plus compté.

— M. Girard, lui répondit Bonnat, moi, je sais bien ce qu'il vous faudrait pour assurer votre réussite ; c'est un second vous-même, un ami parfait, doué d'assez de dévouement et d'abnégation pour se dissimuler dans votre ombre ; c'est un conseiller qui ne se montrerait que dans les moments difficiles et se retirerait dans l'obscurité dès que sonnerait l'heure des triomphes et des récompenses. En un mot, ce qu'il vous faudrait, monsieur Girard, c'est un autre Bonnat, avec plus d'instruction que je n'en ai.

Le capitaine, sans montrer le moindre étonnement, répondit aussitôt :

— L'homme dont vous parlez est introuvable !

Tout espoir de renouer l'expédition dans les conditions premières avait disparu : Bonnat se donnait chaque jour davantage à son commerce, qui continuait à prospérer. Un second envoi de marchandises succéda au premier et l'amena à conclure définitivement que seules les étoffes fabriquées en Angleterre étaient d'une vente facile à la côte et même dans l'intérieur. Il donna pour le troisième envoi des instructions en conséquence à ses correspondants d'Europe.

L'arrivée du navire si longtemps attendu, le *Georges et Rosine,* au lieu de sauver la situation de l'expédition Girard, vint achever de la ruiner. Les deux fondés de pouvoir de M. Sakakini, se plaignant que le capitaine du *Joseph-Léon* avait promis à Paris des choses qu'il ne pouvait tenir, refusèrent nettement de s'occuper de l'équipage en quoi que ce fût. Il en résulta que chacun des membres de l'expédition demanda au capitaine d'être payé d'abord et rapatrié ensuite.

M. Girard était sans argent, et des propositions d'accommodement lui furent faites qui n'eurent pas plus de succès que les premières réclamations. Un projet qui fut sur le point de se réaliser était pourtant très-pratique et fort séduisant. Bonnat, au nom de l'équipage, proposait à Girard d'abandonner le *Joseph-Léon* et son chargement pour indemniser autant que possible les membres de l'expédition. Le navire serait remis le 17 août aux créanciers qui se chargeraient d'en opérer la vente au moment favorable et dans les meilleures conditions possibles. Cette liquidation terminée, on retirerait d'abord les appointements de l'équipage, plus 35 livres sterling pour le rapatriement : le reste serait partagé comme suit :

Pour le bateau, une part ;

Pour M. Girard, une part ;

Pour les quatre anciens : Bonnat, Médan, Ernest Conart, Bats, une part.

Bonnat et ses compagnons se proposaient, cette transaction terminée, d'aller opérer au Niger à environ 150 milles dans l'intérieur, soit à Onitcha, ou à Idha, ou à Aba.

Ce beau projet n'eut malheureusement pas de suite, et dans la lettre que Bonnat écrit à sa famille en date du 26 novembre 1868, il y a complétement renoncé et ne se préoccupe plus que de reprendre ses propres opérations commerciales. Il est complétement détaché de l'entreprise du *Joseph-Léon*.

« A mon arrivée à Jellah-Coffié, dit-il, je me suis aperçu bien vite que les marchandises que j'avais étaient de trop belle qualité et trop chères. Les nombreux frais qu'avait nécessités mon changement de situation étaient à peine compensés par l'indemnité que j'avais reçue du *Joseph-Léon* en marchandises. Je résolus alors de ne pas me presser et de faire une étude aussi approfondie que possible du pays où je me trouve. »

A la suite de ces observations qui augmentaient chaque jour sa science commerciale, Bonnat tenta de se mettre en relations d'affaires avec la maison Régis de Marseille. Médan avait continué à rester son associé et alla négocier à Lagos avec le représentant de cette importance maison; là, de nombreuses propositions lui furent faites. Les factoreries *African Merchants, Hollin Jack,* entre autres, lui offrirent de l'argent et des marchandises, mais il crut devoir s'abstenir avant d'avoir une réponse de M. Régis.

Voici ce qu'ils demandaient à cette maison : une avance de marchandises livrées aux prix de facture, à la condition de lui vendre exclusivement les objets d'échange à un prix convenu. C'était un moyen de diminuer les bénéfices, mais aussi de décupler les opérations commerciales. Dans ces conditions, ils étaient résolus à s'avancer dans les terres de l'autre côté de la lagune, malgré l'opposition qu'ils trouvaient chez les gens de la côte, et dans ce but, Bonnat s'était assuré l'appui du roi du Haoulou et de Djiokoto, vice-roi d'un royaume où les gens de Jellah-Coffée allaient s'approvisionner.

CHAPITRE VI

Année 1869. — Lettre du 21 mars. — Mort du capitaine Girard. — MM. Reuxhel et d'Albignac. — Bruits de guerre. — Voyage à Hô. — Les fugitifs. — Entrée à Hô. — Aspect du village. — La mission de M. Homberger. — Reprise des opérations commerciales. — Invasion de Hô par les fugitifs. — La trahison du Aoulan. — Arrivée de Médan et Beecroft. — Bruits de guerre contradictoires. — Le chef Doupré. — Fuite des missionnaires. — Bonnat et ses compagnons s'établissent à la mission. — Le tam-tam de guerre des Achantis. — La mission envahie. — Bonnat prisonnier. — La bague de sa mère. — Bonnat dépouillé et battu. — Mort de Médan et de Beecroft. — Un moment de désespoir. — Un gardien charitable et ses fils. — Le général achanti et son aide de camp. — Adoucissements au sort du prisonnier. — Espérances de liberté. — Les ruines de Hô. — Le camp des vainqueurs. — Un conseil de guerre. — Dons généreux du grand chef.

L'existence de Bonnat pendant l'année 1869 serait peu connue si l'on n'avait que sa correspondance pour la rétablir ; heureusement il a laissé à ce sujet un volumineux manuscrit. Cette année fut tout entière consacrée au développement de ses entreprises commerciales, ainsi que le témoigne la lettre suivante adressée à son frère et datée de Toda le 21 mars 1869. C'est la seule de cette année.

« Je suis arrivé le 4 mars à Toda, qui n'est qu'une de mes résidences ; j'en ai trois, Toda, Kptivé, capitale de l'Agotimé, et Hô. Je suis tantôt dans l'une, tantôt dans l'autre, souvent même ailleurs, car il faut que j'aille dans les divers villages des montagnes où se traite l'huile de palme. Cette situation dans l'intérieur rend mes correspondances avec l'Europe bien difficiles.

« J'ai appris la mort de M. Girard ; ce malheureux ami a succombé, laissant une jeune femme et une petite fille qu'il n'a jamais vue ; il est mort presque subitement au moment où, le cœur rempli d'amertume d'avoir été contraint d'abandonner son expédition, il était déjà à bord du navire qui devait le reconduire en France.

« Celui qui m'a apporté cette fatale nouvelle est M. Reuxhel, un des deux jeunes gens qui étaient venus nous rejoindre à bord du *Joseph-Léon,* au mois de mai dernier. Son compagnon, M. d'Albignac, jeune homme de dix-huit ans, était mort lui aussi quinze jours après son arrivée parmi nous. »

Nous ne suivrons pas Bonnat au milieu du dédale de difficultés auxquelles il se heurta avant d'occuper dans ces pays de l'intérieur une situation vraiment importante ; qu'il nous suffise de dire qu'avec l'aide de Médan, de Beecrof et de Joseph Reuxhel, dont la famille était de Lyon et qui vint se fixer dans le pays, il avait fait des affaires prospères.

Grâce à lui, Reuxhel obtint une concession importante vers le 5 ou le 6 mai et commença à s'occuper de sa plantation. Bonnat, continuant à étendre ses opérations commerciales, partit pour Sukpé, tout fier de l'heureux résultat de sa négociation avec le roi de l'Agotine, puis il se rendit de Sukpé à Hô. Pendant ce voyage, des bruits de guerre alarmants se répandirent. Les Achantis, assurait-on, s'avançaient avec des forces formidables.

Quand la petite caravane emmenée par Bonnat eut traversé le second village de Takla sans s'y arrêter et qu'elle se fut engagée sur la route de Hô, elle rencontra une foule de gens qui fuyaient, enmenant pêle-mêle leurs chèvres, leurs moutons et leurs enfants.

Plus loin, Bonnat rencontre une autre troupe dans laquelle il remarque des esclaves du roi emportant un jeune homme dans un hamac; il fait arrêter ses porteurs pour demander des renseignements; mais les fuyards ne l'écoutent point et continuent leur course affolée. Parmi ceux qui viennent derrière, les uns disent que les Achantis sont à Sakodé; les autres, qu'ils arrivent à Hô.

— Les missionnaires sont-ils encore à Hô? demande enfin le voyageur.

Les réponses sont complétement contradictoires. Oui! disent les uns. — Non! affirment les autres.

Bonnat prend son parti, et connaissant l'exagération habituelle des noirs, il ordonne à ses gens de continuer leur route. Ceux-ci sont glacés d'effroi; ils refusent d'abord de faire un pas et ne consentent à marcher que lorsqu'ils voient leur chef prendre la tête de la colonne et donner l'exemple en marchant cent mètres en avant. Enfin, après une forte halte qui rassura un peu son escorte, Bonnat entra à Hô vers les trois heures et demie du soir, après avoir fait une étape de vingt-quatre milles environ.

Lorsqu'il fut arrivé devant la maison du roi, il se trouva en face d'un énorme rassemblement.

C'étaient les guerriers du village. Au milieu siégeaient le roi et les grands personnages, discutant sur le parti à prendre et sur les nouvelles qui arrivaient de tout côté. Les Achantis, disait-on, étaient campés à Abutio.

Bonnat entra dans la maison du roi, qui était tout à fait vide; il débarrassa les deux chambres, qu'il y avait déjà occupées à son premier voyage, de toute sorte de marchandises qui y avaient été déposées par des fuyards, et y fit placer son propre bagage.

Le village de Hô offrait un étrange aspect. Si les maisons étaient vides et désertes, les rues regorgeaient de monde; c'étaient des étrangers pour la plupart. A chaque instant, jour et nuit, passaient des bandes d'hommes armés, chantant des chansons guerrières. Le lendemain, après avoir payé ses porteurs, Bonnat se rendit à la mission pour saluer M. Homberger et les autres missionnaires avec lesquels il avait depuis longtemps fait connaissance. Ces malheureux ne savaient encore quel parti prendre, ni s'ils devaient rester ou fuir. Du reste, ils attendaient les missionnaires d'Anum.

Le roi, qui s'était fait l'agent commercial de Bonnat, lui rendit ses comptes et lui remit le payement de ses marchandises. Quand le soir arriva, l'intrépide négociant, sans plus se soucier de la panique générale, organisa une vente qui fut des plus fructueuses. Bonnat, son interprète, et Boismaplé, qui l'accompagnaient, ne pouvaient suffire à répondre à tout le monde. Quant à Médan et Beecroft, auxquels avait été assigné un autre itinéraire par la voie de la montagne, on les attendait d'un instant à l'autre, et leur chef n'était pas sans inquiétude en constatant leur retard.

Cependant c'était sans cesse une allée et venue de messagers venant de tous les points de l'horizon. Partout on voyait des attroupements camper en plein air; ces nègres, dans leur attirail de guerre, avec leurs fétiches et leurs amulettes de formes et de matières les plus diverses, présentaient un spectacle étrange. Leur surexcitation avait rendu leur figure farouche, et Bonnat eut peine à reconnaître ceux avec lesquels il avait été le plus familier.

A chaque instant arrivaient de tous côtés des bandes

d'hommes, de femmes, de vieillards et d'enfants; bientôt les maisons de Hô furent envahies et n'offrirent plus une place de libre. La demeure et la cour du roi étaient bondées de monde, aussi bien que les rues et les places publiques. Bonnat dut même donner asile dans sa chambre aux rois d'Abutea et d'Aoudonié, auxquels il offrit un petit cadeau.

Il serait difficile de se faire une idée de cette multitude effarée, aux figures noires ou bronzées, qu'éclairaient vaguement, le soir, des feux allumés partout, et qu'une épaisse fumée cachait par intervalles. C'était à la fois un spectacle pittoresque et lugubre rendu plus terrifiant encore par les cris, les bêlements, les gloussements et tout ce bruit qui s'échappe des foules entassées.

Trois jours après l'arrivée de Bonnat parurent cinq envoyés du Aoulan, porteurs d'un message pour le roi de Hô. Notre compatriote assista à la réception qui se fit avec tout le cérémonial ordinaire. Ils venaient rassurer le roi et lui dire de la part de quelques alliés du Aoulan qu'il n'avait rien à craindre. Le roi ne fut pas la dupe de leurs paroles. Il leur répondit que depuis cent cinquante ans ses sujets n'avaient pas toujours eu à se féliciter des procédés de leurs voisins, qu'il acceptait volontiers leurs protestations d'amitié, mais qu'en tout cas il se tiendrait prêt à les recevoir s'ils osaient l'attaquer.

Médan et Beecroft n'arrivèrent que cinq jours après leur chef.

Pendant ce temps, Bonnat continuait à vendre ses marchandises en échange de balles de coton qui s'entassaient dans la case royale; mais d'un autre côté les Achantis approchaient de plus en plus. Comme cela arrive un peu partout, diverses rumeurs les précédaient. Péki, situé à vingt et quelques milles de Hô, s'était révolté après une soumission apparente. L'ennemi, pour payer cette défection, avait promis aux habitants de respecter leur vie et leurs propriétés; mais les soldats n'avaient pas tenu compte de cet engagement. Poussée à bout, la population s'était enfuie pendant la nuit, et le lendemain les Achantis exaspérés avaient brûlé le village, après l'avoir saccagé de fond en comble.

On n'avait aucune nouvelle certaine d'Assiny, cependant on disait tout bas que la population et l'armée, à la tête de laquelle était le fameux Doupré, avaient repoussé les Achantis, en leur infligeant des pertes considérables. A la suite de ces revers, un corps d'armée aurait été obligé de repasser le Volta. Ces dernières nouvelles, toutes douteuses qu'elles fussent, donnaient beaucoup de courage aux guerriers de Hô.

Les choses en étaient là lorsque Bonnat apprit que les missionnaires avaient pris la fuite pendant la nuit du 18 au 19 juin. Cette circonstance redoubla ses anxiétés.

Il savait d'un côté que les rois de Hô et d'Aoudonié négociaient secrètement les conditions de leur soumission; d'un autre, il pensait que la neutralité de ses hommes engagerait les Achantis à les respecter. Il se décida donc à rester, et ses illusions ne commencèrent à disparaître que lorsqu'il entendit le son des tam-tams de guerre.

A la suite d'un conseil tenu avec Médan, Beecroft et l'interprète, on décida qu'on irait prendre logement dans les bâtiments de la mission. Là, se disait Bonnat, nous serons en dehors du village, et si les Achantis prennent Hô, j'enverrai un de mes hommes porter un cadeau au général, en nous plaçant ainsi à l'ombre de sa protection. Toutes les marchandises furent enmagasinées là, à l'exception du coton, trop lourd pour permettre un rapide transport.

Le chef de l'entreprise et ses hommes ne venaient d'ailleurs coucher à la mission que le soir; dès le matin, ils redescendaient en ville, car le commerce marchait toujours à ravir.

La plupart des gens de Bonnat s'étaient enfuis, et il restait seul avec Médan et Beecroft en attendant les événements.

Le 27 juin, un des noirs attachés à la mission affirma à Bonnat qu'il n'y avait aucune trace des Achantis dans les environs. Tout le monde était donc dans la plus parfaite sécurité. Déjà même plusieurs familles de fuyards étaient revenues. Malgré ces nouvelles rassurantes, Beecroft paraissait soucieux. Peut-être avait-il le secret pressentiment du terrible drame dont il allait être victime quelques heures plus tard.

Environ vers quatre heures de l'après-midi, Bonnat et ses compagnons entendirent le son du tam-tam de guerre, assez semblable à celui du tambour, et quelques coups de fusil. Le chef de l'entreprise ne pouvait croire encore à la réalité de l'attaque; cependant, résolu à savoir la vérité sur la situation, il pend son revolver à sa ceinture, met sa carabine sur l'épaule, et, suivi de Beecroft, il s'avance dans la direction d'où venait le bruit.

Arrivé près de la chapelle, il aperçoit, à travers une plantation de café au milieu des goyaviers, deux grands parasols de guerre. Le doute n'était plus possible : c'était bien l'armée des Achantis !

Bonnat revient sur ses pas, mais il voit, au sud, la crête de la montagne d'Adagti toute couverte de nègres avançant à pas comptés et le fusil à la main.

Tout frissonnant, il rentre à la hâte à la mission, et il tombe assis sur une chaise. A ce moment, la fusillade se fait entendre dans la direction du village. Seulement alors le jeune homme, jusqu'alors incrédule, sent tomber le voile qui jusque-là a couvert ses yeux. Hélas! il était trop tard!

Fuir était impossible. Bonnat adressa au ciel une fervente prière et attendit les événements.

Les Achantis s'avançaient les rangs serrés, le fusil en joue, et les trois malheureux voyaient approcher ces figures féroces semblables à des faces de tigres. Instinctivement Bonnat ferma les volets et la porte.

Quelques secondes se passèrent, de celles qu'on n'oublie jamais; un silence glacial régnait, interrompu seulement par les voix des Achantis au dehors. Un coup de feu retentit tout à coup, et une balle, traversant les persiennes, passa au milieu des trois compagnons sans atteindre personne, et alla se perdre dans le mur en face de la fenêtre.

Cette attaque rendit à Bonnat sa présence d'esprit; sans hésiter, il ouvrit les fenêtres et la porte, puis, malgré les fusils des Achantis dirigés contre sa poitrine, il leur fit signe d'approcher. Ils parurent d'abord hésiter, mais ne cessèrent pas de le tenir en joue.

Quand il vit qu'ils n'osaient pas venir, Bonnat prit son revolver, le retira de sa ceinture et le tendit de leur côté en le présentant du côté de la crosse. Enfin quelques-uns d'entre eux sortirent des rangs, continuant à le tenir en joue, le doigt sur la gâchette de leur fusil. Le jeune homme resta immobile à la fenêtre. Les farouches guerriers s'avancèrent lentement, en rangs serrés, et arrivèrent à quelques pas du blanc. L'un d'eux lui arracha violemment son revolver; aussitôt une dizaine d'autres sautèrent par la fenêtre, et la maison fut envahie. Une corde fut passée au cou de Bonnat terrassé, et on le traîna dans la direction de

BONNAT PRISONNIER.

la chapelle, devant le chef qui s'avança lentement, abrité sous son parasol de guerre.

Dès qu'il fut là, on lui arracha ses vêtements, et, après l'avoir mis complétement nu, on lui lia les bras derrière le dos, puis on le laissa entre les mains de trois ou quatre de ces forcenés, qui le ramenèrent à coups de corde dans la direction de la chapelle.

Un de ses bourreaux aperçut alors une bague briller à son doigt; c'était un souvenir précieux, l'anneau de mariage de sa bonne mère; on veut le prendre, mais il résiste; son doigt enflé semble protester contre le sacrilége; rien n'arrête ces bandits; la bague est arrachée, et avec elle des lambeaux de chair. L'implacable nègre, toujours frappant son prisonnier, l'oblige à courir devant lui dans la direction du Haoulou.

A quelques centaines de pas, Bonnat aperçut un rassemblement de femmes, de jeunes gens et d'esclaves qui, à son approche, se mirent à hurler et à vociférer tous ensemble. Il y avait là environ quatre-vingts personnes portant dans des paniers des provisions et des bagages destinés à l'armée. Les plus féroces du groupe s'avancèrent pour frapper le prisonnier. L'un lui donna un soufflet, l'autre un coup de poing; un troisième le prit à la gorge et allait l'étrangler, quand le gardien le repoussa en prononçant quelques mots.

Bonnat avait ainsi pénétré jusque vers le milieu du groupe; un jeune homme s'approcha de lui, leva son fusil et lui asséna un coup de crosse sur le menton. L'infortuné crut avoir la mâchoire fracassée : ce n'était heureusement qu'une large blessure d'où le sang coula en abondance. En ce moment même, une nouvelle fusillade éclatait du côté du village. Un homme blessé à la lèvre inférieure accourut à son tour, le regard enflammé par la fureur le gardien de Bonnat repoussa ce nouvel agresseur. On fit alors asseoir le prisonnier à terre, et on lui noua fortement les pieds.

Il était depuis quelques minutes dans cette situation, lorsqu'il vit venir Médan et Beecroft complétement mis à nu. Ils avaient la corde au cou et les mains attachées derrière le dos. Toute leur personne offrait un lamentable aspect. Leur tête était ensanglantée et labourée par les balles. Beecroft avait l'œil et la partie gauche du visage couverts de sang coagulé, ainsi que diverses parties du corps. Médan était littéralement inondé de sang, de la tête aux pieds.

On amena ces malheureux près de leur chef, et on les attacha tous les trois à la même corde. Les Achantis commencèrent alors à leur demander s'il y avait encore des blancs à la mission, et à leur adresser diverses autres questions. Ils paraissaient fort s'inquiéter de savoir si Doupré était à Hô. Les captifs les assurèrent que non, et tâchèrent comme ils purent de leur faire comprendre qu'ils n'étaient pas des Anglais, et qu'ils n'avaient jamais été des ennemis des Achantis, faisant valoir leur qualité de Français. Mais comment se faire comprendre? aucun d'eux ne savait un mot de la langue parlée par leurs ennemis.

Cependant ces barbares continuaient à exercer leur brutalité sur les captifs, et ceux-ci ne purent bientôt plus douter que leur heure dernière fût proche.

— Mes amis, dit Bonnat, pensons à Dieu et à la vie future, car nous n'avons plus rien à espérer ici-bas.

Ce furent les dernières paroles qu'il put adresser à ses compagnons.

Un instant après, survint un homme qui délia les pieds de Beecroft et l'emmena derrière une touffe d'herbes, sur la droite du campement, à dix mètres environ de Bonnat. Un autre conduisit Médan auprès de son compagnon d'infortune. Leur chef enchaîné les suivait du regard.

Un soldat, tenant à la main un grand coutelas, divisa en deux haies les gens rassemblés ; tous les yeux étaient fixés sur les deux martyrs. Ces apprêts étaient significatifs !

Bonnat détourna la tête pour ne pas voir, mais quelques secondes après il entendit un râle, un seul, semblable à celui du mouton égorgé dont le dernier souffle s'échappe. Tout était fini ; les deux compagnons étaient morts ; leur tête coupée avait roulé sur le sol !

Bonnat attendit vainement son tour. La destinée en avait décidé autrement. La couleur de sa peau lui valait sans doute le privilége de figurer dans une exécution solennelle. C'est du moins ce qu'il crut comprendre dans les quelques mots que lui adressa l'homme chargé de le surveiller. Un sourire de mépris fut sa réponse.

Pensant que le captif le défiait, le bourreau prit une autre corde qu'il ajouta à la première, et força ainsi les deux coudes du patient à se toucher.

Une demi-heure après l'exécution de ses compagnons, on lui détacha les pieds et on le força à suivre le détachement qui se mettait en route. On s'arrêta à quelques centaines de mètres ; le gardien attacha son captif à un arbre, puis s'éloigna, confiant sa garde à deux jeunes gens.

L'infortuné prisonnier se trouvait en proie à des souffrances atroces. Ses liens avaient arrêté la circulation du sang ; ses mains enflaient comme des outres ; il sentit alors des douleurs intolérables jusqu'aux épaules. « Son impassibilité l'abandonna, dit-il, et il versa des larmes en abondance. »

Bientôt les douleurs devinrent si aiguës qu'il se roula sur le sol. Il envia alors le sort de ses compagnons; pendant quelques secondes une idée affreuse envahit son esprit, il songea à se briser la tête sur une pierre!... Il n'y en avait pas autour de lui; ce fut ce qui le sauva, en même temps que sa confiance en Dieu, à qui il adressa une suprême prière.

Un de ses gardiens eut enfin pitié de lui et lui délia les bras jusqu'aux poignets. La position devint dès lors plus supportable.

On se remit en route à la nuit avec un autre corps de troupe. Un noir chassait le prisonnier devant lui, et un second le précédait, tenant à la main une torche allumée. Cette marche, rendue plus funèbre encore par ces lueurs d'un rouge fantastique, était pénible, car pendant que l'un des gardiens, tirant derrière lui une corde qui serrait au cou l'infortuné, l'entraînait en avant, l'autre s'arrêtait parfois et faisait du captif une sorte de projectile tantôt poussé dans un sens, tantôt tiré dans l'autre.

C'est ainsi qu'ils arrivèrent à la mission même où Bonnat et ses compagnons avaient été faits prisonniers; après quelques hésitations, on campa au milieu d'un champ de café, où le captif fut attaché à un magnifique mangotier. Là on lui mit les fers aux pieds; il mourait de froid; la fraîcheur de la nuit le faisait grelotter, et il était littéralement nu. Le père de ses jeunes gardiens, qui était un chef, vint se coucher et dormir près de lui et de son escorte.

S'apercevant de l'état de Bonnat, il commanda à ses fils de lui mettre une peau de mouton sur le corps, et lui-même lui tendit le goulot d'une bouteille.

C'était de l'alcool concentré; Bonnat en but une gorgée, mais il refusa de recommencer. Les noirs en firent un régal. Pendant ce temps, les soldats faisaient main basse sur la basse-cour fort nombreuse des Révérends et couchaient par terre à la lueur des feux du bivouac.

Nous laisserons ici la parole au prisonnier, qui a décrit ses angoisses et son martyre avec des couleurs si pleines de vérité qu'il serait impossible de les mieux dépeindre.

« Alors, dit-il, mon esprit passa en revue les événements de cette triste journée. Que de vicissitudes accumulées ! Le matin, j'étais libre, dans la prospérité, plein d'espoir dans l'avenir, et le soir, je me voyais tout nu, lié à un arbre par les pieds et les mains, les fers aux pieds comme un criminel, au milieu de sauvages qui, après s'être approprié mon bien, avaient assassiné mes serviteurs, m'avaient dépouillé de mes vêtements, et, selon les apparences, s'apprêtaient à me tuer à mon tour !...

« Je passai une grande partie de la nuit dans cette méditation ; ce ne fut que vers deux ou trois heures que je parvins à m'endormir, accablé sous le faix de tant de chagrins et de souffrances.

« Lorsque je m'éveillai, tout le monde était déjà en mouvement, furetant de côté et d'autre dans l'espoir d'augmenter le butin. Je m'aperçus qu'ils avaient découvert mon porc, et qu'ils en faisaient des grillades devant leurs feux.

« En ce point, il n'y avait qu'environ cinq cents hommes avec des femmes et des esclaves. Beaucoup d'autres accoururent, et, pour me voir, formèrent la haie autour de moi ; chacun à sa manière m'injuriait et me faisait signe qu'on allait me couper la tête. Quelques-uns voulurent me frapper, mais mes gardiens les repoussèrent à coups de canne.

« Tout à coup, vers dix heures du matin, les rangs formés autour de moi s'ouvrirent brusquement ; un silence complet succéda aux clameurs de la foule. Des nègres armés, les uns de sabres à poignée d'or, les autres portant des fouets ou des oliphants, parurent et s'écartèrent à leur tour pour donner passage à un homme de taille un peu au-dessous de la moyenne. C'était le chef devant lequel j'avais été traîné la veille au soir. Il était enveloppé d'un grand pagne d'étoffe européenne dont la couleur disparaissait sous une épaisse couche de poussière. Çà et là, pendaient des plumes d'oiseaux et de poules ; le tout était maculé de sang.

« Près de lui, un jeune homme portait une bassine en cuivre contenant des objets divers que je reconnus pour des fétiches : c'étaient des cornes d'antilope, des plumes de vautour plantées dans une sorte de mastic, des morceaux de fer de diverses formes ; le tout plus ou moins arrosé de sang ou peint avec des jaunes d'œuf.

« Je fixai sur lui mon regard ; il avait l'air embarrassé et presque troublé. Il détourna la tête et dit quelques mots à un de ses officiers. Aussitôt celui-ci retira la corde qui me liait à l'arbre par le cou, et me délia ensuite les mains. Alors le chef s'approcha un peu plus de moi et me tendit la main. J'eus bien de la peine à lui présenter la mienne, car elle était presque paralysée. Il s'enquit alors du nom de celui qui m'avait blessé au menton, et quand il sut que c'était un de ses hommes, sa figure se contracta et prit un air menaçant. Il me fit ôter les fers des pieds et m'adressa quelques paroles dont je crus saisir le sens.

« Il m'encourageait et m'assurait qu'il ne me serait fait aucun mal, pourvu que je ne tentasse pas de m'enfuir, puis il s'en retourna avec ses hommes.

« J'étais libre de tous liens, mais toujours complétement nu. Mes gardiens m'apportèrent un peu de nourriture que je mangeai ; depuis vingt-quatre heures je n'avais rien pris.

GRANDS CHEFS.

« A peine avais-je fini, que l'homme au sabre à poignée d'or m'apporta un pantalon et une chemise, et m'aida à m'en vêtir. Impossible de dire ma joie en me voyant de nouveau couvert. Il parut alors vouloir me dire d'espérer et me consoler, comme l'avait fait son chef. Il avait une voix si sympathique que tout d'abord je me sentis attiré vers lui. Au bout de quelques minutes, il repartit, après avoir adressé quelques mots au chef qui me gardait.

« Peu après qu'il eut disparu, on me remit les fers aux pieds, mais on me laissa la tête et les mains libres. Toute la journée fut sombre ; le soleil resta caché par un épais brouillard ; vers les quatre heures, on m'apporta à manger, et l'on m'enleva mes fers. Alors on me conduisit sous la vérandah de la mission, où nous rejoignirent tous ceux qui avaient couché près de moi. Pendant un moment, on me laissa les pieds libres, et les noirs me firent toutes sortes de questions. Je ne compris que celles qui regardaient Doupré. Ils paraissaient redouter beaucoup son voisinage.

« Je crus comprendre également qu'ils désiraient savoir si les missionnaires protestants étaient dans leur maison. Toutes les portes en étaient fermées à clef, et les rideaux des fenêtres empêchaient de voir à l'intérieur. Chose curieuse ! aucun de ces bandits n'osait enfoncer une porte ni casser un carreau de vitre. Peut-être redoutaient-ils quelque embuscade ou étaient-ils retenus par quelque crainte superstitieuse.

« Je tâchai de leur faire comprendre que ces messieurs étaient partis quelques jours auparavant, mais ils ne parurent pas me croire. Après m'avoir remis les fers, comme la nuit approchait, on m'apporta, en guise de natte, un rouleau composé d'environ quarante feuilles de papier gris mesurant environ un mètre sur soixante-dix centimètres.

J'obtins en outre une pierre pour me servir d'oreiller. Mon gardien, ses fils et plusieurs autres nègres étendirent leurs nattes tout autour de moi ; et comme j'étais harassé de fatigue, je ne tardai pas à m'endormir.

« La nuit fut assez bonne ; de bonne heure je fus sur pied. Bien que vêtu, j'avais froid, plus froid que la nuit précédente. A neuf heures, le général, accompagné de sa suite, vint me voir. L'homme au sabre, son aide de camp sans doute, m'apportait deux souliers ; je reconnus l'un de ceux de l'infortuné Médan, tandis que l'autre était une bottine de Beecroft. Je m'efforçai de faire comprendre que je désirais avoir deux chaussures pareilles, et l'officier me promit de les chercher.

« Le général avait l'air de bonne humeur et causait assez vivement avec le chef commis à ma garde et avec deux hommes que je reconnus pour être des Aoulans. Je crus comprendre que l'on parlait de me mettre en liberté, mais que l'opposition venait surtout de la part de mon gardien, le chef des soldats campés à la mission.

« Après le départ du général, je fus dispensé des fers, et les deux Aoulans tâchaient de me faire comprendre que j'allais être bientôt libre ; j'avais peine à le croire, mais cela me mettait du baume dans le cœur.

« Tout à coup le chef prit son fusil, et, accompagné de son aide de camp et de l'un de ses fils, il me dit de le suivre avec les deux Aoulans. Était-ce pour me libérer ou pour me décapiter ?

« Nous traversons le jardin, dont les palissades avaient été brisées tout autour de la vérandah ; puis nous descendons par la petite route bordée d'orangers et de mangotiers qui conduisait au village.

« Au-dessus du rideau d'arbres qui nous empêchait de

distinguer les maisons, je vis s'élever d'épais nuages de fumée en divers endroits. A quelques centaines de pas, nous passions devant le sentier qui mène au Aoulan. Je jetai un regard plein d'émotion sur cette pauvre petite route par laquelle j'étais arrivé pour la première fois à Hô, six semaines auparavant, gai, riant, plein de santé et d'espérance. J'avais trouvé alors un grand village bien habité, bien propre, où tout le monde m'avait parfaitement accueilli.

« De ce chemin qui aboutissait au sentier de la mission, j'avais aperçu alors les toits du village qui dépassaient çà et là les cocotiers, les bananiers et les autres arbres dont les vastes rameaux ombrageaient les places de Hô. C'est à leur ombre que le roi et les vieillards allaient s'asseoir pour rendre la justice. C'est là que les désœuvrés venaient flâner et que les tisseurs travaillaient à leurs petites bandes d'étoffe. Je songeai aussi que, dans la direction de ce sentier, à quelques centaines de mètres, était la chère, la capricieuse liberté. Mais la fuite eût été impossible, car avant d'avoir fait trente pas, j'aurais eu le corps traversé d'une balle ; ceux qui me gardaient ne me quittaient pas d'une semelle. Je ramenai donc mon regard du côté du village, où peut-être m'attendait quelque chose de pire que la mort !... Peut-être, me disais-je, ils feront de moi un esclave !

« J'arrivai bientôt à Hô, ou pour parler plus exactement à l'endroit où le village avait existé. Ce n'était plus maintenant qu'un monceau de ruines fumantes. Pas une maison ne restait debout ; tout avait été la proie de l'incendie. Les cocotiers étaient renversés ; les fruits et les branches des autres arbres étaient incendiés. Quelle désolation ! Je ne reconnaissais pas même la route, dans laquelle nous fûmes obligés de passer par-dessus les décombres, au risque de nous brûler. Sur l'emplacement des maisons, les farouches et avides vainqueurs avaient creusé la terre dans l'espoir de trouver quelque butin.

« Le petit cotonnier planté dans la cour, derrière la maison du roi, servit à me faire connaître les ruines de ce lieu qui m'avait été si hospitalier. Un autre indice confirmait cette identité, c'était mon coton qui avait été semé dans tout le village, mais plus particulièrement en cet endroit.

« J'étais en proie à de bien tristes pensées quand les ricanements des gens de mon escorte vinrent appeler mon attention d'un autre côté. Ils me montraient de la main quelque chose à terre; je regardai, et je vis deux cadavres humains, la tête séparée du tronc et les bras coupés. C'étaient probablement les cadavres de personnes de ma connaissance auxquelles j'avais serré la main deux jours auparavant..... A quelques pas de distance, une vingtaine de vautours dévoraient un autre cadavre dont les chairs étaient déjà en putréfaction. Ils ne se dérangèrent pas de leur horrible festin à notre approche.

« Nous arrivâmes bientôt au camp. Il était composé de plus de mille deux cents huttes de toutes formes. Quelques pieux fichés en terre et un toit formé de feuilles de bananier ou de branches de palmier en avaient fait les frais. Au-dessous, des hommes, dans toutes les attitudes, fumaient leur pipe ou étaient occupés à faire du feu et à préparer leur repas. Ce camp me fit une impression que je n'oublierai jamais. En le traversant, je reçus naturellement quelques injures.

« Nous arrivâmes bientôt devant une case carrée à deux toits, entourée de plusieurs petites huttes formant une cour. L'une servait de cuisine et l'autre d'appartement aux femmes du général. Le reste renfermait le butin provenant du pillage de la Mission.

« Mon guide dit deux mots à un esclave de grande taille qui disparut aussitôt, puis le général vint au-devant de nous. Il me serra la main, et me fit asseoir sur sa propre chaise, après en avoir envoyé chercher une autre pour lui. Il me dit quelques paroles où je crus voir une promesse de liberté.

« Plusieurs autres chefs arrivèrent, et l'on tint conseil. Il était évidemment question de mon sort. Je crus remarquer une vive opposition de la part des vieux chefs qui parlaient avec beaucoup d'animation en me regardant. Enfin, l'un d'eux se retira et reparut peu après, tenant mon revolver dans une main et me désignant de l'autre aux chefs et au général d'un air vivement irrité. Je compris qu'il fallait abandonner cette lueur d'espérance; la réalité devait me le prouver bientôt.

« Après le départ des conseillers, le général m'offrit une quantité considérable des provisions provenant de la Mission. C'était d'abord une grande boîte de tôle blanche ouverte et pleine de beurre fondu ; ajoutez-y une seconde boîte de conserves, deux boîtes de sardines, trois bouteilles de vin, une boîte de fromage, une de confitures, deux caisses de pruneaux, un gros jambon tout entier, une bonbonne de sagou, une autre d'orge, et enfin un quartier de mouton frais. Il me fit signe que tout cela était à moi.

« Le général me donna en outre un chapeau, me recommanda de rester tranquille et m'assura qu'il me renverrait en Europe.

« Ces faveurs inespérées modifièrent profondément les procédés que ses inférieurs avaient eus jusqu'alors envers moi. A partir de ce moment, ils se montrèrent toujours pour moi bons et indulgents. »

CHAPITRE VII

Un nouveau conseil. — Un chef borgne. — Une alerte. — Pillage de la mission. — Les Aoulanfo. — Aoulou et Achou. — Badago. — Jonction des deux armées. — Bonnat perd la suite des dates. — Réception du captif par le général. — Une panique. — Bataille. — Une chaude alerte. — Un geôlier adouci. — Victoire des Achantis. — Les blessés. — Un moyen nouveau de consulter l'avenir. — Retour à la mission. — Le repas des vautours. — Un sorcier. — Une inscription murale. — Nouvelle visite au camp. — Boisson. — Départ du camp. — Un verre singulier. — Tawieffé; une halte. — A Madsé; caisse de beurre retrouvée. — Une bonne nuit et une bonne journée. — Arrivée à Sawieffé. — Une vieille inhospitalière. — Un bon feu. — Départ et nombreuse escorte. — Le camp des Achantis. — Une foule menaçante et un homme inhospitalier. — Grande réception officielle. — Adou-Boffo et le roi d'Aquamou. — Séjour au camp. — Meilleurs traitements. — Départ. — Une case bienfaisante. — Botoukou. — Un vieux chef mystérieux. — Une perte douloureuse. — Une ascension pénible et une descente périlleuse. — Le Volta.

Dans la matinée du quatrième jour qui suivit son arrestation, Bonnat reçut une nouvelle visite du général vers les neuf heures du matin, et il vit tout le monde se ranger en demi-cercle dans la cour de la Mission. Le chef et ses aides de camp occupaient le fond d'où partaient aussi deux longues files d'autres chefs avec leurs intendants. Il ne suivit pas sans émotion son gardien qui le conduisit de ce côté. On le fit asseoir à quelques pas du chef et près d'un homme borgne d'un âge déjà avancé, et qui parlait le lwé, dont le captif ne connaissait que quelques mots.

Impatienté de voir Bonnat ne pas le comprendre, il se servit du dialecte olshi, et le malheureux prisonnier finit par savoir que le roi d'Achanty, le roi d'Aguamou et le roi d'Abrocis (d'Europe) étant alliés, il ne lui serait fait aucun mal ; on l'engageait donc à se tenir tranquille, etc., etc.

On lui montra ensuite la demeure des missionnaires que les pillards avaient respectée jusque-là, se contentant de mettre à sac les magasins et les dépendances. Ils voulaient en réalité savoir si les missionnaires étaient renfermés chez eux. En ce moment arrivaient des messagers qui allèrent dire quelques mots à voix basse à l'oreille du chef. Celui-ci se leva et partit aussitôt avec toute l'assemblée qui se précipita du côté du village pendant que le captif était reconduit par ses gardiens sous la vérandah. Il vit là clairement qu'on s'attendait à une attaque, et que chacun faisait son paquet pour fuir au plus vite si cela devenait nécessaire.

Un silence complet s'établit partout, et ce n'est qu'après une demi-heure que le tumulte recommença. C'était une fausse alerte.

Dans l'après-midi de ce jour, les mêmes gens revinrent à la charge et forcèrent la porte de la maison de M. Homberger. On cassa les vitres et l'on fit entrer Bonnat dans l'intérieur par une des ouvertures ainsi faites. Là il reconnut qu'il avait été précédé par les vieux chefs qui, la veille, avaient paru s'opposer à sa mise en liberté et par le prince borgne dont nous avons parlé.

On lui apporta un trousseau de clefs en lui enjoignant d'ouvrir la chambre à coucher. Pendant quelques moments il fit semblant d'essayer les clefs qui n'allaient pas, puis il rejeta sur le sol le trousseau, avec un geste de découragement.

Les pillards voulurent ensuite lui faire ouvrir quatre caisses qui se trouvaient là. Il leur montra alors d'un air irrité qu'il n'avait pas les clefs. Ils défoncèrent eux-mêmes ces récipients avec des outils dérobés dans les ateliers. Deux caisses contenaient des livres : ceux dont les reliures étaient élégantes et riches furent mis de côté; les autres furent jetés pêle-mêle et au hasard en pâture aux gens qui grouillaient sous la véranda. Les deux autres étaient pleines d'habits et d'objets divers parmi lesquels apparaissait, détail touchant, la couronne nuptiale de madame Homberger.

Vint ensuite le tour du cabinet de travail, où l'on ne trouva pas grand'chose, car le chef de la Mission avait eu soin d'emporter ce qu'il avait de plus précieux.

Voyant que Bonnat ne voulait ou ne pouvait leur être utile, ils le ramenèrent sous la véranda, où il revint avec plaisir.

Après la maison Homberger, ce fut le tour de celles de MM. Manfeld et Zuindle. Ce pillage dura plusieurs jours, mais on n'essaya plus de mettre le captif à contribution.

Le lendemain de ce jour, Bonnat et ses gardiens couchèrent dans l'appartement de M. Homberger, dont on avait enlevé les portes et les fenêtres. Ils y étaient encore dans l'après-midi du quatrième jour, lorsque le prisonnier entendit de nouveau résonner le tam-tam de guerre dans la direction d'Adaglis. Tous les regards se tournèrent aussitôt de ce côté, et le mot Aoulanfo circula bientôt de bouche en bouche. Un quart d'heure après, apparurent les parasols rouges et les chefs du Aoulan, portés par leurs hommes dans des hamacs, revêtus de leur accoutrement de guerre, tam-tams en tête.

Le premier qui passa fut Aolou, dans l'entourage duquel

étaient les Nagots. Leur costume différait sensiblement de celui des autres guerriers du Aoulan; c'était un accoutrement composé de celui des fétichistes et de celui des mahométans. Quelques-uns d'entre eux avaient des pantalons larges avec une sorte de tunique noire, sans manches, et garnis de cauris formant des dessins variés. Parmi les autres, Bonnat reconnut Achou, qui avait été son courtier dans les montagnes de l'Ewué.

De leur côté, plusieurs de ces hommes le reconnurent et le saluèrent. Ensuite apparut Badago, l'un des grands généraux du Aoulan, Atiévé; il était suivi d'un frère de Thé, chef d'Amakro. Ils venaient opérer leur jonction avec l'armée achantie et celle d'Aquamu. Leur arrivée donna une lueur d'espoir au prisonnier; mais elle s'évanouit bientôt.

Selon son attente, le vieux Badago vint serrer la main à Bonnat d'un air ému et attendri. Le captif comprit qu'il lui disait de se rassurer : le chef était là, il veillerait sur lui, disait-il, promettant aussi que bientôt il serait envoyé à la côte. Après l'avoir recommandé tout particulièrement à son gardien, il promit de revenir les jours suivants.

Bientôt après parut Achou, ému jusqu'aux larmes. Il parlait un peu anglais, et ce fut dans cette langue qu'il s'exprima :

— Hélas! dit-il, vous n'avez pas voulu suivre les conseils qu'on vous donnait à Toda; vous supportez aujourd'hui les tristes conséquences de cet aveuglement.

Les gardiens de Bonnat, voyant que les deux hommes s'entretenaient sans qu'ils pussent les comprendre, renvoyèrent le pauvre Achou, qui se retira en essuyant de grosses larmes.

A partir de ce moment, le prisonnier perdit la suite des jours et des dates.

Badago revint les jours suivants; il apportait chaque fois un peu de nourriture et d'autres objets de nature à faire plaisir au captif, auquel il semblait porter beaucoup d'intérêt.

Cependant on laissait à ce dernier une certaine liberté; pendant le jour, il pouvait se promener sous la vérandah, d'où il voyait les allants et les venants. C'est de là qu'il put apercevoir les vainqueurs tout mettre au pillage et brûler inutilement les mangotiers et les orangers de la mission. Les cocotiers seuls avaient le privilége de stimuler la paresse de ces sauvages, qui les coupèrent pour en tirer du vin de palme.

Ils brisèrent quatre harmoniums sur cinq; ils n'en prirent que les touches d'ivoire et le peu de métal qui s'y trouvait. Les morceaux en furent jetés au feu. Le cinquième instrument fut emporté avec les chaises.

Si ces barbares laissaient un grand nombre d'objets qu'ils ne connaissaient pas, ils ne se méprenaient pas sur les liquides, champagne, spiritueux et liqueurs, et s'en régalaient à leur aise.

Il y avait là un appareil de photographie qui excita grandement leur curiosité. Bonnat ne put réussir à leur en faire comprendre l'emploi.

De la pharmacie ils ne gardèrent que la quinine et quelques flacons d'huile de ricin. Tous les autres récipients furent vidés et mis de côté. Ils apprécièrent beaucoup ceux de verre bouchés à l'émeri. Tous les matins, des convois emportaient ces objets dans la direction d'Aquamu par l'allée qui regarde du côté d'Adaghi.

Non-seulement les Achantis pillèrent la mission, mais encore leurs alliés, les Lioué du nord et du nord-est, venaient prendre leur part de ce riche butin. Chacun put

emporter son petit lot, ne fût-ce qu'une bouteille vide. -
Il y en avait au moins dix mille!

Bonnat alla remercier le général des nouveaux cadeaux dus à sa générosité; plusieurs de ces objets lui furent soustraits par ses gardiens. L'officier le reçut avec autant d'affabilité que la première fois. Pendant cette visite, le captif reconnut une fille de treize à quatorze ans qu'il avait vue plusieurs fois à la mission; il rencontra également autour de la case un certain nombre de prisonniers enchaînés et les fers aux pieds. Tous portaient la marque de Lioué.

Le huitième ou neuvième jour de la captivité de Bonnat, son attention fut attirée du côté de la chapelle qui était en proie à l'incendie. A peine le monument fut-il englouti et la petite croix élevée sur la façade eut-elle disparu dans les flammes, qu'une terreur subite s'empara de ces sauvages.

Le son des oliphants retentissant aux postes avancés annonçait que le camp était attaqué.

Tous, comme un seul homme, coururent aux armes et se préparèrent au combat. Qu'allait devenir Bonnat dans cette mêlée?

La panique et l'effroi étaient peints sur tous les visages! Le captif en était arrivé à un tel degré de souffrances et d'angoisses qu'il n'y a plus place dans l'esprit paralysé pour de nouvelles émotions; ce fut sans amertume qu'il tendit les pieds au chef chargé de lui mettre les fers. Deux fois ce chef accomplit cette besogne d'un air soucieux et sombre, deux fois il la défit; Bonnat resta les pieds libres au milieu de ses gardiens.

Ceux-ci le conduisirent auprès du général, qui était sous son parasol de guerre, entouré de ses fétiches, de ses officiers, donnant des ordres et expédiant des messages dans toutes les directions. Après avoir serré la main à son prisonnier, il le fit asseoir à quelques pas de lui, et bientôt le combat commença.

L'ennemi n'était qu'à quelques centaines de mètres; la fusillade s'étendit rapidement sur une ligne d'environ cinq milles, formée par de petits groupes de cinquante à soixante hommes. A ce moment-là, Bonnat fut remis aux soins d'un esclave mahométan et resta un peu en arrière, avec les femmes du général et les esclaves qui tremblaient.

En dehors de la ligne des combattants se tenaient, en effet, en groupes détachés, les esclaves, les femmes et les soldats sans armes. Ils avaient à la main un coussin d'étoffe bourré de coton-soie que chacun frappait successivement de la main droite. Cela produisait l'effet d'un feu de peloton bien nourri.

Le combat redoublait d'intensité, et les Achantis, surpris de la vigueur de l'attaque, perdaient du terrain. Bonnat eut un moment la pensée de s'élancer à travers les hautes herbes jusqu'aux lignes ennemies, où il entrevoyait la liberté. Mais cette folle idée disparut devant l'impossibilité de l'application; le captif y renonça et se confia tout entier à cette Providence à laquelle il croyait aveuglément, et à laquelle il avait dû déjà tant de fois un salut inespéré.

L'armée achantie venait de reculer de quelques centaines de mètres, lorsque quatre grands nègres, armés chacun d'un couteau, arrivèrent vers le captif. L'un lui fit signe de s'asseoir, l'autre de se coucher; un troisième lui mit la main sur l'épaule. Le malheureux comprit qu'on allait l'égorger.

Grâce à une des femmes du général qui leur parla avec beaucoup de vivacité et d'énergie, les quatre exécuteurs s'arrêtèrent, on fit reculer la victime de quelques pas, et une discussion violente s'engagea entre ces nègres et les esclaves mahométans auxquels Bonnat avait été confié. On finit enfin par s'entendre; l'un des mahométans disparut en courant de toutes ses forces vers le lieu où se tenait le général.

Pendant son absence, de longues et mortelles minutes s'écoulèrent pour le captif entouré par ses bourreaux; enfin le messager revint et prononça quelques paroles à ses compagnons, qui s'éloignèrent.

Dès ce moment, qui avait failli être fatal au prisonnier, son gardien redoubla de bonté pour lui. Il avait bien vu que rien de ce qui s'était passé n'était resté un mystère pour lui, et il n'avait pu s'empêcher d'admirer tant de courage et de résignation. Chez tous les peuples sauvages du monde, le stoïcisme et le mépris de la mort sont considérés comme les deux plus grandes vertus humaines.

Le geolier touché et séduit fit coucher son captif à l'ombre d'un arbre, lui dressa un lit avec deux peaux de mouton, pendant qu'un de ses compagnons allait chercher de l'eau et que les autres entouraient de soins et d'attentions celui qui venait d'échapper à la mort.

Vers les deux heures de l'après-midi, les Achantis reprirent l'avantage et firent un mouvement en avant sur la route de Takka. L'ennemi revint à la charge avec une fureur nouvelle. Ce fut son dernier et suprême effort. La fusillade s'éteignit peu à peu, et les Achantis restèrent vainqueurs sur toute la ligne. Ils eurent dans ce combat un assez grand nombre de blessés.

Bonnat et ses gardiens rentrèrent au camp, où les femmes du général préparaient déjà le repas; cette vue réjouit d'autant plus le malheureux, qu'il n'avait rien pris depuis vingt-quatre heures.

Le général arriva avec son entourage et, après avoir changé de vêtements, alla s'asseoir au milieu de la cour. En arrivant, il salua de la main son prisonnier, qui alla le saluer à son tour et s'établir près de lui, sous le toit de la case où il abritait ses fétiches.

Les chefs accoururent le féliciter de sa victoire ; puis on s'empressa de souper. Pendant ce repas, le général montra à Bonnat une extrême bienveillance et s'occupa tout spécialement de le faire abondamment et confortablement servir.

A peine le festin était-il terminé, qu'un inconnu vint parler au général. Celui-ci ordonna à Bonnat de suivre cet homme, qui le conduisit près du chef des Aouloufo. Là se trouvaient étendus six ou sept hommes blessés grièvement ; près d'eux, était un enfant qu'il avait connu à la factorerie anglaise de Jellah-Coffée et qui parlait anglais.

— Le chef que voilà, dit-il, est mon oncle frère de Thé, le roi de Jellah-Coffée.

Ce chef demanda à Bonnat s'il avait des médicaments pour soigner les blessés.

— Hélas ! non, répondit le captif. Tous les médicaments de la mission ont été gaspillés et détruits par les Achantis.

— Que puis-je donc faire pour soulager ces malheureux ? interrogea le chef.

— Il faut, sans retard, extraire les balles de leurs blessures et nettoyer soigneusement celles-ci. Vous feriez bien, selon moi, ajouta Bonnat, d'envoyer chercher des médecins à Waya ; j'écrirai pour cela, si vous le jugez convenable, quelques mots à leur adresse.

Cependant les conducteurs du captif s'impatientaient de

ne pas comprendre un mot de la conversation engagée, ils déclarèrent la séance close. Le chef des Aouloufo témoigna pourtant à Bonnat l'intérêt qu'il portait à sa situation, l'encouragea à ne rien craindre et l'assura qu'il serait bientôt renvoyé libre à la côte.

De son côté, Bonnat obtint de son jeune interprète la promesse qu'il viendrait bientôt avec son oncle au camp des Achantis, ce qui lui permettrait de s'entretenir avec le général.

Le lendemain de la bataille, pendant que le prisonnier examinait les gravures d'un livre que lui avait prêté le général, celui-ci reçut la visite des principaux officiers du camp, et un conseil eut lieu en présence de Bonnat, dans la cour où il était. Il crut comprendre qu'il s'agissait de lui.

Le général semblait persévérer dans l'intention de le renvoyer, tandis que les vieux chefs paraissaient s'y opposer. Quand ils furent partis, le chef suprême se fit apporter un paquet de petites ficelles ayant environ 20 centimètres de longueur. De chacune d'elles pendait un cauris. Il les disposa devant lui sur la table et se mit à marmotter entre ses dents des formules inintelligibles pour l'auditeur européen. A plusieurs reprises, il fit semblant de cracher dessus et les divisa en deux parts qu'il tenait derrière son dos. Il en déposa une sur la table et jeta celles qui lui restaient dans la main droite; puis, les mêlant de nouveau, il continua ainsi pendant près de dix minutes. Sans doute, le général interrogeait l'avenir au moyen d'un jeu analogue à celui qu'emploient chez nous les tireuses de cartes. Bonnat, dans la pensée que son sort allait peut-être dépendre d'une *réussite,* se sentit envahir par une profonde tristesse.

Vers les quatre heures, le général lui demanda s'il voulait rester au camp ou s'il préférait retourner à la mission. Bonnat haussa les épaules pour indiquer que cela lui était égal. On le reconduisit à la mission.

Quand il traversa l'emplacement du village, une forte odeur de cadavres en putréfaction le prit à la gorge ; des vautours étaient en train de prendre avidement leur hideux repas. On campa là sous un morceau de toiture que l'incendie avait épargné.

Parmi les gens logés près de lui, Bonnat remarqua un noir vêtu d'autre façon que ses compagnons et qui recevait de fréquentes visites. C'était un sorcier qu'on venait consulter. Au milieu de ses cérémonies, on entendait fréquemment un cliquetis semblable au bruit que produit un trousseau de clefs qui tombe à terre. Voulant savoir l'origine de ce sortilége, le captif s'approcha du devin, et le vit assis à terre devant une peau de singe, et tenant une dizaine de lanières de cuir de $0^m,70$ environ. Chacune de ces lanières était garnie dans son milieu de divers objets en fer et en cuivre, et de verroteries de formes variées. C'était le faisceau qu'il divisait et donnait à ses clients. Ceux-ci portaient l'objet sacré au front, puis au creux de l'estomac. Le sorcier, après avoir prononcé quelques phrases énigmatiques, retirait violemment le faisceau magique, qu'il jetait tout à coup sur la peau de singe. De là le bruit singulier qui avait si fort intrigué le prisonnier.

Pendant son séjour à Hô, Bonnat remarqua un grand nombre d'étrangers et en particulier des naturels d'Adaglu et des Aoulous, qui venaient acheter des objets provenant du pillage. Ils obtenaient souvent à vil prix des choses précieuses.

Le cinquième ou le sixième jour de son martyre, Bonnat,

FÉTICHEUR EN PRIÈRE.

GUERRIER NÈGRE.

rentré à la mission, écrivit ces mots sur le mur intérieur de la chambre de M. Homberger :

« Je suis tombé entre les mains de l'armée des Achantis. Mes deux compagnons, Médan et Breecoft, ont été décapités à mes côtés. Je m'attends tous les jours à subir le même sort. Je remets mon âme entre les mains de Dieu.

« *Signé :* Joseph BONNAT. »

Vers le 9 ou le 10 juillet, trois jours après son retour à la mission, le captif, sur l'ordre du général, fut ramené au camp avec ses bagages. Il eut un moment d'espérance et crut que la liberté allait lui être rendue. Cruelle déception !

Suivant son habitude, le général lui serra la main, mais il avait l'air préoccupé et mécontent.

Bientôt parurent sept ou huit jeunes gens : l'un avait une plaque en or sur la poitrine ; le second portait un sabre à poignée dorée ; un troisième, une petite capote en peau de singe également plaquée d'or. Après quelques instants d'entretien avec eux, le général appela Bonnat. En ce moment apparut Boissou, le chef de Tawieffé, suivi de plusieurs noirs. A la vue du prisonnier, il s'arrêta le visage empreint de pitié et de sympathie. Mais, hélas ! il connaissait trop bien ses alliés forcés pour tenter quelque chose en faveur de celui qu'il aurait voulu sauver !

Bonnat comprit aux paroles du général qu'on l'envoyait au roi d'Aquamu, qui devrait le faire reconduire ensuite. Les hommes de Boissou se chargèrent d'une partie du butin provenant de la mission, et l'on se mit en route, précédé ou suivi par les jeunes gens dont nous avons parlé plus haut.

Après une heure d'une marche pénible, ils arrivèrent à un petit village situé au bas de la montagne que Bonnat avait déjà traversée plusieurs fois pour aller à Tawieffé. Ce n'était plus qu'un amas de cendres. Le captif fit signe qu'il mourait de soif; un des hommes lui apporta de l'eau dans son chapeau d'osier enduit de gomme. Malgré la répugnance que lui causait ce verre singulier, Bonnat but à longs traits.

Ils gravirent la montagne, et quand ils eurent atteint le sommet, le prisonnier promena ses regards dans la direction de la côte, se demandant si jamais il lui serait donné de la revoir. Puis se fiant à la Providence, il tourna le dos et se mit à descendre du côté de la plaine des Palmiers.

A Tawieffé, Boissou le fit reposer sous la petite vérandah de sa maison pendant qu'il changeait les porteurs des bagages. De nombreux curieux, parmi lesquels plusieurs étaient connus de Bonnat, accoururent pour le voir; tous semblaient compatir à sa situation, mais nul n'osait approcher.

Un moment l'infortuné avait cru qu'on était arrivé à l'étape, mais il fallut bientôt se remettre en route. Boissou lui serra la main, et l'on se dirigea vers Madssé. Les gens de la caravane étaient inquiets, et celui qu'ils emmenaient vit bien au ton avec lequel ils interrogeaient ceux qu'on rencontrait, qu'ils craignaient de rencontrer le terrible Doupré dans les montagnes.

Enfin, ils arrivèrent à Madssé. En entrant chez le roi, Bonnat y vit le butin de la mission, y compris la caisse de beurre qui était sa propriété personnelle. Le roi, le reconnaissant, le plaignit de tout son cœur, mais pas plus que Boissou il ne pouvait rien changer à sa situation.

La nuit approchait, et le soleil allait bientôt disparaître à l'horizon. La fatigue du prisonnier était extrême; néanmoins, ses gardiens voulaient se remettre en route. Le roi et les chefs de Madssé s'y opposèrent formellement, et il fallut se conformer à leurs ordres.

Parmi ceux qui avaient pris part à cette discussion, se trouvait un noir d'une trentaine d'années qui emmena Bonnat chez lui et, grâce à quelques mots d'anglais qu'il connaissait, lui fit comprendre qu'on le conduisait au grand camp des Achantis, à Tawieffe, où se trouvait le roi d'Aquamu. Il lui apprit aussi qu'après un court séjour dans ce camp, il serait envoyé à Aquamu et de là à Accra.

Le captif, pendant sa halte, reçut la visite de plusieurs indigènes qui lui apportèrent des ignames, du manioc, du vin de palme et une poule. Tous le plaignaient et ne semblaient pas aimer beaucoup les Achantis. Les gens du cortége ne consentirent à goûter aux mets et aux boissons qu'on leur apportait qu'après que les donataires en eurent bu et mangé.

L'hôte de Bonnat lui céda son lit et sa chambre, et s'opposa à ce qu'on lui mît les fers. Le lendemain, le pauvre prisonnier put se reposer toute la journée, et il s'aperçut aux nombreuses visites que recevait son bienfaiteur, que c'était le féticheur du village.

Le surlendemain, la troupe partit de Madssé vers sept heures du matin et prit la direction du nord-ouest. Après s'être arrêtée dans un village dont le chef fit cadeau à Bonnat, pour son déjeuner, d'une poule et de quelques racines d'ignames, elle reprit sa marche à travers un pays magnifique et sous une pluie battante. Il fallait avancer quand même. Pendant le déjeuner, on avait été rejoint par les porteurs de butin et par quelques messagers aux sabres à poignée d'or qu'on avait envoyés probablement au camp pour y remplir une mission relative au prisonnier.

Vers cinq heures du soir, par un temps affreux, on

arriva à Sawieffé, après avoir franchi environ vingt-cinq milles en neuf heures.

Bonnat resta quelque temps sous un arbre ; puis on le fit entrer dans une case, où il essaya de s'approcher du feu. Une femme en train de cuisiner s'y opposa en l'accablant d'injures. Affaissé tant au moral qu'au physique, tout transi de froid, il dut se réfugier sous un petit hangar donnant dans une cour, où l'on vint bientôt en foule pour voir le prisonnier blanc.

Cet infortuné put enfin changer de maison et s'approcher librement d'un bon feu. Il fut rejoint là par un chef du village qui lui apportait une poule et quelques racines de manioc. Ses gardiens firent un *fou-fou*, sorte de ragoût qui constitue la principale nourriture de ces contrées ; mais, hélas ! il fallut se passer de sel. Ce fut la première fois que ce condiment manqua à Bonnat, qui devait tant souffrir plus tard de son absence.

Il s'aperçut bientôt qu'il n'avait plus de protecteur, car le soir on lui remit les fers aux pieds, et il dut s'endormir avec cet unique vêtement, car il avait quitté ses habits pour les faire sécher.

Avant de prendre la route du grand camp, les gardiens menèrent leur prisonnier sur une place, où il s'assit un instant en attendant des hommes venant de divers côtés et portant des fusils à la main et des paniers sur leur tête. C'étaient sans doute des Achantis venant aussi de Hô et se rendant au camp.

On ne partit que le lendemain vers neuf heures, avec une escorte de deux cents noirs environ ; on gravit les flancs d'une immense montagne. Après deux heures d'une ascension fatigante, on rencontra au sommet deux villages déserts. La route fut encore marquée par une alerte dans laquelle Bonnat crut sa dernière heure arrivée.

Le versant opposé n'était pas moins périlleux à descendre. Le prisonnier ne put y arriver qu'en marchant à reculons, afin de s'accrocher et de se retenir aux herbes. Heureusement, il put se désaltérer à une belle source claire et fraîche, et bientôt, au détour d'un rocher, une immense plaine se déroula devant ses yeux. A deux mille pieds au-dessous de lui, il apercevait le camp des Achantis.

En une demi-heure on atteignit les premières huttes de ce camp. Bonnat était accablé de fatigue, de faim et de soif, car il n'avait rien mangé depuis la veille, et il était plus d'une heure de l'après-midi.

Il était livré aux plus tristes pensées quand on vint le faire sortir pour le livrer en pâture aux regards des curieux accourus pour voir l'homme blanc. La foule, d'abord respectueuse, ne tarda pas à devenir insolente. Les uns proféraient des menaces et vomissaient des imprécations contre le prisonnier ; d'autres lui faisaient signe qu'il allait être décapité.

Les hommes groupés en troupes sont implacables dans tous les pays du monde !

Bonnat détourna les yeux de cette scène et aperçut dans une hutte voisine un homme qui mangeait du pain de maïs ; cet homme comprit, à l'expression du regard du captif, qu'il était affamé ; sa figure prit aussitôt une expression de férocité satisfaite. Brandissant à la main une corbeille pleine de pains, il la fit passer sous les yeux de l'affamé en lui criant qu'il ne lui en donnerait point.

On se rendit enfin sur la place du marché, où un des gardiens de Bonnat acheta une bouteille de vin de palme dont il lui offrit une gorgée. A ce moment arrivèrent les messagers du Aoulan, qui, la veille, avaient fait route avec l'escorte. Le prisonnier remarqua que, devant eux, ses gardiens semblaient le traiter avec plus d'humanité.

On attendit en cet endroit pendant plus d'une heure, puis on conduisit toute la troupe hors du camp. Là, étaient rassemblés tous les grands seigneurs et tous les guerriers de haut rang, Adou-Boffo, le roi d'Aquamu avec les principaux chefs de l'Aoulan et de l'Achanti. Ils étaient assis sous leurs grands parasols de guerre et entourés de leurs officiers et gens d'armes. Cette réunion formait un immense fer à cheval d'environ 200 mètres de profondeur sur 100 mètres de largeur.

Au milieu de ce demi-cercle, on voyait cinq parasols de drap, de flanelle et de velours aux couleurs diverses. Ils abritaient le roi d'Aquamu et Adou-Boffo, le généralissime de l'armée achantie. Des deux côtés se trouvaient d'autres grands chefs également sous leurs parasols, et aux deux extrémités, étaient les petits chefs, les vieillards, ceux qui ne possédaient que dix soldats sous leurs ordres. Leurs parapluies étaient moins beaux ; les uns étaient de soie, les autres de coton. Bonnat en remarqua quelques-uns qui n'avaient que les baleines : leurs possesseurs voulaient faire figure tout de même.

Chaque chef avait devant lui plusieurs rangs de soldats ou d'esclaves à son service séparés par un passage laissé libre. Devant l'ouverture de ce demi-cercle s'agitait une foule considérable.

En traversant ces rangs, Bonnat aperçut deux jeunes noirs vêtus à l'européenne, tenant des parapluies à la main. Ils le saluèrent en anglais et se découvrirent devant lui. Leur rencontre rendit un peu de courage au captif, car il espérait pouvoir se servir de ces deux jeunes hommes comme interprètes pour parler aux chefs.

Il comprit dès lors qu'il s'agissait d'une réception. Quand il arriva à peu près à la moitié de la distance qui le séparait du roi, toujours environné par son escorte et les messagers aoulous, on lui fit faire le tour de l'assemblée en saluant, et on leur fit signe à tous de s'asseoir à cinquante mètres plus loin, sur le prolongement d'un côté du demi-cercle.

Bientôt le côté gauche s'ébranla et vint défiler devant eux en leur rendant leur salut; puis ce fut le tour de la droite, et ainsi passa toute l'assemblée, y compris le roi lui-même. Bonnat remarqua que tous les chefs à grands parasols, Adou-Boffo et le roi d'Aquamu étaient précédés d'oliphants dont on jouait en passant devant lui. Ils avaient des sabres à poignée d'or, et des enfants agitaient devant eux des queues d'éléphant ou de cheval. Dès que ces chefs eurent dépassé l'endroit où était assis le captif, ils montèrent soit dans leurs corbeilles, soit dans leurs chaises à porteurs, et disparurent rapidement dans la direction du camp. La cérémonie ne fut terminée qu'à la nuit, l'assemblée ne comptant pas moins de douze mille personnes.

Bonnat fut conduit par ses guides devant un chef assis près d'une grande tente. Celui-ci prit une torche pour regarder le prisonnier, mais il détourna bien vite ses regards devant les yeux sévères que Bonnat fixait sur lui. Il se contenta de dire quelques mots à mi-voix à un des noirs faisant partie de l'escorte, qui retourna au lieu désigné pour recevoir le captif.

Un noir lui demanda s'il avait faim, et, sur sa réponse affirmative, lui fit servir un plat abondant de fou-fou aux plantanes. On lui offrit même de doubler sa ration, mais il refusa et il alla se coucher à la place qui lui avait été réservée pour cela. Il ne fut pas peu étonné de retrouver là les feuilles de papier gris qui lui avaient déjà servi de lit, sa caisse de beurre, son bol et ses chaussures, toutes choses qu'il croyait perdues pour lui depuis son arrivée au camp.

Son séjour dans cette hutte se prolongea huit ou dix jours : à chaque instant il s'attendait à être appelé par un chef et à pouvoir enfin s'expliquer à l'aide d'interprètes ; il espérait que ce rôle serait rempli par les deux jeunes gens vêtus à l'européenne qui avaient assisté à sa réception ; mais ils ne parurent pas, et Bonnat dut se croire oublié.

D'ailleurs, les insultes et les menaces dont on l'avait accablé à son arrivée avaient cessé, et on le traitait avec humanité. Il avait à ce moment les jambes et le corps couverts de plaies ; ses gardiens lui donnèrent de l'eau chaude matin et soir pour qu'il pût se laver ; il était couvert de vermine, chacun s'efforça de l'en débarrasser, et on lui permit de se couper les cheveux, tout en l'obligeant à les conserver d'une certaine longueur, surtout par derrière. La nourriture qu'on lui donnait était abondante ; elle consistait surtout en fou-fou, en cassave, en manioc et en divers mets nationaux ; plusieurs fois Adou-Boffo lui envoya de la viande fraîche, ce qui constituait une rareté au camp.

Quelques indigènes portèrent même plus loin les soins affectueux dont il était l'objet. Non-seulement ils venaient le visiter plus fréquemment, mais encore ils choisissaient l'heure où il avait coutume de dormir ; alors, pour lui éviter le désagrément des mouches qui l'éveillaient, ils s'armaient d'éventails, de queues de bœuf ou de balais en palmier et chassaient durant des heures entières les insectes incommodes.

Bonnat reçut la visite d'un chef qui lui dit : Je suis le roi d'Anum, et qui lui envoya une bouteille de vin de palme.

Adou-Boffo lui fit parvenir une nappe en fil gris damassé, et une robe noire en mérinos ayant appartenu à un missionnaire; ce dernier objet lui fit un grand plaisir, car il s'en servit pour se mettre à l'abri du froid, qui parfois était très-vif, surtout pendant la nuit.

Un jour, on vint l'éveiller plus tôt que d'habitude, et on lui apporta de l'eau chaude pour faire ses ablutions; lorsqu'il rentra dans la hutte, qu'il avait quittée pour se livrer à cette opération, il vit avec surprise que tout ce qui lui appartenait, à l'exception de ses vêtements, était empaqueté dans les feuilles de papier gris sur lesquelles il couchait. Il comprit alors qu'il allait quitter le camp. Allait-on le conduire à Coumassie? Cette question le préoccupait fort, mais il interrogea vainement ses guides à ce sujet.

On se mit en route environ à sept heures du matin, et l'on quitta le camp par la porte même qui avait servi d'entrée au prisonnier. Cette porte était située au sud; mais une demi-heure après avoir quitté le camp, on traversa un petit ruisseau et l'on modifia l'itinéraire en se dirigeant vers le sud-ouest et en suivant le pied d'une montagne.

La route était loin d'être gaie; à chaque pas on rencontrait des gens portant au camp des pots de vin de palme ou des corbeilles de fruits; ils insultaient le captif, qui distinguait, dans leur langage, fréquemment le mot de Coumassie avec une phrase qu'heureusement il ne comprenait pas encore, mais qui voulait dire couper la tête (*achua anti*).

On marcha ainsi pendant deux heures, et l'on traversait de temps en temps des villages ruinés; plus loin, on rencontra les traces d'un camp; à neuf heures et demie ou dix heures, on arriva à une petite forêt de palmiers qu'une masse de gens mettaient en coupe réglée pour en extraire du vin de palme. On fit halte en ce lieu, et Bonnat, dont la chaussure avait rouvert les plaies, considéra ce repos comme un bienfait. Mais on se remit en marche aussitôt après une légère collation.

Vers deux heures de l'après-midi, la caravane, qui avait quitté le pied de la montagne pour s'avancer de plus en plus au sud-ouest, traversa une rivière très-large, divisée en trois bras par deux îlots qui ne diminuaient en rien l'extrême rapidité du courant. Le captif se sentit renaître en trempant ses pieds ensanglantés et brûlants dans cette eau fraîche. Combien il aurait désiré qu'on s'arrêtât là! mais, hélas! ce ne fut qu'une vaine espérance.

On ne fit halte que longtemps après dans un hameau appelé Botoukou. On fit entrer le prisonnier dans une maison pleine d'étrangers, dont quelques-uns lui donnèrent des reliefs de foufou qu'il dévora avidement. On le conduisit ensuite sur la place du village où un vieillard, paraissant être un grand chef, était assis, environné d'une trentaine d'autre personnes. La petite troupe passa devant ce groupe et alla s'asseoir près de là; le chef, ainsi que toute sa suite, se leva à son tour, et vint saluer les nouveaux arrivés.

Une longue discussion s'engagea alors entre les membres de l'escorte du chef et les gardiens de Bonnat, discussion dont ce dernier sentait bien qu'il était le sujet, sans pouvoir comprendre un seul mot de ce qui se disait. On le conduisit à la case du grand chef, où un nouveau conseil eut lieu; puis, quand tout le monde se fut retiré, on donna au captif une chambre toute voisine de celle de son hôte. Vers le soir, l'homme qui jusque-là avait porté son bagage lui remit un petit paquet, mais le malheureux reconnut qu'il y manquait sa chemise de rechange et sa robe noire de révérend qui lui avait rendu tant de services.

Il fallut se consoler de ces pertes, bien importantes pour lui, et malgré l'état de ses blessures, il s'endormit d'un sommeil de plomb. Dans cette journée, il avait marché près de dix heures, en ne se reposant qu'une demi-heure et en parcourant au moins vingt milles.

Le lendemain, on partit vers sept heures du matin; la caravane n'était pas moins nombreuse que la veille, car plusieurs de ceux qui la composaient, étant restés au village, avaient été remplacés par d'autres. Ils voyagèrent d'abord sur les flancs d'une montagne, puis ils arrivèrent au sommet, d'où Bonnat aperçut dans l'ouest se dérouler un magnifique tableau que les noirs ne lui laissèrent pas le temps de contempler; c'était une immense plaine que le Volta, comme un ruban d'argent, traversait du nord au sud.

On descendit l'autre versant de la montagne par une pluie diluvienne; les pentes étaient si rapides que les pieds du captif étaient à la hauteur de la tête de celui qui le précédait, tandis que sa tête ne dépassait pas le niveau du point où reposaient les pieds de celui qui venait derrière lui. Pourtant un mètre de distance les séparait à peine. La descente dura une demi-heure, au bout de laquelle la pente s'adoucit et les amena à la plaine.

Après deux heures de marche à travers les hautes herbes et un bois assez épais, ils arrivèrent au bord du Volta, le grand fleuve qui sépare la côte d'Or de la côte des Esclaves.

Nous voudrions pouvoir continuer à suivre pas à pas l'infortuné captif tout le long de son douloureux Calvaire; malheureusement le cadre de ce volume est trop restreint pour que cela nous soit possible. Nous ne dirons donc plus que les événements assez importants pour avoir pu influer sur l'avenir de notre héros.

CHAPITRE VIII

Traversée du Volta. — Thomas Coffi. — Assabi. — Projet d'évasion. — Changement de vues. — La cérémonie du *moumanié*. — Un conseil important. — Un nouveau compagnon de route. — Départ du village d'Assabi. — Dekoko. — Une terrible étape. — Un accident. — Changement de paysage. — Un faux village. — Une halte peu confortable. — Le désert. — Un bassin merveilleux. — Désespoir. — Résistance et victoire. — Amauni dompté et adouci. — Un repas consolateur. — Une caravane. — La rivière Aframe. — Des étrangers hospitaliers. — Le village de Tafo. — Le compagnon de route quitte la caravane. — Obitifi. — Séjour et repos. — Retour de Boikey. — Abena. — Nuit à la belle étoile. — Un empoisonnement manqué. — Agougo. — Réception hospitalière. — Amantran. — Sokoré. — Une vieille femme charitable. — Réception. — Un chef mystérieux. — Le choix du coin où l'on dort. — Le prince est une princesse. — La *dikeresse*. — Un bâton de défense. — Assaut d'une demeure pacifique. — Les assiégeants donnent des vivres aux assiégés. — Une jalousie à propos de foufou. — Départ. — Est-ce enfin Coumassie? — Une belle ville. — Les *Ampan*. — Djabin. — Le roi de Djabin et ses femmes. — Deux réceptions diverses.

Les gardiens du prisonnier firent retentir les airs de cris répétés, jusqu'à ce que d'autres cris lointains eussent répondu à leur appel. Bonnat comprit qu'on attendait des bateaux pour traverser le fleuve. En effet, quelque temps après, il vit apparaître à travers la végétation touffue qui lui cachait la vue du fleuve, un canot long et plat creusé dans un seul arbre, où une partie de la caravane seulement put trouver place. Quand il traversa le Volta, il sentit s'évanouir tous ses chagrins, tant la vue de ce beau cours d'eau le transporta d'enthousiasme. Il arriva enfin dans un village vers une heure de l'après-midi.

Les gens restés en arrière se présentèrent successivement pendant le reste du jour, sauf les deux Achantis qui jusque-là avaient porté le bagage du prisonnier; ils avaient été remplacés sur l'autre rive du fleuve par de nouveaux porteurs.

Bonnat ne fut pas peu surpris d'être rejoint dans le village par le même vieux chef qu'il avait rencontré de l'autre côté du Volta, et dont les allures, quoique bienveillantes, lui avaient semblé si mystérieuses. Il vit bientôt qu'il était logé dans la case même de ce chef qui s'était opposé plusieurs fois à son départ dont les hommes de son escorte donnaient le signal.

Il était là depuis sept ou huit jours quand un matin il s'entendit saluer en anglais. C'était un noir nommé Thomas Coffi. Il put enfin causer avec lui et savoir ce qui s'était passé.

Les ministres protestants d'Anum avaient eu le même sort que lui et avaient été envoyés en Achanty trois semaines auparavant, mais on assurait que dès qu'ils seraient arrivés à Coumassie, le roi les renverrait chez eux sans rançon par la route de Cape-Coast. Ces captifs se composaient, ajouta Thomas Coffi, de deux messieurs, d'une femme et d'un petit enfant.

Quant à Bonnat, disait encore Coffi, il était tout simplement sur la route de Coumassie, où Adou-Boffo avait donné ordre de le conduire. Mais Assabi, le vieux roi du village où il se trouvait et dans la maison duquel il était logé, s'opposait à son départ. Déjà il avait envoyé plusieurs messagers et son propre frère au roi d'Aquamu et au général en chef de l'armée achantie pour obtenir la mise en liberté du captif. Il alléguait pour appuyer sa demande que les Anglais enverraient probablement des bateaux à vapeur dans le Volta pour bombarder et brûler les villages de son royaume, si le captif ne leur était pas rendu.

— Soyez sûr, ajoutait le noir interprète, que Assabi obtiendra votre liberté, et qu'au lieu d'aller à Coumassie, vous serez conduit à Aquamu et de là à Accra.

Ces espérances firent grand plaisir à Bonnat, mais, chose singulière, il ne voyait plus la perspective d'un voyage en Achanty avec la même appréhension. Disons même que pendant son séjour dans le village d'Assabi, comme la surveillance dont il était l'objet s'était grandement relâchée, il avait formé un projet d'évasion par le fleuve, et qu'après mûre réflexion, il y avait renoncé.

Thomas Coffi était l'orfèvre du roi d'Aquamu, et il lui servait aussi de courtier de commerce. Il ne cessa de montrer au malheureux prisonnier la plus vive affection et de lui prodiguer des soins.

Ce fut dans ce village que Bonnat assista pour la première fois à la cérémonie du *moumanié*.

Chaque matin, pendant plusieurs heures, presque toutes les femmes du village se rassemblaient dans une des grandes rues ; elles agitaient, en chantant, de gros glands formés de fibres de palmier. C'était une cérémonie religieuse en faveur des guerriers absents. Souvent l'une d'elles, sans doute la prêtresse fétiche, marchait en avant, brandissant un sabre ou un fusil, et faisant le simulacre d'un combat. Dans ces circonstances, les femmes se mettaient à peu près complétement nues, car elles n'avaient pour costume qu'une ceinture de boules autour de la taille

8

et une bande d'étoffe large de deux ou trois doigts qui s'attache par devant et par derrière à cette ceinture.

Coffi partit un jeudi matin, promettant de revenir le samedi ou le dimanche au plus tard et d'apporter à Bonnat la nouvelle de sa mise en liberté; mais il n'en devait pas être ainsi. Le samedi, deux hommes vinrent au camp qui conférèrent longtemps avec le vieux chef; les vieillards du village furent convoqués et prirent part au conseil. Plusieurs personnes prirent la parole avec animation; le captif, qui ne savait pas leur langage, comprit pourtant qu'on discutait sur son sort.

Quand la conférence fut terminée, le roi fit appeler Amouni, l'un des gardiens de Bonnat, et lui dit qu'il pouvait emmener le prisonnier. On se mit en devoir de réunir les bagages : Amouni remplit le plus qu'il put son panier; on laissa ce qui ne put trouver place, et l'on se mit en route dans la direction de l'Achanty. A trois heures de l'après-midi, les deux voyageurs arrivèrent, avec un jeune homme qui s'était joint à eux, à un village situé sur les bords du Volta, où ils furent bien reçus et bien soignés. Ce village s'appelait Dekoko.

Le lendemain matin, Amouni se mit de très-bonne heure à préparer du foufou; cela donna fort à penser à Bonnat; il comprit qu'il était appelé à faire une longue étape, car jamais on ne l'avait fait manger si matin.

Vers sept heures, on se mit en route, en suivant le cours du Volta, dont ils étaient séparés par de hautes herbes et parfois par un rideau d'arbres; les trois compagnons de route marchèrent pendant une heure dans un chemin très-difficile : c'était un sentier à peine tracé au milieu de grandes plantes mouillées par une forte rosée; bientôt ils furent trempés de la tête aux pieds. Ils firent ainsi environ quatre milles et entrèrent dans une magnifique prairie s'étendant à perte de vue, mais dont la monotonie était brisée par des touffes boisées semées çà et là.

A neuf heures, ils parvinrent aux bords d'un ruisseau ou plutôt d'un fossé plein d'eau qu'il fallut traverser; Bonnat y fit un effort qui lui causa une vive douleur à la hanche. Il fallut néanmoins, bon gré, mal gré, se remettre en route.

A dix heures et demie, après une halte insuffisante pour faire sécher ses vêtements, on se remit en route en quittant le Volta pour incliner vers le nord-ouest.

A mesure qu'ils s'éloignaient du grand fleuve, la végétation devenait moins riche et moins vivace. A la riante prairie qui avait rappelé au prisonnier les rives de la Saône succéda une plaine semée d'arbres rachitiques et de quelques touffes d'herbe pauvre et desséchée. Après une longue marche dans ces steppes, puis le long d'un ruisseau qui venait du nord-ouest, Bonnat, accablé par la fatigue et par la douleur qu'il ressentait à la hanche gauche, aperçut un village dans le lointain. Il était une heure environ, et l'on allait enfin pouvoir faire halte et se reposer. Hélas! cette espérance était encore une illusion! Ce qui semblait de loin être un village n'était qu'un petit groupe de huttes abandonnées où l'on s'arrêta néanmoins et où l'on fit un frugal repas.

Cette journée fut une des plus pénibles de ce douloureux voyage. Quand on repartit, Bonnat espérait, sur la foi de ses gardes, qu'on allait bientôt arriver à un village où l'on trouverait bon repas et bon gîte; mais on marchait toujours, et rien n'apparaissait. Un moment même, peu avant la chute du jour, il crut qu'il faudrait passer la nuit à la belle étoile sans souper, car ses compagnons de route s'étaient égarés. L'un d'eux s'écarta pour aller à la découverte et revint joyeux chercher les deux autres qui s'empressèrent de le suivre. Ils arrivèrent à une petite maisonnette blanche inhabitée où ils purent faire du feu, souper et dormir.

La journée du lendemain ne fut ni moins douloureuse ni moins remplie de déceptions. Longtemps on marcha dans des plaines désolées sans y trouver une goutte d'eau, et quand Bonnat aperçut un village où il espérait enfin satisfaire sa soif ardente et sa faim, il eut le chagrin de constater que les maisons en étaient abandonnées et que non-seulement l'eau manquait absolument, mais que faute de ce liquide on devait renoncer à faire la cuisine. Après une nouvelle marche, on arriva enfin vers un large bassin naturel creusé dans le roc et rempli d'une eau cristalline qu'abritait contre les rayons du soleil une voûte de verdure impénétrable. Le captif but avec avidité et put se remettre en route.

Le voyage continua trois mortels jours à travers ces steppes déserts et au milieu de souffrances de toute nature. Le troisième jour, les douleurs et la fatigue de Bonnat furent si vives que son âme si bien trempée s'affaissa et se livra au désespoir. Laissons-lui raconter à lui-même les détails de ce moment cruel où la mort lui semblait préférable au prolongement d'une lutte au-dessus de ses forces :

« A trois heures ou trois heures et demie, dit-il, nous nous arrêtâmes à un campement désert, près duquel nous trouvâmes de l'eau en abondance. Je me traînais à cet endroit et je bus jusqu'à perdre haleine, puis je revins trouver mes hommes assis dans une hutte. Je remarquai alors qu'ils n'avaient pas défait leurs paniers. Sans m'en inquiéter davantage, je me jetai à terre, et je retirai mes souliers et mes bas. Ces derniers n'étaient plus que des loques, toutefois ils m'étaient bien utiles malgré leur délabrement, car ils recouvraient et préservaient les plaies de mes pieds contre les frottements de mes souliers.

« Lorsque Amouni donna le signal du départ, j'essayai vainement de me lever, mes pieds boursouflés refusaient d'entrer dans ma chaussure, et je ne pouvais pas même les poser sur le sol, tant le moindre contact me causait d'intolérables douleurs. Je me laissai retomber, et je déclarai à mon homme que je ne pouvais aller plus loin. Il se fâcha d'abord, puis il tenta de me décider à me relever en employant la douceur. Le jeune homme qui nous accompagnait chercha aussi à me persuader de partir, mais tout fut inutile, je ne pus que leur opposer des larmes, larmes d'impuissance, larmes bien amères!...

« Après tout, quelle perspective avais-je devant moi? A mon arrivée à Coumassie, je serais peut-être sacrifié publiquement!... Et puis, avant d'arriver là, combien faudra-t-il encore traverser de villages? Comment me traitera la population irritée? Combien de journées de marche me reste-t-il à faire dans cette abominable prairie?...

« Sur les menaces que me fit Amouni, je lui fis comprendre que je ne ferais pas un pas de plus ce jour-là, qu'il pouvait, s'il le désirait, me couper la tête et l'emporter dans son panier, mais que j'étais déterminé à ne pas bouger. Bien que je n'eusse que des gestes pour me faire entendre, il comprit fort bien et n'ajouta pas un mot. Il déposa sa charge et s'approcha de moi pour me consoler. Il me dit qu'il allait me préparer à manger, car il pensait sans doute que la faim seule me rendait si rétif. C'était en effet la première fois que je protestais contre mon sort ou contre lui.

« Est-ce pour me consoler qu'il trouva dans sa charge de quoi composer un meilleur repas que nous n'en avions fait depuis notre départ? Toujours est-il qu'il me donna tout ce que je voulus, tandis que lui et le jeune homme qui nous accompagnait se contentèrent de la plus frugale des collations. Quand vint la nuit, il alla chercher de l'herbe pour m'en faire un lit. C'était la première fois qu'il avait de semblables attentions. »

Une rencontre inattendue vint briser la monotonie du voyage. Laissons encore Bonnat raconter cette aventure dans laquelle il puisa un nouveau courage :

« Vers les huit heures du matin, dit-il, en arrivant sur une éminence assez découverte, j'eus l'agréable surprise d'apercevoir une longue chaîne de montagnes bleues qui couraient du nord-ouest au sud-est. La route que nous suivions leur était à peu près parallèle, et cette circonstance m'attristait, car je savais que ces hauteurs étaient habitées et que nous y trouverions l'hospitalité. Malheureusement nous allions en nous en écartant, et bientôt elles disparurent à nos yeux, cachées par les ondulations nombreuses de la plaine que nous traversions.

« A midi, nous arrivâmes à un endroit très-propice pour une halte. Nous y trouvâmes de l'eau et du feu qu'y avaient allumé des gens que nous avions rencontrés peu de temps auparavant; nous nous y arrêtâmes; et mes compagnons de route se mirent en devoir de préparer le déjeuner.

« Au moment où nous allions partir, nous entendîmes un grand bruit de voix dans le lointain, et nous ne tardâmes pas à voir apparaître une caravane de plus de quatre-vingts personnes qui s'arrêta près de nous. Beaucoup d'entre ces étrangers se mirent à délier leurs fardeaux et à préparer le repas. Je vis avec joie que tous ces gens se montraient respectueux envers moi, me saluaient et m'offraient une part de leurs aliments.

« Nous nous remîmes en marche et nous nous dirigeâmes d'abord vers l'ouest. La végétation devenait plus touffue, plus vivace ; les arbres étaient plus nombreux et plus hauts. A deux heures, nous arrivâmes au bord de la rivière Aframe. La vue de ses eaux claires et transparentes me réjouit fort, car je pensai que de l'autre côté commençait la partie habitée de l'Achanti et que je touchais ainsi à la fin de ce pénible voyage à travers la plaine désolée et déserte.

« Nous traversâmes la rivière et nous arrivâmes sur l'autre rive.

« Là se dressaient un grand nombre de huttes formant un important village. Beaucoup d'étrangers s'y étaient arrêtés ; c'étaient des voyageurs en route pour le camp, ce qu'indiquaient suffisamment leurs paniers remplis de provisions et le fusil qui ne les quittait pas.

« Tous ces gens furent surpris de me voir, mais se montrèrent respectueux. »

Bonnat passa là la soirée et la nuit, grâce à l'intervention bienveillante et à la générosité des voyageurs campés. Amouni voulait se remettre en route malgré la fatigue de son captif ; il prétextait le manque de vivres ; les voyageurs lui offrirent une part des leurs, et l'inflexible geôlier dut se soumettre. Cette soirée sembla d'autant plus agréable à Bonnat qu'il constatait que loin de se montrer hostiles, ceux qu'il rencontrait étaient pour lui bienveillants et hospitaliers.

Le lendemain, après avoir gravi une haute montagne, on arriva au village de Tafo, où les chefs leur firent un gracieux accueil et où l'on séjourna deux jours. Là le jeune homme qui s'était fait volontairement leur compagnon de route prit congé d'eux. Un matin, Amouni se montra très-affairé et annonça à Bonnat qu'il fallait continuer la marche.

Cette partie du voyage fut, comme celles qui l'avaient précédée, remplie d'épisodes et de péripéties qu'il serait trop long de rapporter ici par le détail. Tantôt on recevait les voyageurs avec une hospitalité parfaite; tantôt le blanc devait subir les injures et les menaces d'une population féroce. C'est ainsi qu'ils arrivèrent à Abitifi, où ils passèrent sept jours et où ils furent rejoints par Boikey, le second des soldats avec lesquels le captif avait quitté le camp et qui s'était séparé de ses compagnons de route à Assabi.

Ils atteignirent ensuite le village d'Abena, où ils ne firent que passer la nuit. Le lendemain, après une longue et fatigante journée de marche, ils durent dormir à la belle étoile, et Bonnat fut pris de coliques si fortes qu'il se crut empoisonné. Il n'en fallut pas moins se remettre en route dès l'aurore et marcher jusqu'à deux heures de l'après-midi où l'on arriva à Agougo. Le chef de ce village, qui était un homme d'importance, à en juger par la richesse de son mobilier, reçut Bonnat avec une extrême bienveillance. Grâce à ses largesses et à celles de ses sujets, le malheureux captif put réparer, dans un bon repas, ses forces épuisées et recouvrer la santé avec le courage.

D'Agougo, on se dirigea vers Amantran, en traversant plusieurs villages. Cette étape fut moins longue et moins pénible que les précédentes; de plus, les voyageurs furent reçus là mieux que partout ailleurs et y passèrent une nuit excellente.

Le lendemain, il fallut se rattraper, et l'on ne s'arrêta qu'à cinq heures du soir, après onze heures consécutives de marche, au village de Socoré, où une vieille femme charitable leur abandonna sa hutte et leur procura ainsi une bonne nuit après une journée si fatigante.

Bonnat s'imagina que ce lieu était un avant-poste de Coumassie. Tout en effet annonçait les approches d'une grande ville. En sortant de Socoré, le sentier se changea en une route large de quatre mètres environ. Lorsque vers six heures du soir, on se trouva en vue d'une grande ville dont les maisons étaient plus hautes que celles de tous les villages qu'il avait traversés jusque-là, le captif crut être enfin arrivé à la capitale, mais il ne tarda pas à être détrompé.

La réception qui lui fut faite dans ce village mérite, par quelques côtés singuliers, une description particulière. Nous laisserons la parole au voyageur lui-même :

« Je fus conduit, dit-il, dans une maison où il n'y avait qu'une vieille femme, qui ne se dérangea pas pour nous recevoir. Un de mes guides sortit et revint un quart d'heure après, me faisant signe de le suivre. Il me fit entrer dans une maison de belle apparence, où je me trouvai en face d'un personnage enveloppé dans un grand pagne du pays et assis sur une chaise ornée de clous de cuivre. Je compris que je me trouvais en face d'un chef, mais je m'étonnai de sa grande jeunesse. Nous le saluâmes, il dit quelques mots à mes gens, et il nous congédia en nous donnant quelqu'un pour nous accompagner.

« Nous ne retournâmes pas dans la maison d'où nous étions venus, mais dans une autre qui, paraît-il, nous avait été assignée par le chef; là on fit déménager les gens qui occupaient la plus belle chambre, et on me la donna. J'y choisis la place qui me convenait, et je m'y établis pendant que mes gardiens allaient chercher nos bagages. Ce fut en vain qu'Amouni, à son retour, voulut me faire déménager et s'attribuer l'endroit où je m'étais fixé, je lui répondis que j'étais las de subir ses caprices et sa tyrannie, et que je ne voulais plus être considéré comme un chien auquel son maître dit : Couche-toi là! Boikey intervint en ma faveur, et je restai maître du terrain.

« Le chef vint me voir quelques instants après, et je m'aperçus que c'était une femme, car elle avait alors son pagne attaché à la ceinture, et elle tenait entre ses bras un enfant qu'elle allaitait. Elle s'informa si j'étais à mon aise et défendit qu'on vînt m'importuner.

« Un instant après m'avoir quitté, elle m'envoya un plat de bouillie d'igname au milieu duquel se prélassait un beau poisson. Mes gens, me sentant en faveur, me préparèrent, le soir, un souper succulent. Je m'endormis donc heureux et l'esprit plus content que d'habitude.

« Quand le jour parut, je compris que nous ne partirions pas ce jour-là. Une foule de gens, spécialement des femmes, accouraient pour me voir. Sur les dix heures, la *dikeresse* m'envoya à déjeuner, et, un instant après, elle vint elle-même me souhaiter le bonjour. En voyant la foule des visiteurs qui m'obsédaient, elle me dit de la suivre et me donna un bâton en m'engageant à frapper sur quiconque m'approcherait de trop près ou me dirait quelque chose de désagréable.

« Nous traversâmes ainsi le village et nous arrivâmes dans une petite maisonnette près de la case royale. Cette demeure était au milieu d'une cour entourée par des haies et des murs. On y entrait par une porte qui fermait en dedans. Des nattes furent étendues sur le sol d'une chambre où la reine m'assura que je serais tranquille; quand elle se retira, elle me recommanda de fermer le verrou de ma porte et de n'ouvrir à personne autre qu'à elle où à sa sœur.

LA DIKERESSE DE SOCCORÉ.

« Elles vinrent en effet de temps en temps dans la journée, soit pour m'apporter quelque chose, soit pour me montrer à quelques personnes privilégiées.

« Tout cela n'empêchait pas les curieux d'entourer les clôtures et de regarder par tous les trous qu'ils pouvaient y rencontrer. Ils finirent même, avec leurs mains, par déranger assez la porte pour pouvoir regarder aisément. Beaucoup d'entre eux me firent passer des bananes, des plantanes rouges, etc. Une jeune femme m'apporta même un joli petit plat dans lequel était un foufou à l'igname. J'étais en train de me régaler de ce mets national, qui vraiment était délicieux, quand la dikeresse arriva. Elle parut surprise et même un peu jalouse de me voir accepter quelque chose des mains d'une autre femme. Un instant après, elle m'envoya aussi du foufou, mais, je dois le dire, il était moins bon que celui qui m'avait été apporté le premier. Elle y joignit du vin de palme en quantité plus grande que je n'en pouvais boire.

« Quand le lendemain matin mes gardiens eurent fait leurs préparatifs de départ, je remerciai cette excellente femme qui semblait me voir m'éloigner à regret, et nous nous mîmes en route. J'appris plus tard que ce beau village s'appelle Soccoré, et que cette femme était la principale épouse du chef. Elle gouvernait Soccoré en son lieu et place pendant qu'il était à la guerre. »

Bonnat s'attendait à chaque instant à rencontrer Coumassie ; dès la sortie de Soccoré, les villages se succédaient, les uns petits, d'autres plus grands, mais fort rapprochés les uns des autres. La route devenait toujours plus large et plus belle. Dans l'après-midi, les voyageurs se trouvèrent devant un village dont les maisons étaient bien plus hautes encore que celles de Soccoré. Quand ils y entrèrent, le captif fut surpris par le style des constructions, la propreté et la régularité des rues.

— Est-ce enfin là Coumassie? demanda-t-il à ses guides.
— Non, répondirent-ils; nous sommes arrivés à Djabin.

La rue dans laquelle ils s'étaient engagés était très-longue et admirablement droite; de chaque côté débouchaient des rues transversales larges comme les rues nouvelles de nos grandes villes, et, comme elles, tirées au cordeau. Au lieu d'être bordées de magasins de chaque côté, ces rues étaient ornées d'*ampan* ou salles publiques que décoraient, du haut en bas de la façade, des bas-reliefs magnifiques et des arabesques admirables de variété et de goût. Ces ornements étaient faits en terre rouge brillante et polie comme du marbre.

Çà et là, se trouvaient de grands socles à plusieurs degrés de même composition dont Bonnat ne connut l'usage qu'à Coumassie. Sa curiosité était grandement excitée, mais il fut bientôt tiré de sa contemplation par le tapage que faisaient plusieurs milliers de gamins courant à sa suite et l'insultant. Ils le serraient tellement de près qu'il dut faire usage du bâton que lui avait donné la dikeresse de Soccoré. Il fit quelques moulinets en ayant soin de ne toucher personne, ce qui fit qu'il n'obtint que de faibles résultats. Ce fut donc avec quelque satisfaction que le pauvre prisonnier sortit de la ville. Un incident inattendu le força à y rentrer; nous le lui laisserons raconter lui-même:

« Un homme accourut vers nous et nous donna l'ordre de revenir sur nos pas. C'était pour satisfaire la curiosité des deux principales femmes du chef : elles n'avaient jamais vu de blanc et ne voulaient pas laisser échapper une aussi belle occasion.

« Nous reprîmes donc la route que nous venions de faire et

nous traversâmes une grande partie de la rue que nous avions parcourue. Mes gardiens, me laissant sur la voie publique, entrèrent dans une maison pour y déposer leurs fardeaux ; un homme se présenta à moi et me conduisit de l'autre côté de la rue près d'un ampan où se trouvaient deux femmes drapées dans de riches pagnes du pays, et dont le cou et les poignets étaient couverts de colliers et de bracelets de toute sorte. Ces deux femmes étaient entourées de beaucoup de gens qui paraissaient être leurs serviteurs. Elles me regardaient curieusement, et je les contemplais avec non moins d'intérêt. Je dois le dire, leur beauté me frappa. Jamais je n'avais vu de négresses aussi jolies. En mettant à part leur couleur, leur visage représentait un des plus beaux types de l'Europe. »

Après cette réception, Bonnat dut en subir une autre plus solennelle, mais moins gracieuse que la première. On le conduisit dans le palais du roi, où il put contempler toutes les splendeurs du luxe achanti et avoir un avant-goût du cérémonial qui distingue les grandes réceptions.

Enfin les voyageurs reçurent l'autorisation de partir, et ils se retrouvèrent en pleins champs. Bonnat marchait avec courage, car il espérait, nous l'avons dit, arriver le jour même à Coumassie. Quoique fort incertain sur le sort qui l'y attendait, il était heureux de finir un si long et si pénible voyage. Quelle illusion ! il ne se figurait guère que près d'une année s'écoulerait avant qu'il pût entrer dans la capitale des Achantis.

CHAPITRE IX

Rencontre inattendue. — Les missionnaires d'Anum : M. Ramseyer et sa femme; M. Kuhne. — Le vieil Akina. — Séjour à Oboukro. — La vieille Mako. — Premier cadeau du roi. — Boikey. — Fête de l'*Appaframe*. — Le chef Sabin. — Un rhume rapidement guéri. — Un *Oinqua*. — Village d'Assoutchué. — Un bain et des écrevisses. — Village royal de Manfrou. — Ebenezer. — Une lettre de M. David Assanty. — Visite au roi Kari-Kari. — Une réception royale. — Travaux d'intérieur. — Les femmes du roi. — Le prince Ansah. — Provisions européennes. — Le serment royal. — Le *sougou-ho-ho-aye*. — Le *goro*, ou *kola*, ou *bessé*. — Le plantanier. — Le palmier. — Journal de MM. Ramseyer et Kuhne. — Le lac Bassomtchué. — Danger de répandre l'huile de palme. — Ibrahim et les mahométans. — L'*Omavo* et les ignames. — Un aliment peu appétissant. — Négociations du gouvernement anglais. — Un boa. — Dévouement du prince Ansah.

Quand Bonnat arriva au village d'Abanko, composé de cent cinquante maisons environ, on le fit entrer dans une case à plusieurs cours où une rencontre tout à fait inespérée l'attendait. Dans la galerie de gauche, se trouvaient deux Européens et une dame blanche, assis ou couchés sur une couverture en lambeaux. L'un des hommes, à demi étendu, appuyait sa tête dans sa main droite et regardait dans la cour; l'autre, assis au milieu, portait ses regards du côté opposé; entre eux deux se trouvait un petit plat de bois contenant quelques plantanes rôties. Leurs habits étaient usés et sales. La dame n'avait pour vêtements qu'une camisole et un caleçon d'homme.

Bonnat comprit aussitôt qu'il avait devant lui les missionnaires d'Anum; sur leurs visages fatigués, on lisait l'expression d'une grande souffrance et d'une grande résignation. Le jeune homme fit quelques pas pour s'approcher d'eux.

— Vous êtes les messieurs d'Anum, je suppose? dit-il en français.

— Vous ne vous trompez pas, répondit, dans la même langue, un des missionnaires, celui-là même qui tournait le dos, et qui, à la voix de Bonnat, s'était retourné tout d'une pièce.

Alors on se mit à causer à bâtons rompus, comme cela devait arriver dans une semblable circonstance où l'on a mutuellement tant de questions à s'adresser.

L'un d'eux, celui qui avait répondu à Bonnat, était M. Ramseyer, missionnaire né à Neuchâtel en Suisse, et c'était sa femme, madame Ramseyer, qui était près de lui. Son compagnon était M. Kuhne, sujet prussien, qui dès le principe montra un caractère peu gracieux et qui, par la suite, devint chaque jour plus insupportable à tout son entourage. Il parlait l'anglais, et cela permit à notre compatriote d'échanger quelques mots avec lui.

— Savez-vous où l'on vous conduit? demanda M. Ramseyer à Bonnat.

— Je ne sais rien de certain. Mais je crois que je vais à Coumassie.

A ce moment même, Bonnat entendit la voix d'un de ses gardiens qui l'appelait du dehors. Pensant que c'était le signal du départ, il serra la main des missionnaires et de madame Ramseyer, et les quitta, ne sachant pas s'il lui serait jamais permis de les revoir.

Ses prévisions ne se réalisèrent pas; on l'avait appelé

pour prendre son repas, non pour partir. Il se retrouva bientôt avec les Européens, et, après leur avoir raconté sa propre histoire, il put apprendre ce qui leur était arrivé.

Ils avaient été pris à Anum, le 10 juin, et conduits au camp. Là, les Achantis les avaient accablés de mauvais traitements et avaient arraché la robe à madame Ramseyer.

Au bout d'une terrible semaine passée, les fers aux pieds, on les avait dirigés sur l'Achanty avec une escorte de cinq soldats; seule, madame Ramseyer était restée maîtresse de ses mouvements, afin qu'elle pût allaiter et soigner son enfant de dix mois.

On les avait conduits par la même route que Bonnat, mais on leur avait accordé vingt jours pour se reposer à Aquajou et autant à Autodassi. Dans ce dernier village, ils avaient eu la douleur de voir mourir le petit enfant qui avait succombé sous les privations. Il n'avait pu supporter le maïs bouilli qui avait constitué leur principale nourriture pendant un mois.

Enfin ils étaient arrivés à Abankro depuis huit jours.

Ce récit rendit Bonnat songeur : il comprit qu'on ne le mènerait pas à Coumassie sitôt qu'il l'avait espéré, mais que son sort était désormais lié à celui de ces trois prisonniers. Il n'y avait pas moins un grand allégement à ses souffrances dans la pensée qu'il allait avoir des compagnons avec lesquels il pourrait échanger ses pensées pendant la captivité plus ou moins longue qui se préparait.

Bonnat fut bientôt, en effet, joint aux trois captifs et emmené dans la maison qu'ils occupaient. Ils se trouvaient là sous la garde d'un vieux cerbère nommé Akina, âgé d'une soixantaine d'années, qui se montra pour tous un geôlier implacable.

Nous ne saurions continuer à suivre presque jour par

jour le journal de voyage laissé par Bonnat, bien que les faits qui y sont contenus soient tous intéressants; nous nous contenterons, en raison des limites de notre cadre, de ne parler que des événements principaux.

Leur existence à Abankro fut d'abord fort pénible, en raison du mauvais vouloir d'Akina et d'une vieille femme, nommée Mako, grognonne et avare, qui fut aussi leur hôtesse.

Un jour, M. Kuhne entra tout joyeux dans la chambre de Bonnat. Sa bonne humeur seule était un fait assez rare pour justifier l'étonnement de ses compagnons.

— Savez-vous la grande nouvelle? lui demanda-t-il.

— Quelle nouvelle? répondit le jeune Français.

— Le roi s'intéresse à notre sort; il vient de nous envoyer en cadeau deux moutons et de la poudre d'or.

Bonnat crut d'abord à une plaisanterie, mais son visiteur, pour le convaincre, le conduisit dans la cour et lui montra deux beaux moutons. M. Ramseyer accourut à son tour.

— Ces moutons sont bien à nous, affirma-t-il. De plus, les envoyés du roi m'ont remis deux paquets contenant de la poudre d'or, et qui représentent chacun une valeur de neuf dollars. L'un de ces paquets est pour vous seul; l'autre est destiné à nous trois.

Ces libéralités étaient dues au gardien de Bonnat, Boikey, qui était allé à Coumassie, et qui, contrairement aux ordres d'Akina, avait soumis au roi les doléances des prisonniers.

A partir de ce jour, leur situation matérielle alla sans cesse en s'améliorant.

Le roi semblait pourtant avoir oublié ses protégés, et, depuis deux mois, ils étaient retombés dans la misère des premiers jours de leur arrivée, quand on célébra la grande fête de l'*Appaframe,* qui a lieu tous les ans à l'époque de la maturité des nouvelles ignames. Cette période de joie pour tous les indigènes n'amena aux captifs que des inquiétudes nouvelles. A deux reprises, ils crurent qu'on venait les chercher pour les mener à Coumassie et procéder à leur exécution.

« Nous nous trouvions ridicules de ces angoisses continuelles, dit Bonnat, mais il nous était impossible de nous guérir. »

Après l'Appaframe, un chef nommé Sabin vint les voir et les saluer. Ils profitèrent de sa visite pour le charger de demander au roi des vêtements. Ceux de Bonnat tombaient en loques, et il était devenu matériellement impossible de les raccommoder. Sabin fit la commission, et quelques jours après ils reçurent un bœuf et chacun deux vêtements. Bonnat affirme qu'il fut pendant deux ou trois jours heureux comme un enfant quand il vit figurer dans son paquet une chemise et un pantalon blancs, car cela lui permettait de se changer, et c'était surtout sous le rapport de la propreté que tous avaient souffert à Abankro.

Vers le milieu de décembre, Boikey alla de nouveau à Coumassie pour demander des vivres. Pendant son absence, Bonnat fut saisi par un gros rhume; les indigènes s'empressèrent de le soigner, et grâce à une tisane où le piment et deux grains de sel remplaçaient le sucre, il fut guéri en moins de huit jours. Le milieu de février était arrivé, et Boikey n'avait pas encore paru, quand les prisonniers virent arriver de Coumassie plusieurs des gardiens des missionnaires, absents aussi depuis un mois et qui portaient un panier plein de sel. Vers le soir, cet envoi fut suivi d'un autre, et l'on vit arriver sur la route de Coumassie un bœuf suivi de plusieurs personnes au milieu desquelles on distinguait facilement un *Oinqua* à son petit parasol et à la plaque d'or qui ornait sa poitrine.

Le titre d'oinqua est porté par tous les jeunes gens de bonne famille qui forment l'entourage du roi. Ce sont eux que le monarque utilise comme ses aides de camp et qu'il envoie sur tous les points où il ne peut aller lui-même pour faire acte d'autorité. Ces fonctions leur donnent un énorme prestige et leur permettent d'obtenir une très-grande influence partout où ils passent.

Cette troupe fit son entrée dans le village, et, après les réceptions habituelles, l'oinqua fit un long discours, puis, se tournant du côté des captifs, il leur adressa la parole en ces termes, d'après la traduction de M. Ramseyer :

« Le roi d'Achanty vous salue; il a entendu dire que vos gens ne vous soignaient pas bien; c'est pour cela qu'il m'a envoyé près de vous avec ce bœuf et ce panier de sel. Il ne veut pas vous voir souffrir, et il a été très-affecté des rapports qu'on lui a faits sur les privations que vous avez subies; il a pris des précautions pour que cela ne se renouvelle plus, et, dans ce but, il a fait préparer dans un village voisin une maison où vous serez très-bien soignés. Des ordres ont été donnés à tous les villages rapprochés de vous apporter tous les huit jours des provisions suffisantes pour vos besoins. S'il vous manque n'importe quoi, vous n'aurez qu'à vous adresser à la femme qui gouverne le village; elle vous donnera immédiatement ce que vous désirerez. »

Ces paroles rassurèrent les prisonniers, tout en leur prouvant que le roi n'était pas encore dans l'intention de les appeler à Coumassie, et que leur captivité menaçait de se prolonger.

Le lendemain matin, l'oinqua les conduisit lui-même au village d'Assoutchué, situé à cinq kilomètres environ à l'est d'Abankro. Selon la promesse qui leur en avait été faite, de nombreuses précautions avaient été prises pour qu'ils fussent mieux soignés; les habitants eux-mêmes rappelaient à l'ordre leurs gens quand ils n'étaient pas convenables envers les prisonniers.

Là, ils eurent le bonheur de découvrir un ruisseau qui coulait tout près du village; en s'y baignant, ils y trouvèrent une grande quantité d'écrevisses; Bonnat en prenait chaque jour une provision, avec quelques petits poissons, au moyen d'une calebasse. Malheureusement, en rentrant un jour ainsi chargés, ils rencontrèrent la gouvernante du village. C'était une jolie femme d'une trentaine d'années, qui représentait son mari parti pour la guerre; elle s'était toujours montrée extrêmement bienveillante envers les captifs. Quand elle les vit rentrer triomphants avec leur proie, elle sourit, mais les avertit qu'il fallait cesser de se livrer à cette pêche.

« Les fétiches, leur dit-elle, ont défendu cet exercice depuis le départ de mon mari. Si vous continuiez, il mourrait indubitablement. »

Bonnat et ses amis rirent de cette superstition, mais ils durent néanmoins renoncer à la pêche et aux écrevisses.

Le jour de leur arrivée à Assoutchué, Boikey remit à Bonnat, de la part du roi, une pièce de douze mouchoirs rouges avec bordure jaune; cette libéralité était due à l'initiative du jeune chef Sabin. Il s'était en effet chargé de dire au roi combien le pauvre captif avait besoin de vêtements. Madame Ramseyer lui fit de cette étoffe un pantalon et une jaquette. Ce costume jaune et rouge fit sensation, et tout le monde admira son heureux propriétaire.

Page 152.
LA DIKERESSE D'ASSOUTCHUÉ.

Page 145.
UNE FEMME DU ROI DE DJABIN.

Cependant l'Allemand M. Kuhne, déjà prédisposé par caractère à l'hypocondrie, devenait tous les jours d'un abord plus désagréable; il s'était mis dans l'esprit qu'un des quatre captifs devait être sacrifié aux fétiches, et que ce rôle lui était réservé. On s'efforça en vain de le dissuader de ce cauchemar perpétuel; aucun raisonnement ne put triompher de ce cas particulier de la folie de la persécution. Il en devint si bien malade, qu'il en serait mort, si un changement inattendu ne s'était pas produit dans la situation des Européens.

Le 22 avril, le même oinqua, qui avait été un messager de bon augure, reparut accompagné d'une quinzaine d'esclaves bien découplés. Ils portaient trois chaises à porteurs (sako) à l'usage des chefs. Bonnat crut un instant que ces chaises étaient envoyées pour transporter lui et ses compagnons à Coumassie; mais quand il en donna la nouvelle à M. Ramseyer et à sa dame, ils se mirent à rire d'un air incrédule. Cependant Boikey vint avertir Bonnat et ses compagnons qu'ils eussent à se disposer à quitter Assoutchué.

Le 23 avril, ils se mirent en route, accompagnés de la foule attristée de leur départ. Les deux missionnaires et madame Ramseyer montèrent dans les chaises à porteurs; Bonnat se contenta des épaules d'un esclave. Cette position lui sembla bonne pendant quelques minutes, mais il se sentit bientôt plus fatigué que s'il eût été à pied; il se fit donc mettre à terre et continua pédestrement sa route, tout en gardant son porteur, dont il se servit pour la traversée des ruisseaux et des marécages.

Dans la journée, ils franchirent non-seulement Abankro, où la population leur donna un dîner de gala, mais encore plusieurs villages où on leur offrit des oranges. Les por-

9.

teurs de chaises y firent tant de libations que plusieurs fois ils laissèrent choir leurs clients sur le sol.

À trois heures et demie, ils passèrent à travers le petit village de Manfrou. Il est placé au milieu d'un site charmant, et l'on dirait une réunion de petites villas peintes en blanc, ornées de bas-reliefs et couvertes d'arabesques rouges.

Ces élégantes habitations appartiennent toutes au roi et servent à loger quelques-unes de ses femmes. Ce monarque n'y vient qu'une fois l'an avec toute sa cour pour y célébrer la nouvelle année. Ce village n'est guère qu'à trois milles de Coumassie.

Vingt minutes après qu'ils eurent dépassé Manfrou, ils arrivèrent près d'une porte ouvrant sur une route assez large. Le porteur de Bonnat le fit monter sur ses épaules, afin, dit-il, d'entrer dans le village comme doivent le faire des étrangers de distinction.

Tous les porteurs se mirent alors à courir avec une telle vitesse que les captifs n'étaient guère rassurés; on arriva pourtant sans accident sur la place d'un petit village. Là, à l'ombre des arbres, quelques noirs, habillés en mahométans, égrenaient leur chapelet. Ils rendirent très poliment le salut que leur firent les nouveaux arrivés.

Bonnat se dirigea alors vers un kiosque où se trouvait un large et joli banc en branches de palmier entouré d'un marchepied. Il allait s'y asseoir sans façon, quand un des hommes de l'escorte se précipita au-devant de lui pour l'empêcher d'exécuter son projet.

M. Ramseyer arriva à temps pour expliquer à son jeune ami ce que son guide s'efforçait en vain de lui faire comprendre.

— Ce banc, dit-il, est le banc du roi, et cet homme

ne veut pas vous laisser commettre une profanation.

Les prisonniers entrèrent dans une maison où on leur servit de l'eau dans un vase européen, posé sur un plateau de cuivre brillant comme de l'or.

Une demi-heure après, ils repartirent le cœur débordant de joie et d'espérance. Ils allaient donc enfin entrer dans cette mystérieuse ville de Coumassie! Ils allaient donc voir ce puissant monarque africain dont un seul mot fait tomber des centaines de têtes!... Une nouvelle désillusion les attendait encore.

A la sortie du village, ils suivaient un homme d'un certain âge qui paraissait être le chef. Arrivés à deux cents mètres environ de la dernière maison, ils virent, près d'un arbre magnifique, quelques esclaves qui construisaient deux huttes en roseaux, recouvertes de branches de palmier.

Le conducteur des Européens s'arrêta et leur dit :

— Voici votre demeure!

A ces mots, ils se regardèrent tous les quatre d'un air désappointé; mais que pouvaient-ils faire? Il fallut bien se résigner. Peut-être, après tout, ne devaient-ils rester là que pendant une huitaine de jours, et cette entrée tant désirée à Coumassie allait-elle enfin s'effectuer.

Les missionnaires protestants baptisèrent leur nouvelle demeure du nom d'Ebenezer, et c'est ainsi que dans ses lettres postérieures Bonnat désigne ces huttes de roseaux où leur sort ne cessa de s'améliorer.

Le séjour d'Ebenezer fut dès le principe assez supportable : en raison du voisinage de Coumassie, les gens des prisonniers, se sentant surveillés, les volaient moins et leur fournissaient des vivres en quantité suffisante. Cette dernière condition était d'autant plus heureuse que jamais ils n'avaient eu pareil appétit depuis le jour où ils étaient tombés entre les mains des Achantis; ils faisaient jusqu'à huit repas par jour.

Ils commençaient à s'habituer dans leur nouvelle résidence, quand, au bout de huit jours, ils virent arriver dans la cour du village huit ou dix chefs richement vêtus, les bras chargés de bijoux en or. Ces chefs s'assirent sur des chaises de formes très-élégantes, ornées de clous à tête de cuivre. Derrière chacun d'eux se tenait un esclave les couvrant d'un parapluie en soie semblable à ceux dont on se sert en Europe. Ils étaient assis en demi-cercle, et les prisonniers, conduits devant eux, les saluèrent de la main à la façon du pays et s'assirent sur l'ordre qui leur en fut donné.

L'un des chefs ouvrit respectueusement un morceau d'étoffe et en retira une lettre qu'il tendit à M. Ramseyer, en le priant de la lire à haute voix. Elle était décachetée, datée d'Obegaro, ville frontière de l'Achim, et avait été écrite sur le navire anglais *le Dromadaire*. Cette lettre, rédigée en allemand, était signée par M. David Assanty, missionnaire de la société de Bâle, et était adressée à MM. Ramseyer et Kuhne.

La missive, qui n'avait été apportée qu'au péril de la vie du messager, contenait un crayon, du papier et une paire de ciseaux. Ces derniers devaient servir à couper à chacun des Européens une mèche de cheveux, dans le cas où il leur aurait été matériellement impossible d'écrire. C'était un moyen de prouver qu'ils étaient encore vivants.

La lettre de M. David Assanty apprenait aux missionnaires captifs que toutes les démarches possibles avaient été faites pour obtenir leur délivrance, et qu'on avait même offert de payer pour eux une rançon. Tout avait été inutile!...

Après qu'ils eurent écouté cette lecture, les chefs achantis ordonnèrent aux blancs d'écrire à leur tour au gouverneur hollandais d'Elmina. Ils durent l'informer qu'ils se portaient bien et lui donner diverses nouvelles relatives à la guerre auxquelles, d'ailleurs, ils ne comprirent rien. M. Ramseyer dut également répondre à M. David Assanty, et chacun des prisonniers fut invité à joindre à cette lettre une mèche de ses cheveux pour bien prouver qu'ils étaient vivants.

Quelques jours se passèrent à la suite de cet épisode sans amener rien de nouveau. Vers le milieu du mois, on vint leur annoncer que le roi se proposait de les recevoir publiquement dans le village d'Amanahia, situé à environ quatre cents mètres d'Ebenezer. Là se trouvait, en effet, un palais royal dont ils pouvaient apercevoir la haute et large toiture.

Le jour était fixé pour la réception, et cependant la cérémonie n'eut pas lieu ; un événement peu important la fit remettre aux calendes grecques ; on avait volé les sandales du roi, et il avait dû renoncer à ses projets.

Enfin, le 25 mai, vers les trois heures de l'après-midi, on vint chercher les prisonniers pour les faire comparaître devant le roi. On les dirigea vers Amanahia par un chemin détourné et très-long. Lorsqu'ils furent près d'une palissade de bambous, un messager royal vint les avertir que Sa Majesté n'était pas prête, et les prier d'attendre un instant.

Ce messager les conduisit dans une longue et belle avenue où il les fit asseoir dans l'endroit le mieux ombragé par de hauts et superbes palmiers.

Environ une demi-heure plus tard, un second messager les fit avancer d'environ cinq cents mètres ; en cet endroit, on les pria encore d'attendre. Ils entendaient le son des tambours, des tam-tams, des olifants qui retentissaient tout alentour du château.

Vers quatre heures et demie, enfin, un messager de premier rang vint les avertir que Sa Majesté Kari-Kari les attendait. Ils suivirent ce guide, et après qu'ils eurent parcouru une belle avenue de 150 mètres de longueur, un spectacle inattendu vint frapper leurs yeux. Devant eux s'étendait une immense place irrégulièrement ombragée d'arbres touffus de diverses espèces entremêlés de palmiers magnifiques. A droite, au fond de cette place, s'élevait le palais. Ses murs, d'une blancheur de neige, artistement ornés de figures diverses, contrastaient agréablement avec leurs soubassements rouges. Ceux-ci étaient décorés d'arabesques hardies et de bon goût.

En face des nouveaux venus, une foule immense se tenait, régulièrement et respectueusement rangée autour d'une large plate-forme.

Au centre de ce lieu, sur un siège sculpté et orné de clous d'or et d'argent, était assis le roi, entouré des princes et des officiers de sa maison, abrités sous des parasols aux nuances éclatantes et variées.

On voyait, à quelques mètres de Sa Majesté, un homme agitant sans cesse et avec grâce un grand éventail dans quatre directions diverses, pendant qu'en arrière, huit hommes magnifiques, au teint cuivré, contrastant avec toutes ces figures noires, portaient sur leur poitrine et en bandoulière les armes royales toutes resplendissantes d'or.

Au pied de la plate-forme, tenant leurs sabres à poignée d'or à la main, étaient assis, en deux groupes, une vingtaine de messagers. Tout autour, des esclaves tenaient, soit à terre, soit en l'air, les principaux des innombrables fétiches du roi. Parmi les plus apparents, Bonnat remarqua une croix en drap rouge.

Les autres officiers et serviteurs du roi étaient groupés sur plusieurs rangs autour de la place. Outre les fétiches, les uns tenaient dans leurs mains des pipes d'or et d'argent avec de longs tuyaux du même métal, ainsi que les pinces pour prendre le feu; les autres portaient la vaisselle d'argent et les calebasses ornées d'or. Ces dernières sont les coupes dans lesquelles le roi boit son vin de palme. A chaque extrémité de la place étaient les musiciens.

Le roi, de même que tous les princes et les chefs, était revêtu de riches pagnes du pays. Ses bras ruisselaient de bijoux d'or; quelques-uns des grands personnages portaient aux poignets des amulettes de mahométans.

Les captifs passèrent en saluant de la main, devant le côté gauche de ce demi-cercle d'assistants. Arrivés devant le roi, chacun d'eux s'inclina dans la direction de Sa Majesté. Bonnat remarqua que le monarque les regardait avec non moins de curiosité qu'ils ne le faisaient eux-mêmes. Il fallut continuer à s'avancer jusqu'à l'extrémité de l'aile droite.

On les ramena alors à leur place, et huit esclaves conduits par un officier leur apportèrent à chacun un carafon de gin et un pot rempli de vin de palme. C'étaient les rafraîchissements que Sa Majesté leur envoyait. Ils firent emporter ces présents dans leurs maisons. Pendant ce temps, le roi, de son côté, vidait des coupes de vin de palme, et les olifants et les tam-tams retentissaient.

Le monarque vint lui-même saluer les Européens, précédé de toute l'assistance qui défila devant eux. Cette cérémonie dura près d'une demi-heure.

En tête étaient les musiciens, qui firent retentir leurs olifants en passant devant les invités ; puis arriva la belle chaise du roi portée par un chef ; deux esclaves tenaient au-dessus de grands parasols en signe de vénération. Plus loin, apparurent les coussins de toutes formes en velours de soie de couleurs variées ; puis quelques chaises anciennes, d'une forme spéciale au pays, et qui avaient appartenu aux ancêtres du roi. Le défilé se continuait par les esclaves porteurs des pipes royales, de la vaisselle plate et des fétiches. Plus loin venaient les messagers, les hérauts et les exécuteurs des hautes œuvres. Enfin une quantité innombrable d'enfants, tenant des queues d'éléphant et de zèbre dans leurs mains, se bousculaient et faisaient retentir les airs de leurs cris et de leurs vivat.

C'est que derrière eux s'avançait un homme de taille moyenne, à la figure noble et intelligente, aux yeux clairs et perçants, les cheveux complètement rasés. Cet homme était Karÿ-Karÿ, le roi d'Achanti. Il était enveloppé dans un grand pagne, ou robe de damas de soie jaune, et il avait un mouchoir en guise de turban autour de la tête. Ses poignets et ses chevilles étaient garnis de bijoux ; ses pieds étaient chaussés de sandales magnifiques ornées d'or et d'argent. Un jeune homme soutenait son bras gauche qu'il laissait aller négligemment comme s'il eût été trop lourd ; deux autres personnages marchaient derrière lui en tendant les mains comme pour le soutenir. Des gardes allaient en avant, regardant à droite et à gauche, et surveillant la route, afin d'écarter tout obstacle qui aurait pu faire faire un faux pas à Sa Majesté.

Quand il s'arrêta devant les Européens et les salua, sa figure respirait la bonne humeur et rassura les malheureux, qui lui trouvèrent l'air doux et majestueux.

A la queue du cortége marchait la mère du roi, entourée de ses suivantes.

Quand Bonnat et ses compagnons, la cérémonie terminée, rentrèrent dans leur demeure, ils y rencontrèrent des preuves nouvelles de la munificence royale; en moins de six semaines, sans compter les dons en poudre d'or, ils avaient reçu deux bœufs et six moutons.

Dès ce moment, les captifs, moins inquiets sur leur sort futur, mais de plus en plus convaincus que l'heure de leur délivrance tarderait encore longtemps à sonner, s'occupèrent à de petits travaux qui devaient adoucir un peu les ennuis de l'attente. Madame Ramseyer fit des cordes solides avec des fibres de plantanier; Bonnat s'en servit pour confectionner un hamac. Ensuite, il se fabriqua un lit superbe en branches de palmier; le sol de sa chambre fut garni d'un parquet, et divers autres instruments utiles naquirent de son industrie. La santé de tous, grâce à une promenade et à des bains quotidiens, ne laissa plus rien à désirer.

La réception officielle et pompeuse du roi devait être le signal de diverses visites particulières faites à ses prisonniers. La première fois qu'il alla les voir, il les envoya chercher et les fit amener dans la maison du vieux Quami Douro, chef du village qui porte son nom.

Le roi les attendait là, assis sur une chaise haute et reposant ses pieds sur deux jeunes chefs accroupis devant lui. Un esclave tenait un large parapluie à frange d'or ouvert sur sa tête. A ses côtés, étaient assis deux jeunes hommes; l'un avait à la main une magnifique queue de zèbre; l'autre, un ancien pistolet en argent. Dans la cour qui s'étendait à ses pieds, huit ou dix chefs étaient assis sur deux rangs.

Dans cette première visite, le monarque noir voulait surtout satisfaire sa curiosité ; il n'adressa à ses captifs que quelques questions sans importance. Ayant prié madame Ramseyer d'enlever son chapeau, il parut admirer beaucoup ses cheveux soyeux et ondoyants.

Bonnat profita de la circonstance pour faire connaître au roi le dénûment de ses compagnons et le besoin qu'ils avaient tous de vêtements. M. Ramseyer servait d'interprète ; le roi promit tout ce qu'on lui demanda. Le lendemain, en effet, chacun reçut une pièce d'étoffe, ainsi que du fil et des aiguilles. Le roi montra que, bien que sauvage, il ne manquait pas de galanterie, car l'étoffe la plus belle était envoyée à la femme du missionnaire.

Les quatre prisonniers purent ainsi se confectionner des vêtements dont la forme était grotesque sans doute, mais qui au moins étaient propres ; cela les combla de joie.

La deuxième visite du roi eut lieu quelques jours après ; cette fois, les Européens le trouvèrent assis sur le banc, au milieu de la place du village. Il avait avec lui quelques esclaves et une vingtaine de jeunes enfants ; plus loin, dans un coin, se trouvaient une quarantaine d'autres enfants des deux sexes qui chantaient des airs non dépourvus d'harmonie.

Quand il eut salué les prisonniers :

— Hâtez-vous, leur dit-il, d'entrer dans la maison du vieux Douro.

Pendant qu'ils obéissaient, ils entendirent des enfants qui criaient :

— Chué ! Chué !

Et aussitôt, ils virent tous les hommes qui étaient sur la place s'enfuir à toutes jambes, et disparaître dans leurs maisons. Ils ne savaient que penser de cette singulière

INTÉRIEUR D'UN KEST (cour de case).

manœuvre, et ils attendaient assez inquiets dans la maison de Douro, quand le roi les fit appeler. Ils le virent alors entouré d'une vingtaine de femmes dont quelques-unes étaient fort belles, et qui toutes parurent à Bonnat admirablement vêtues. Des pieds à la tête, elles étaient couvertes d'ornements et de bijoux. Leur coiffure, qui ressemblait à celle de toutes les femmes achanties, était aussi simple que bizarre; elle consistait en une tête rasée où n'apparaissaient qu'une touffe de cheveux réservée sur le côté gauche du sommet de la tête et quelques tresses tout autour.

Elles regardaient les blancs avec une grande curiosité; autour d'elles se trouvaient les eunuques, presque tous nains, et des enfants des deux sexes criant à qui mieux mieux pour tenir les curieux à distance.

Les visites du roi se multiplièrent, ainsi que les envois de sel et de provisions de bouche. Il tenait, disait-il, à prouver à ses blancs l'affection qu'il avait pour eux. Un jour, il parut accompagné d'un noir vêtu à l'européenne. C'était le prince Ansah, fils d'un des prédécesseurs du roi. Il avait été élevé en Angleterre et paraissait âgé d'une cinquantaine d'années.

Les captifs apprirent bientôt que, comme eux, il était retenu prisonnier, et qu'il n'avait pu aller retrouver sa famille à la côte depuis l'année 1867.

Le roi l'avait amené afin de s'en servir comme interprète. Le prince Ansah était d'ailleurs porteur de bonnes nouvelles; il annonça aux blancs que le roi leur permettait d'écrire à leurs familles.

Bientôt après, ils devaient avoir encore une grande satisfaction.

Vers le milieu de juillet, deux caisses d'effets leur arrivèrent de la part des missionnaires d'Akim. Elles contenaient, entre autres choses, un riche présent pour le roi. Celui-ci vint en personne pour se faire traduire les lettres d'envoi. Parmi ces pièces se trouvait une pétition adressée à Sa Majesté par la famille Ramseyer; on y demandait la mise en liberté des captifs.

Un mois plus tard, le 27 août, arrivèrent sept caisses de provisions avec une lettre du gouverneur anglais. Ils y trouvèrent à leur grande joie du papier, des plumes et de l'encre, ce qui leur permit enfin d'écrire le journal de leurs aventures.

Ils offrirent au roi quelques-unes de leurs provisions de bouche; il accepta surtout avec joie quelques bouteilles de champagne et jura *son grand serment* que rien de ce qu'ils avaient reçu ne leur serait dérobé, et qu'il ne leur serait fait aucun mal.

Rien n'est plus terrible que le serment royal. Quiconque l'enfreint est mis à mort immédiatement.

Le mercredi 14 septembre, Bonnat, en allant se baigner, poussa sa promenade le long du ruisseau jusqu'à une jolie vallée marécageuse et boisée courant dans la direction du sud-est. Il admira la fraîcheur de ce paysage. La campagne était tapissée de plantes dont les tiges élevées de trois ou quatre mètres étaient couronnées d'un bouquet de deux ou trois larges feuilles. Il reconnut l'arbuste que les noirs nomment *sougou-ho-ho-aye*, et les feuilles dans lesquelles ils font bouillir leurs gâteaux de maïs. Il vit là aussi le *goro* ou *kola*, que les habitants nomment *bessé*, et qui forme un objet important d'exportation.

Le bessé est un fruit rouge qui, pour la forme et la grosseur, ressemble à une châtaigne. On le trouve par huit ou dix, quelquefois plus ou moins, dans une capsule de la dimension d'un concombre, sur un arbre qui se plaît dans les endroits bien arrosés, près des marais, des fontaines et des ruisseaux.

Grâce à ce fruit, les Achantis font un énorme commerce avec l'intérieur de l'Afrique. Après l'avoir cueilli et séparé de ses enveloppes, on l'emballe dans des paniers de jonc : on entoure la provision de larges feuilles afin de la conserver aussi fraîche que possible; puis on l'expédie à Sérime, où elle est achetée par des gens venus là en caravane de toutes les parties du continent nègre pour s'y procurer un fruit si précieux à leurs yeux. Avec cet unique produit qui ne leur coûte rien, pas même la moindre culture, les Achantis se procurent tout ce qu'ils veulent des différents peuples qui viennent à ce marché.

Un autre végétal précieux dans ces contrées est le plantanier, arbre ou plante, comme il conviendra de l'appeler. Il fournit en tout temps une nourriture saine, abondante et délicieuse; au moyen de son fruit, on fait un foufou excellent, préférable à celui préparé avec de l'igname. On le mélange aussi avec des arachides et on le fait rôtir. Cueilli plus tard, quand il a rougi, ce fruit bouilli produit une eau sucrée délicieuse. Enfin en enveloppant des feuilles de cet arbre les provisions qu'on veut conserver, on les met absolument à l'abri des rats.

Là ne se bornent pas les bienfaits de ce trésor naturel; souvent, avec les feuilles vertes du plantanier, on couvre les maisons; de l'écorce du fruit brûlée on tire une excellente potasse dont on fait un savon estimé. Enfin on se sert de la tige qui porte le fruit pour se laver et se sécher, remplaçant ainsi éponges et serviettes.

Un troisième arbre, qui appartient moins exclusivement

à ces contrées, mais qui n'en constitue pas moins un trésor pour le pays, est le palmier.

Avec les branches du palmier, les Achantis construisent une maisonnette entière, de la base au sommet, y compris la toiture, qu'on recouvre ensuite avec des feuilles. La noix de palme leur sert à faire de délicieuse et nourrissante soupe; ils en tirent aussi de l'huile pour s'éclairer, fabriquer du savon et apprêter de nombreux mets. De l'amande de cette noix sort une autre sorte d'huile, et le bois de l'arbre lui-même fournit le charbon pour les orfévres et les forgerons. Les jeunes branches du palmier donnent aux habitants des fibres qu'ils unissent et dont ils fabriquent de belles et solides cordes, ainsi que des nattes magnifiques. Enfin, et c'est là le bienfait qu'ils apprécient au-dessus de tous les autres, ils retirent du palmier un vin délicieux et enivrant.

Bonnat, esprit investigateur, constatait ainsi chaque jour quelques richesses nouvelles dans ce pays où il était prisonnier. Son adresse personnelle lui permettait de venir en aide à ses compagnons. C'est ainsi qu'il fabriqua des tables, des chaises, des tapis, des objets de literie et jusqu'à des hamacs. Nous le verrons plus tard se construire lui-même une maison presque luxeuse.

MM. Ramseyer et Kuhne ont publié leur journal de séjour au pays des Achantis; cela forme un beau volume qui a été édité à Paris chez Sandoz et Fischbacher, et à Neuchâtel chez Sandoz. A chaque page, ces compagnons de Bonnat constatent son esprit d'initiative et son ingéniosité. C'est lui qu'on charge de préparer des conserves de viande, des saucisses et des ragoûts, chaque fois que la générosité du roi se manifeste par l'envoi d'un bœuf ou d'un mouton. Mais reprenons notre récit.

Quand Bonnat fut de retour de sa promenade, il s'était mis en devoir de préparer le déjeuner du lendemain, lorsque le prince Ansah arriva, précédant le roi de quelques pas. C'était la première fois que le monarque achanti venait visiter ses prisonniers dans la demeure qu'ils habitaient. Le roi resta peu, mais Ansah profita du loisir que lui donnait ce départ précipité pour se lier plus étroitement avec les Européens; il accepta de partager leur frugal déjeuner et leur donna quelques renseignements précieux sur la nature et la conformation du pays.

C'est ainsi qu'ils apprirent l'existence du lac Bassomtchué, situé à une journée de marche du point qu'ils habitaient. Ce lac, placé dans la direction de Cape Coast, et à quatre milles environ de la route qui y conduit, n'a pas moins de vingt-sept milles de circonférence. C'est de cette nappe d'eau entourée de hautes montagnes que provient la plus grande quantité du poisson que l'on mange à Coumassie et dans les environs.

Le prince Ansah parla aussi à ses hôtes des mœurs et des coutumes du pays; il leur décrivit les cérémonies du grand et du petit Adé, dont nous donnerons plus tard les détails, et leur parla du manque absolu de respect que professe le peuple achanti pour la vie humaine. Là, nul ne peut répondre de garder sa tête sur ses épaules, et la principale dignité est celle du bourreau.

Dans une autre visite que leur fit le prince Ansah, Bonnat lui témoigna le désir d'avoir de l'huile de palme afin de pouvoir lire ou écrire le soir à la lumière.

— Mais, malheureux! vous ne savez ce que vous me demandez, répondit le prince. Pas un homme ne voudra se charger d'une si périlleuse mission.

— Apporter de l'huile est une mission dangereuse? interrogea Bonnat stupéfait.

— Certes! Jugez-en! Tout individu qui laisse tomber sur le sol un vase d'huile ou un œuf est immédiatement décapité sur la place même où il a commis son crime.

Malgré le danger capital qu'il courait, le prince Ansah ne tarda pas à procurer à ses nouveaux amis l'huile qu'ils désiraient, et ils purent enfin ne se coucher qu'à l'heure où le sommeil les y invitait.

Là ne se bornèrent pas les services que leur rendit le prince Ansah. Il parla aux hommes attachés à leur service et leur fit connaître la faveur toute particulière dont ces blancs jouissaient auprès du roi. Ces serviteurs, jusqu'alors peu scrupuleux, devinrent des modèles de zèle et de dévouement. Ils avaient tout à gagner, car les captifs ne cessèrent de leur témoigner leur reconnaissance en leur faisant des distributions de vivres et même de poudre d'or.

C'est encore à Ansah qu'ils durent de connaître les droits qu'ils avaient vis-à-vis de leurs gens. Jusqu'à ce moment, chaque fois que le roi envoyait un présent, tous accouraient pour prendre part à la curée. S'il s'agissait d'un bœuf ou d'un mouton, ils jouaient immodérément du couteau et emportaient les meilleurs morceaux; si c'était une provision de poudre d'or, ils se la partageaient sans le moindre scrupule. Ansah leur fit une verte leçon, et à partir de ce jour, les captifs purent se procurer eux-mêmes, et en en payant la valeur, les objets à leur usage.

Le 26 septembre, un mahométan, nommé Ibrahim, vint les voir. Bonnat se fit un plaisir de l'interroger. Il apprit que le pays de cet étranger s'appelait aussi Bonna, et qu'il était venu en descendant le Niger.

— Coumassie, dit-il, contient un grand nombre de

mahométans venus, comme moi, de l'intérieur. Ils remplissent généralement les fonctions de médecins du roi, qui les considère beaucoup. Ils lui donnent, ainsi qu'aux chefs, toute sorte d'amulettes, qui arrivent à avoir plus de crédit que les fétiches. Plusieurs fois par semaine, ils lavent le roi avec de l'eau préparée à cet effet. Après avoir séjourné un certain temps à Coumassie, ils retournent jouir dans leur pays de la fortune plus ou moins grande qu'ils ont ainsi acquise.

On trouve chez les Achantis des gens de toutes les races africaines, parmi lesquels des marabouts. Bonnat raconte qu'un d'eux vint leur rendre visite. Il était en costume turc, pantalon large, petite veste et grand burnous blanc avec glands et capuchon. Un roi achanti s'est même, dit-on, converti au mahométisme, mais cela ne lui a pas porté bonheur, car il fut décapité par ses sujets.

Le 7 octobre, arrivèrent plusieurs caravanes; les captifs y remarquèrent avec surprise un nègre du plus beau noir habillé à l'européenne. C'était un employé de la douane d'Elmina; il parlait le hollandais ainsi que l'anglais, et était venu à Coumassie, porteur d'une mission diplomatique du gouvernement hollandais; il proposa aux prisonniers de porter des lettres d'eux au gouverneur anglais de Cape-Coast, mais toutefois avec la permission du roi.

Bonnat profita de cette occasion pour prier le gouverneur de le prendre sous sa protection et de le comprendre dans les négociations entamées au sujet des missionnaires.

Le 24 eut lieu l'Adé annuel appelé *Omavo*. C'est une fête qui se célèbre à l'époque de la maturité des ignames. Il y a dans l'Achanti quatre espèces principales de ce fruit : e *bayéré,* le *cramfo,* igname jaune et amère qu'on mange en bouillie; une autre sorte sauvage dont nous avons oublié le nom, et enfin l'*andé*, qui est la meilleure.

A l'occasion de cette fête, les prisonniers virent passer à Bancro une foule immense de princes, de chefs et de noirs qui se rendaient à la capitale pour assister à la solennité. L'omavo se célèbre dans toute la Nigritie, mais au Bonny elle ne dure que les trois premiers jours de novembre. Bonnat et ses compagnons estimaient que le jeudi de ces fêtes verrait leur sort se décider. En effet, leur avait dit Ansah, tous les ans, à cette époque, les chefs venus à Coumassie se réunissent en une assemblée où sont discutés et arrêtés tous les projets intéressant les provinces. Ils en profitent pour traiter toutes les affaires du pays. Rien ne peut être fait sans la sanction de cette assemblée; or parmi les choses importantes se trouvait le règlement de la situation des blancs prisonniers.

Le prince donna en outre à ses amis blancs des détails terribles sur les supplices et les sacrifices humains qui auraient lieu à Coumassie pendant ces jours de fête.

Les jours suivants, Bonnat vit ses gens user de mets fort singuliers. L'Achanti, surtout dans les environs de la capitale, possède peu de bestiaux et de gibier. Cela explique pourquoi les habitants mangent la peau et tout l'intérieur des animaux. Ils les vident à peine et se donnent bien garde de laver les intestins, de peur d'enlever à la viande une partie de son fumet. C'est ainsi qu'ils font sécher au soleil les peaux d'antilope et celles d'hippopotame. Ces dernières deviennent si dures qu'il faut les couper avec une hache. Quand on veut en manger, on les fait tremper pendant plusieurs heures, puis on les fait cuire. Les Achantis accommodent ce mets avec la sauce du foufou. Bonnat, qui en a mangé plusieurs fois, affirme qu'en dehors de l'odeur un peu fétide qu'il répand, cet aliment ressemble à une purée de nerfs rendus gélatineux par la cuisson.

Le prince Ansah multipliait ses visites, et grâce à lui, nos compatriotes s'initiaient chaque jour davantage aux habitudes de la vie des indigènes.

— Le roi, leur dit-il un jour, n'invite jamais personne à sa table ; il prend tous ses repas en public, entouré de tous les chefs présents à Coumassie. Il a toujours un grand nombre de mets autour de lui et les mange en se servant de ses doigts en guise de fourchette. Sa vaisselle est en argent. Près de la table se tient le chef cuisinier, armé d'une grande fourchette en argent avec laquelle il fait continuellement tourner le morceau placé dans le plat que le roi a attaqué. Celui-ci, lorsqu'il est de bonne humeur, se plaît à jeter aux chefs qui l'entourent quelques-uns des mets de sa table. Ces seigneurs se précipitent sur cette proie royale en se bousculant et se disputant. C'est un spectacle vraiment curieux.

Cependant la maladie de M. Kuhne, qui avait été en diminuant, reparaissait avec violence. Il se laissait aller par moments au désespoir, et Bonnat s'efforça bien souvent de lui relever le moral. Il voulait à tout prix changer de résidence ; la monotonie de l'endroit lui enlevait l'appétit ; il affirmait qu'il reviendrait à la santé dès qu'il serait dans une autre localité. M. Ramseyer, de son côté, faisait des efforts surhumains pour guérir cette hypocondrie de son compagnon.

Le 4 novembre, dans l'après-midi, ils reçurent la visite du prince Ansah. Il venait leur donner communication d'une lettre du major Bronwel. A la suite des négociations ouvertes par le gouvernement anglais auprès du roi d'Achanty, les deux partis s'étaient, disait-on, entendus sur l'échange des prisonniers. Le roi Kari-Kari avait envoyé Cabina, son courrier, auprès du gouverneur anglais pour l'inviter à conduire sur le bord du Prah ses prisonniers. De son côté, il y dirigerait les siens. Les Anglais avaient en leur pouvoir soixante-dix Achantis. L'échange devait se faire ainsi : 1° un blanc devait venir avec le messager du roi annoncer l'arrivée des captifs. C'était un moyen de s'assurer de la sincérité du roi. 2° Le premier canot amènerait les blancs; 3° l'échange des prisonniers noirs suivrait; 4° le prince Ansah resterait de l'autre côté du fleuve jusqu'à la fin de l'opération.

Telle était la question qui s'agitait en ce moment dans l'assemblée des chefs.

Ces propositions, formulées dans la lettre du major, étaient tombées comme une douche d'eau froide sur la tête des Achantis. Jusqu'alors ils s'étaient flattés d'échanger une douzaine de Fantis contre les soixante-dix Achantis pris par les Anglais sur le territoire du protectorat, longtemps après la capture des blancs. Quant à ceux-ci, ils pensaient bien les garder.

Le roi et les chefs irrités et désappointés répondirent que les Achantis avaient l'usage de ne renvoyer les prisonniers qu'après le retour de leurs armées; que pourtant, en ce qui concernait les noirs, l'échange pouvait se faire immédiatement.

Ces nouvelles chagrinèrent vivement Bonnat et ses compagnons, car ils crurent pouvoir conclure que leur captivité allait se prolonger indéfiniment. Ansah les plaignit de tout son cœur, mais il lui était impossible d'y rien faire.

Ils s'empressèrent d'écrire au major pour le remercier et pour l'engager à persister dans sa généreuse initiative.

Le 11 novembre, le prince Ansah leur apporta une nouvelle lettre du major. Elle était datée des bords du Prah, le 2 novembre; l'officier anglais s'y plaignait de la lenteur des négociations. Il reprochait aussi au roi de l'avoir trompé, car ses envoyés lui avaient dit que les blancs captifs étaient dans un village situé à mi-chemin entre Coumassie et le Prah. Il n'avait du reste pas reçu leurs lettres; donc on ne les lui expédiait pas.

Cependant les captifs ne cessaient d'écrire au roi pour réclamer leur translation à Coumassie, en raison de la saison des pluies qui rendait leurs huttes inhabitables, et pour demander de la nourriture, car on les oubliait, et Boussoumrou, le père nourricier du roi, se chargeait volontiers de leurs lettres. Or, ils ne recevaient aucune réponse. M. Kuhne, dont l'hypocondrie se compliquait d'accès de fièvre, ne mangeait plus, et M. Ramseyer lui-même était malade. Quant à madame Ramseyer, sa situation intéressante annonçait un dénoûment qui nécessitait des soins qu'on n'aurait pu lui donner dans ces cases délabrées. Un événement inattendu vint encore mettre au cœur des captifs un désir plus vif de changer de domicile.

Un jour que Boussoumrou sortait de la case de Bonnat, tandis que ce dernier causait avec ses compagnons, M. Kuhne, regardant du côté de la couchette, en vit sortir une tête qui ressemblait à celle d'un lézard; un corps long et mince lui succéda; c'était celui d'un serpent gris foncé qui rampa contre les parois et, malgré un couteau lancé par M. Kuhne, disparut dans la toiture. Il mesurait environ deux mètres de long et était de la grosseur du pouce. Bonnat n'osa pas rester dans un si dangereux voisinage et crut prudent d'aller coucher dans la case d'Adou Kouakou.

Le lendemain, 20, était un dimanche. Notre compatriote allait se baigner dans une fontaine où la mère du roi avait coutume d'envoyer puiser son eau, quand son attention fut attirée par un bruit de branches brisées et par une pluie de fruits sur le sol. Il crut d'abord que c'était un singe se livrant au haut des arbres à sa voltige fantastique; mais, quand il leva les yeux, il vit à vingt mètres de lui, et à sept ou huit mètres au-dessus du sol, un boa qui courait de branche en branche et d'un arbre à l'autre avec autant de facilité qu'un poisson fait ses évolutions dans l'eau. Cet affreux reptile n'avait pas moins de quatre mètres de long et était de la grosseur du bras.

La nouvelle portée au roi que ses blancs étaient malades et ne mangeaient pas parut l'inquiéter vivement. Il leur envoya des vivres frais et leur fit plusieurs visites, pendant lesquelles il leur promit de leur donner des cases neuves plus confortables.

CHAPITRE X

Entrée à Coumassie. — La mission et ses habitants. — Installation des prisonniers. — Bossom-Mourou. — Une alerte. — Mauvaises nouvelles de France. — Réception solennelle. — Retour à la mission; cris de mort. — Boutama. — Fête de Noël. — Richesses indigènes; premiers rêves ambitieux. — Le major Bronwell. — Amanghya. — L'*adé*. — Jour du grand fétiche. — La fête du grand adé. — Visite à Barima. — Rôle des étrangers. — Gouvernement achanti. — Divisions territoriales. — Justice. — Le *dikéro* du village. — La cour suprême. — Les peines. — La peine de mort. — Les bourreaux. — Jugement de Dieu et épreuves. — Le refuge de Boutama. — Les *oinqua*. — Histoire d'un coq. — Bizarreries de la législation. — L'or et les richesses naturelles. — La religion. — Les fétiches et les féticheurs. — Sacrifices divers. — Une rencontre originale. — Un joueur superstitieux. — Les coutumes. — Naissance. — Polygamie. — Rôle de la femme. — Mort. — Tombes et obsèques des rois. — Sépulture des princes à Barima.

Enfin le prince Ansah, qui chaque jour se montrait plus dévoué, vint leur annoncer qu'il avait obtenu du monarque l'autorisation de les faire entrer à Coumassie et de les loger dans l'ancienne mission wesleyenne, où il avait luimême son domicile. Ils y trouvèrent M. Watts, catéchiste de la mission, retenu depuis neuf ans à Coumassie sans obtenir la permission de communiquer avec la côte, et M. Lenzé, constable, envoyé en mission par le gouverneur anglais, et retenu aussi prisonnier depuis plusieurs années.

Autour d'eux étaient une douzaine de Fantis, captifs comme eux.

Le roi n'avait donné aux quatre prisonniers la permission d'entrer à Coumassie qu'à la condition expresse qu'ils ne s'y présenteraient qu'à la nuit close. Il craignait que leur présence n'excitât la colère de la population et ne l'amenât à exécuter quelque attentat contre leur vie. Leur entrée eut donc lieu silencieusement et au clair de lune. L'aspect de la ville, dans ces conditions, ne répondit pas à l'idée que Bonnat s'en était faite, et elle ne lui sembla pas aussi belle que Djabin.

Les habitants de la mission souhaitèrent la bienvenue à leurs nouveaux compagnons de captivité ; le prince Ansah surtout les reçut avec une hospitalité charmante. Il les convia à un souper dont le confortable les étonna au plus haut point, et il leur indiqua leurs logements respectifs. M. et madame Ramseyer eurent une chambre spacieuse et commode ; Bonnat et M. Kuhne ne furent pas moins bien installés. La vie se présentait à eux sous un aspect inespéré, quand un incident vint encore menacer de tout remettre en question.

Ils venaient à peine de se réunir pour se féliciter de la situation nouvelle qui leur était faite, que Bosom-Mourou se présenta, porteur d'un message royal. S'adressant à Ansah, il dit :

— Le roi n'avait pas réfléchi que les grands de Coumassie n'ont pas été consultés pour leur demander l'autorisation de faire entrer les blancs dans la ville ; le grand conseil peut donc se déclarer hostile à la décision prise. De plus, le roi comprend que ses blancs sont de grands personnages, des hommes de distinction, et qu'il est indécent de les recevoir ainsi la nuit et en cachette. Il a résolu de leur faire une réception publique et solennelle. C'est pourquoi il les prie de reprendre sans retard la route d'Ebenezer et d'attendre de nouveaux ordres.

On comprendra aisément quel fut le désappointement des captifs en entendant ces mots. Le prince Ansah répondit qu'il n'avait agi qu'avec l'assentiment du roi ; M. Watts, qui demeurait déjà à la mission, ajouta quelques paroles énergiques, et M. Ramseyer s'efforça de démontrer combien leur retour à Ebenezer constituerait pour eux une cruauté inutile. Il rappela l'état de santé de chacun des captifs, celui de M. de Kuhne et de madame Ramseyer en particulier ; ses compagnons se joignirent à lui et appuyèrent leurs protestations de la menace de ne plus prendre aucune nourriture. Bossom-Mourou, qu'on appelait aussi plus fréquemment Bossomrou par abréviation, alla rapporter au roi ce qu'il venait d'entendre ; il vint bientôt annoncer aux prisonniers que leur cause était gagnée. Le roi consentait à les laisser à Coumassie, à la condition expresse qu'ils resteraient enfermés dans la mission et qu'ils n'auraient aucune relation avec l'extérieur, jusqu'à ce qu'ils aient été l'objet d'une réception solennelle. Il recommandait en outre à Ansah de redoubler de soins pour eux et de les nourrir le mieux possible. Cette nouvelle les remplit de joie, et ils allèrent se coucher en remerciant le ciel.

Sur ces entrefaites arriva un courrier de la côte avec des lettres, dont une à l'adresse de Bonnat. Elle lui fut remise le 10 décembre par Bossomrou, qui avertit en même temps les quatre blancs que leur réception solennelle aurait lieu le 12 du même mois. La lettre de Bonnat était datée du 8 septembre précédent ; elle lui apprenait nos premières défaites, la chute de Napoléon III et l'avénement de la troisième république.

Nous devons dire ici que M. Kuhne, mal conseillé par son humeur noire, manqua de générosité, plaisanta maladroitement l'infortuné Français et célébra avec un enthousiasme plus patriotique que poli la victoire de la Prusse.

Le lundi 12 décembre, eut lieu leur réception. Bien qu'elle ait quelques points communs avec celles, moins solennelles, que nous avons déjà racontées, nous en dirons les détails, ce qui nous dispensera de nous étendre trop longuement sur les grandes fêtes, le *grand* et le *petit adé* qui ont lieu en Achanty à des époques périodiques.

Aucun étranger, Africain ou Européen, ambassadeur, messager ou voyageur, ne peut entrer dans Coumassie sans de grandes difficultés. Avant tout, les grands chemins qui y mènent sont gardés par des *Nquam-Sarafs* ou gardiens, qui interrogent l'étranger lorsqu'il se présente et envoient un d'eux informer le roi de son arrivée et du but de son voyage. Pendant ce temps, un autre gardien conduit le voyageur au village le plus voisin, où il attend l'autorisation royale pour le laisser poursuivre sa marche vers la capitale. Les instructions du roi sont apportées par un porte-épée qui accompagne l'étranger au village qui lui est désigné pour sa résidence, jusqu'à ce qu'il lui soit permis de se rendre à Coumassie. On a vu que, bien qu'ils fussent prisonniers, les choses s'étaient passées à peu près ainsi pour Bonnat et ses compagnons.

La réception a lieu ordinairement vers trois heures de l'après-midi. Des messagers royaux armés d'épées à poignée et à agrafes d'or vinrent chercher les captifs. Ceux-ci avaient pris leurs meilleurs vêtements. Sur la grande place du marché appelée Dade so Aba, ils s'arrêtèrent environnés de tous les hommes attachés à leur service.

Chacun de ces soldats ou gardiens était dans son plus brillant appareil de guerre, et ils portaient tous les fétiches qu'ils avaient pu trouver. Là, le *Dikourou Dourou* vint les recevoir et leur fit faire environ quatre cents pas au-devant de l'assemblée, qui se composait de toute l'aristocratie du pays.

Le roi et sa cour étaient assis au centre. Les grands personnages du royaume, chacun avec sa suite, ses guerriers, ses porte-épée, ses porteurs de tabourets, de parasols, de queues de cheval et d'éléphant, et ses tambours, étaient rangés, selon leur dignité, sur deux lignes qui s'étendaient à droite et à gauche, de manière à former un croissant très-recourbé et rétréci vers les extrémités. Dans l'espace vide laissé entre les branches de ce demi-cercle se tenaient les chefs de rang inférieur, chacun entouré de sa suite comme ceux d'un rang plus élevé.

Le roi était assis sur un fauteuil artistement sculpté et orné d'or; ses pieds reposaient sur un gros coussin de velours; son costume se composait d'une espèce d'écharpe en riche damas de soie, d'environ cinq mètres de long et de trois de large, passée en plis amples et gracieux autour du corps et en travers de la poitrine, un bout pendant sous le bras gauche et l'autre sur l'épaule droite, à peu près comme les Écossais portent le plaid. La jupe était remplacée par des plis de l'écharpe qui était de couleur écarlate. Sa Majesté était chaussée de sandales de cuir incrustées d'or massif; elle était coiffée d'un long bonnet plat, de peau d'antilope teinte en noir, garni d'ornements d'or et d'argent, et surmonté d'un long plumet d'or. Le roi avait en outre aux pieds, sur les chevilles et aux cuisses, au-dessus des genoux, des anneaux d'or de différentes formes; autour du cou, de larges bandeaux du même métal; aux poignets, des bracelets, auxquels étaient suspendues des amulettes renfermant des versets du Coran et qu'on vénère comme des talismans, bien que le mahométisme ne soit pas la religion des Achantis.

Sa Majesté portait encore des bagues de prix aux doigts et d'autres bijoux, parmi lesquels étaient des chapelets d'Agra. Ces chapelets, regardés comme l'objet le plus précieux de tout ce qui appartient personnellement aux rois et aux grands, sont extrêmement curieux : ils sont faits en belle mosaïque, les uns noirs et gris, les autres de couleurs variées; on n'en connaît pas l'origine, mais ils sont certainement très-anciens; ils se transmettent de génération en génération dans les familles de haut rang, et c'est la dernière chose dont se déferaient ceux qui ont le bonheur de les posséder. Parfois on en trouve dans les tombeaux des ancêtres les plus reculés de la race actuelle.

Derrière le roi se tenaient debout sept gardes portant sa coiffure de guerre, sa giberne, ses armes de luxe, tout étincelantes d'or, et plusieurs jeunes filles mettant l'air en mouvement avec des queues de cheval blanc. De chaque côté du roi, debout sur une marche supérieure, près de sa mère et de ses dames d'honneur, se tenaient les principaux officiers de la maison royale. A droite et à gauche, en descendant jusqu'aux extrémités, se déroulaient deux rangées de courriers et de porte-épée, laissant un espace vide d'environ cinq pieds de large au milieu.

Toute la terrasse était couverte d'énormes parasols de diverses formes et de diverses couleurs, surmontés de nombreuses figures en bois sculpté recouvertes d'une légère couche d'or. Au faîte, à des distances égales les unes des autres, formant un carré dont le roi était le centre, étaient quatre indigènes tenant des parasols. Ces parasols

RÉCEPTION DES PRISONNIERS A COUMASSIE.

remplissent jusqu'à un certain point l'office des pavillons et des drapeaux nationaux chez les nations européennes; de plus, ils servent selon leurs dimensions, leur couleur, leurs ornements, la matière dont ils sont faits, à indiquer le rang ou le grade des personnes au-dessus de la tête desquels ils sont portés. Le roi a seul le droit d'en employer un entièrement en velours.

La droite du croissant était occupée principalement par les conseillers du roi et les princes de haut rang; la gauche, par les chefs et les grands sortis des rangs du peuple et occupant souvent des positions plus élevées que les nobles eux-mêmes. Chacun de ces chefs était entouré de ses officiers, de ses lieutenants; à côté de lui étaient ses porte-épée, ses porte-queue et ses tambours; derrière eux venait leur cortége d'esclaves.

Vis-à-vis du roi, on voyait, au nombre de cinq à six cents hommes, les bourreaux, reconnaissables à leurs bonnets de peau de tigre et aux deux couteaux pendant sur leur poitrine. Là aussi sont les crieurs de la cour, qui se distinguent par leurs coiffures en peau de singe; puis des esclaves tenant des pipes en or et en argent, de la vaisselle plate, des miroirs, des talismans de toute sorte. Plus loin encore était groupée sous les arbres la foule des oisifs et des curieux accourus pour voir la cérémonie.

Quand les quatre Européens s'approchèrent du roi et qu'ils se mirent en devoir de le saluer, un gardien arracha le chapeau que madame Ramseyer conservait sur sa tête. Après qu'ils eurent présenté leur supplique, ils retournèrent s'asseoir sur leurs chaises, à environ huit cents pas de l'éminence sur laquelle trônait le roi. Ils virent bientôt que les chefs n'étaient pas tous fort bien disposés en leur faveur. Quelques-uns, comme Mensa, le frère du roi,

Bobie, le frère du prince Ansah, et d'autres, se montrèrent très-aimables. Ceux du camp opposé furent très-froids. Deux d'entre eux dansèrent follement du côté des captifs, brandissant leur glaive sur chacun d'eux et spécialement sur madame Ramseyer. Leurs serviteurs, plus grossiers encore, faisaient le signe de leur trancher la tête et leur poussaient des cris en plein visage.

Les prisonniers remarquèrent fort les vingt à trente fauteuils du roi, de fabrication soit indigène, soit européenne; ils étaient neufs et munis chacun de deux cloches qui rappelèrent à M. et à madame Ramseyer les sonnettes qu'on attache au cou des vaches dans les pâturages de la Suisse. Ces siéges, bien que très-richement ornés, étaient noircis par du sang humain. Quant au trône proprement dit, c'était, dit Bonnat, une chaise de forme ordinaire, tordue et en mauvais état de conservation. Il était tellement recouvert de fils et de plaques d'or qu'on n'en apercevait plus le bois. Ce siége est, paraît-il, très-vieux; il sert au roi le jour de son avénement, et le monarque n'est reconnu qu'après qu'il y a pris place.

Il était nuit quand les quatre captifs rentrèrent dans leur maison. Dans la rue, la populace les insultait, criant : *A mort! on les tuera tous!* Ils rentrèrent néanmoins sans encombre.

Cette cérémonie, qui avait eu pour eux ses désagréments, n'avait pas moins apporté dans leur vie à venir un changement des plus favorables. Depuis qu'ils avaient été l'objet d'une réception royale, ils n'étaient plus des prisonniers, mais des étrangers de distinction en voyage; en conséquence ils avaient la liberté de se promener à leur aise; ils jugèrent prudent d'attendre pour cela le jour de sortie du roi, qui eut lieu le dimanche 18.

En ce jour, eut lieu une cérémonie toute semblable à celle que nous venons de décrire; il s'agissait de recevoir un ambassadeur du roi d'Assine. Cette réception se fit au retour de Boutama, où le roi va tous les ans à pareil jour donner à boire et offrir des sacrifices humains aux squelettes de ses ancêtres qui sont précieusement conservés dans cet ossuaire.

A partir du jour où il eut reçu l'ambassadeur d'Assine, le roi se retira pendant trois jours à sa campagne d'Amama. M. Ansah l'avertit que le 25 avait lieu pour les Européens la grande fête de Noël, qu'ils ont coutume de célébrer avec une grande solennité. Le roi voulut d'abord, pour leur plaire, leur envoyer sa musique, composée d'une clarinette, d'une grosse caisse et d'un tambour. Dans sa pensée, il n'y avait pas de bonne fête sans danses, et il leur donnait les éléments d'un bal. Le prince Ansah eut beaucoup de peine à le dissuader de cette générosité inopportune. Le roi alors remplaça son orchestre par une belle gazelle qui venait d'être tuée.

Les relations de Bonnat s'étendirent bientôt, grâce à l'amitié toute particulière que lui portait le prince Ansah; avec M. Ramseyer et M. Kuhne, il se perfectionnait dans la pratique de la langue anglaise, ce qui ne l'empêchait pas d'étudier avec ardeur le *tchi* ou langage des Achantis. Ces études mûrissaient son esprit si bien disposé aux choses sérieuses et lui permettaient de s'initier peu à peu aux mœurs et à la législation de ces peuples singuliers.

Le 20 décembre, il reçut la visite de M. Ansah, conduisant avec lui les messagers venus d'Assine. Ces derniers avaient mis trois mois pour venir à Coumassie. Ses compagnons et lui reçurent également la visite de quelques femmes de la parenté du prince venues dans la capitale pour assister à une réception que faisait le roi de toute l'aristocratie féminine du royaume. L'une d'elles portait au cou un beau collier d'or massif pesant plus d'un kilogramme. Le collier d'une autre était composé de boules en mosaïque, semblable à ceux que nous avons déjà décrits. Celui-là, que Bonnat put étudier en détail, était divisé en quatre parties séparées par quatre pépites d'or brut dont la plus petite pesait plus de 350 grammes. Ces immenses richesses répandues partout firent longuement réfléchir le jeune prisonnier. Ses idées ambitieuses commencèrent à prendre un corps, et il se dit que ce point du globe où le destin l'avait entraîné serait peut-être un jour la source de sa fortune. Dès ce moment, il redoubla d'efforts pour étudier le pays dans tous ses détails et dans toutes ses ressources.

La visite des parentes d'Ansah fut l'occasion de nouvelles libéralités de la part du roi Kari-Kari; il envoya à ses blancs une énorme antilope, deux gazelles, un sanglier et plus de trois onces d'or; la reine mère y ajouta une demi-once, et le prince Mensa, héritier présomptif de la couronne, une demi-once du précieux métal.

Cependant on avait reçu quelques nouvelles de la côte. L'échange des prisonniers n'avait pas eu lieu le 20 décembre, comme cela avait été convenu. Les Anglais s'impatientaient, et le major Bronwell empêchait le passage de toutes marchandises sur le Prah. Quelques-uns disaient même qu'il était retourné à Cape-Coast. Les Achantis comprenaient que ces complications étaient dues à leurs hésitations et à leur mauvaise foi. Le gouverneur anglais réclamait non-seulement les prisonniers Fantis retenus à Coumassie, mais aussi les captifs européens; le roi, partisan de cette mise en liberté, dut renoncer à ce projet devant l'opposition systématique de quelques vieux chefs influents.

Le 29 décembre, on vint annoncer aux captifs qu'un nouvel envoi leur était fait de la côte, et on les conduisit à Amanghya auprès du roi, qui voulait assister à l'ouverture des caisses. Les missionnaires reçurent en effet des provisions de toute sorte qu'ils partagèrent avec Bonnat. Ce dernier trouva à son adresse un paquet de journaux relatant les malheurs de la patrie et qui vinrent réveiller toutes ses douleurs.

Enfin le roi décida que le prince Ansah se rendrait à la côte pour y négocier l'échange des prisonniers. La certitude que les quatre Européens avaient de le voir défendre vigoureusement leur cause fit que le 1er janvier 1871 se passa assez gaiement.

Le 12 janvier, ils purent assister au petit Adé, et nous en profiterons pour faire connaître en détail à nos lecteurs la nature de ces fêtes achanties.

Nous empruntons cette description au journal de Bonnat.

« L'Adé est une fête nationale, consacrée aux fétiches; elle a dû prendre naissance dans l'amour de ces peuples pour les spectacles à grand apparat; c'est pour le roi, comme les cérémonies des réceptions, l'occasion de déployer la splendeur et les richesses royales.

« Toutes les périodes de 42 jours sont marquées par deux solennités de cette nature, le grand adé et le petit adé. Le grand adé a lieu tous les 42 jours, et le petit adé, 18 jours après chaque grand adé.

« Le jour du *grand fétiche*, qui précède le grand adé et qui se trouve toujours un lundi, le roi sort de son palais et va solennellement s'asseoir sur un des nombreux socles en pierre rouge qui sont placés çà et là dans différents points de la ville. Là, entouré de tous les officiers de sa maison, de tous les grands du royaume présents à Coumassie, il boit à deux reprises différentes une coupe remplie de vin de palme; puis il fait une distribution de cette liqueur aux chefs et aux étrangers qui sont tenus de venir à cette cérémonie.

« Les femmes de la cour et de la ville, ornées de riches parures, accourent pour assister à ce déploiement de splendeur.

« C'est habituellement avant le coucher du soleil qu'a lieu la cérémonie annonçant l'approche du grand adé, et fréquemment elle se termine à la lueur des flambeaux qui donnent au brillant cortége un aspect étrange et vraiment fantastique.

« Au sortir de cette libation publique et presque générale, le roi rentre dans son palais, et il lui est interdit d'en franchir le seuil jusqu'au dimanche suivant, c'est-à-dire jusqu'à la fête du grand adé.

« Dès l'aurore de ce jour solennel, tous les chefs de la capitale se réunissent au palais, où accourent aussi les musiciens de tout genre de Coumassie et des environs. Tous les fétiches, soigneusement gardés dans les maisons particulières, sont apportés pour figurer parmi les objets du culte étalés dans cette fête pompeuse.

« Ces préparatifs terminés, chacun prend la place que lui assignent son rang et les lois de l'étiquette; les fétiches vénérés sont convenablement posés suivant l'usage et les prescriptions du rite religieux. Alors commence une grande cérémonie pendant laquelle on sacrifie un nombre considérable de moutons. Tous les fétiches sont inondés du sang des victimes, puis on leur fait une seconde toilette en les frottant avec un mélange formé de la graisse des animaux sacrifiés et d'œufs écrasés et battus avec leur coquille.

« Quand les fétiches ont reçu ces hommages singuliers, on prépare, avec la chair des moutons immolés, des aliments qui sont portés pieusement sur la tombe des princes et des princesses aux mânes desquels on les offre en holocauste.

« C'est alors que le roi, accompagné de sa suite, va en grande pompe à Barima, le cimetière des princes, pour leur faire une visite et leur offrir à boire; puis il revient, toujours suivi de son escorte, s'asseoir à Bodia-né, le socle en terre rouge placé près du palais.

« La suite du monarque, soit à l'aller, soit au retour de Barima, forme une immense et brillante procession bien digne d'attirer l'attention des étrangers. Ceux-ci ne sont d'ailleurs pas admis à suivre le cortége au cimetière princier; mais ils doivent se placer sur des estrades élevées près du palais, dans la rue où doit défiler le cortége qui les salue en passant. »

Ce cortége diffère peu de ceux que nous avons déjà décrits; nous n'y reviendrons donc pas, car sa splendeur est due surtout à la richesse des costumes, aux couleurs éclatantes des parasols, aux fauves reflets de l'or brillant sous toutes les formes, sur les siéges et les vêtements. Contentons-nous donc de parler d'une cérémonie particulière que cite Bonnat et qui semble l'avoir fort étonné.

Lorsqu'un étranger assiste pour la première fois à un grand adé, le roi, en passant devant lui, arrête ses porteurs, se dresse sur la corbeille qui lui sert de pavois, et, un petit fusil à la main, salue et exécute une danse guerrière. Les grands chefs imitent le monarque, mais les captifs ont constaté qu'autant celui-ci met de grâce et de désinvolture dans sa chorégraphie, autant les autres, loin d'aborder le visiteur d'une façon aimable, font tous leurs efforts pour lui faire peur.

Le défilé terminé, le roi et tous les gens de sa suite vont s'asseoir selon l'étiquette du pays. Les étrangers s'avancent alors, saluent et retournent à la place qui leur a été assignée. Là, bientôt le roi leur envoie de la poudre d'or et du gin; les chefs reçoivent des moutons en présent. Le roi, se levant alors, donne le signal de la fin de la cérémonie, qui se termine infailliblement par une immense et perçante clameur que poussent les enfants et les curieux accourus en foule pour assister à la fête.

Le petit adé diffère peu de la cérémonie précédente. Les étrangers y reçoivent aussi de l'or et du gin; ils sont strictement tenus d'assister à l'une et à l'autre, à moins d'empêchement majeur.

Bonnat ne s'est pas contenté de noter précieusement les moindres détails de ces fêtes bizarres; il a étudié avec soin, comme nous l'avons dit, les productions végétales du pays, sa constitution politique, sa religion et ses mœurs. Nous ne saurions oublier de retracer, au moins à grandes lignes, le résultat de ses observations.

Le royaume d'Achanty est soumis à un gouvernement despotique. Chaque habitant, depuis le plus grand chef jusqu'au dernier esclave, appartient corps et biens au roi et est à la merci de sa volonté et de ses caprices.

Ce pays est divisé en districts dont chacun a sa capitale et un vice-roi, avec une cour modelée sur celle du souverain. Les villes et les villages ont un chef nommé par le roi et qui est responsable de son gouvernement. Tous ces chefs sont chargés des détails de l'administration et de l'exercice de la justice dans une limite analogue au pouvoir du juge de paix.

C'est au rendement de la justice que, dans les petits villages, sont consacrées les premières heures de la journée. De bon matin, le *dikero* (magistrat) et les *pagnifo* (vieillards) vont s'asseoir sous un arbre touffu; les esclaves apportent la chaise sur laquelle leur maître s'assied. La plupart du temps les affaires s'arrangent à l'amiable; le condamné paye les frais : ils consistent généralement en vin de palme qu'on distribue aux assistants. Si l'affaire est grave, l'amende se complique d'un mouton et même d'une quantité déterminée de poudre d'or qu'on distribue entre le dikéro et les vieillards qui ont composé le tribunal.

Le condamné peut en appeler au vice-roi de la province et parfois au roi lui-même.

Certaines affaires échappent à la compétence du dikéro d'un village et même d'un vice-roi de province. Parmi elles, il faut citer le cas d'un homme ayant prononcé ou violé le *grand serment* du roi. Le souverain seul a droit de justice en cette occurrence.

La réunion de la cour suprême de justice et de législation a lieu tous les jours dans la grande cour du palais royal appelée *Apramosso*. Cette cour compte 35 mètres de long sur 15 de large; tout autour règne une galerie que supportent des colonnes carrées reposant sur des piédestaux ornés de bas-reliefs en terre rouge, polis et brillants, vraiment magnifiques [1].

---

[1] La ville de Coumassie a été détruite par les Anglais, ainsi que nous le verrons dans la suite de ce récit. Mais les Achantis l'ont reconstruite, et le regretté M. Brun, consul de France à Elmina, qui

Les punitions encourues ne varient guère; la peine de mort est prononcée dans la plupart des cas par ce haut tribunal. Disons cependant que l'or ou une protection puissante, dans ce pays, comme dans les pays civilisés, parviennent fréquemment à sauver un condamné, à moins que le crime ait été flagrant. Dans ce cas, justice est toujours faite sans merci. Le roi a d'ailleurs droit de grâce dans toutes les circonstances.

En dehors de la peine de mort, il y a des châtiments secondaires qui consistent dans l'amputation isolée ou simultanée d'une ou deux oreilles, du nez, des lèvres, etc. Bonnat raconte qu'il a vu un jour à Assumtchué cinq femmes sur sept qui allaient au marché ayant le nez, les lèvres et les oreilles coupés. C'est la peine habituelle prononcée pour cause d'insolence, de dénigrement, de calomnie, de médisance; on en châtie aussi l'adultère de la femme, quand le mari ne réclame pas la mort de la coupable.

L'adultère de l'homme n'est pas impuni; le coupable est mis à mort ou fait eunuque publiquement. Dans ce cas, il est donné au roi pour servir dans son sérail.

Les condamnés à mort sont quelquefois exécutés tout de suite; pour cela, on les conduit à la sortie du palais dans un étroit emplacement planté de six ou sept arbres maigres et chétifs; l'exécuteur arrive, et justice est faite sans autre cérémonie. Le plus souvent, les condamnés sont remis au fer et gardés avec soin jusqu'à ce que le roi ait donné l'ordre d'exécution. On les réserve en grand nombre pour les cérémonies où l'on a coutume d'immoler plus ou moins de victimes humaines.

---

est allé la visiter depuis, a constaté que les descriptions données par Bonnat sont restées exactes.

Le moment fatal arrivé, la nuit aussi bien que le jour, les exécuteurs saisissent par le cou les victimes et leur passent un couteau à travers les joues de façon à percer la langue. Cette cruelle précaution a pour but d'empêcher le prisonnier de jurer le grand serment du roi. La simple articulation de cette formule lui sauverait la vie pour un certain temps et lui donnerait le droit d'être fusillé au lieu d'être décapité. Dès qu'il a eu les joues traversées, le condamné est délivré de ses fers; on lui attache les mains derrière le dos, et on le conduit au lieu de l'exécution. Là, il a la tête tranchée d'un coup de coutelas.

Les exécuteurs, dit-on, sont très-adroits; plusieurs personnes ont affirmé aux Européens captifs que souvent la tête tombe au premier coup de couteau; mais cela n'a pas toujours lieu : l'exécution était quelquefois confiée à des apprentis bourreaux de dix à douze ans, qui, armés de couteaux ordinaires, charcutent le cou de la victime et mettent plusieurs minutes à séparer la tête du tronc.

Les meurtriers, avant d'être décapités, sont torturés pendant une journée entière. Une compagnie d'exécuteurs s'en empare dès le matin. Ils leur passent le couteau dans les joues et plantent profondément une fourchette en fer dans chacune de leurs épaules. Une corde, posée autour du cou, est retenue à l'arrière par un exécuteur, tandis que deux autres, tenant chacun un bras de la victime, la tirent en avant. C'est ainsi que, précédé d'un tambour et d'une flûte, le funèbre convoi, accompagné de la foule des oisifs, fait tout le tour de la ville, s'arrêtant sur chaque place publique; là, l'un des exécuteurs coupe un lambeau de chair sur une des parties du corps du condamné, qu'il engage ironiquement à danser au son de la flûte et du tambour. Sur le refus de la victime, les implacables gamins qui suivent le cortége, armés de tisons rougis au feu, viennent appliquer ces engins cruels sur les plaies vives qu'on vient d'ouvrir, forçant ainsi le malheureux supplicié à faire des mouvements que la musique se hâte d'accompagner et que saluent les risées et les moqueries des bourreaux et de la foule.

Comme l'exécuteur spécialement chargé d'organiser la cérémonie est personnellement responsable de la durée qu'elle doit avoir, et que si la victime succombe avant l'heure fixée, c'est lui qui doit prendre immédiatement sa place, les bourreaux apportent dans leur cruauté la modération suffisante pour assurer la longueur du spectacle.

Dans l'après-midi, le supplicié est conduit dans une maison où on lui fait prendre une calebasse d'une sorte de bouillie claire de maïs et une autre de vin de palme pour lui donner de nouvelles forces. Puis la cérémonie recommence jusqu'à la nuit.

La victime, conduite alors devant le roi, est invitée à danser ; souvent elle le fait volontairement, espérant abréger ainsi l'horrible supplice. A celui qui est ainsi résigné, le roi dit :

— Très-bien ! tu montres que tu es un homme !

Et l'ordre de trancher la tête ne se fait pas attendre.

Vis-à-vis des autres, l'horrible procédé que nous avons indiqué plus haut est employé ; le roi donne ensuite l'ordre de lui faire subir une mort lente. On lui coupe d'abord une jambe, puis l'autre, puis les mains, et enfin la tête. Parfois, poussant la férocité jusqu'aux dernières limites, les exécuteurs arrachent au condamné la peau du dos, et, la plaçant sous ses yeux, accompagnent leur action de facéties ordurières.

Dans l'Achanty, comme partout, il arrive des cas où la

justice est embarrassée et ne peut se prononcer faute de preuves. Dans ce cas, on procède à un jugement de Dieu qui ne cède en rien à ceux pratiqués par nos ancêtres du moyen âge.

L'accusé contre lequel on ne peut trouver assez de preuves de culpabilité est invité à jurer, par le grand serment du roi, qu'il est innocent, et il demande à le prouver par l'*odum*; l'accusateur remplit les mêmes formalités, et un temps est fixé pour l'épreuve. En attendant, l'accusé est mis aux fers. Le moment fixé arrivé, accusateur et accusé sont conduits sur une place où se rendent aussi les linguistes ou *quamis* du roi. Là, devant un grand concours de peuple, on prend un morceau de l'écorce d'un arbre appelé odum, et on le présente à l'accusé, qui doit le mâcher pendant un certain temps; on lui donne ensuite une grande quantité d'eau à boire; s'il ne rejette pas cette eau, il est coupable; si au contraire il la vomit, il est proclamé innocent. L'accusateur est reconnu aussitôt imposteur, calomniateur, faux témoin; on le met aux fers, et il ne tarde pas à subir la peine qu'il a méritée.

En Achanty, ces mœurs féroces ont parfois des lénitifs; une ressource a été réservée aux condamnés, et ils peuvent échapper aux châtiments en se réfugiant dans une place sacrée. Là, ils sont en sûreté même contre l'inimitié et la colère du roi. Cet endroit est Boutama, village placé au nord-ouest de Coumassie et séparé de la ville par un simple ruisseau. Cette barrière franchie par un coupable, il peut braver toute colère et toute justice, car nul ne peut l'y arrêter. Boutama est le lieu de sépulture des anciens rois, et c'est sous leur protection que se trouve placé le condamné qui a pu y trouver un refuge.

Comme témoignage de sa bienveillance, mais sans élever

la chose à la hauteur d'une loi, le roi d'Achanty avait défendu d'arrêter personne dans la demeure de Bonnat et de ses compagnons. Plusieurs fois des prisonniers accusés ou condamnés réussirent à s'échapper des mains de leurs gardiens et se réfugièrent dans la maison des missions. Toujours le roi, pour plaire à ses blancs qui lui demandaient la grâce du fugitif, ordonna sa mise en liberté.

L'autorité souveraine et le pouvoir absolu du monarque ne sont pas étrangers à la puissance de l'État. Les grands dont la fortune et la vie dépendent d'un caprice royal sont, par suite, d'une docilité à toute épreuve. Lorsqu'un chef meurt, tous ses biens, sans exception, deviennent la propriété du roi. Celui-ci nomme au défunt un successeur qu'il prend ordinairement dans sa famille, mais qu'il peut aussi bien désigner parmi des étrangers et même en dehors de la noblesse. Selon le rang que l'élu est appelé à jouer, le monarque joint à son héritage une certaine quantité d'or et d'esclaves. Cela donne à la royauté une immense force et une inappréciable richesse.

Cette énorme importance du roi d'Achanty amène à Coumassie une grande quantité de jeunes gens, appartenant aux meilleures familles du royaume. Ils viennent dans le rayonnement du trône, non-seulement, comme ils disent, pour servir le roi, mais ils sont attirés surtout par l'espoir de se faire bien venir du souverain, et ils ne négligent aucune occasion pour lui plaire. Semblables aux courtisans des anciennes et nouvelles cours, on les voit continuellement sous les pas du monarque, sollicitant ses faveurs et ses sourires.

Tels sont ces *Oinqua* dont l'un vint au nom du roi visiter les blancs captifs avant leur entrée à Coumassie, et qui leur apporta l'espérance avec des paroles bienveillantes du roi.

Ces missions de confiance donnent à ces jeunes gens de grands priviléges. Munis de l'autorité royale, ils s'emparent sur leur route de tout ce qui leur plaît; les boissons et les victuailles surtout sont fréquemment l'objet de leurs réquisitions.

Bonnat raconte à ce sujet une plaisante anecdote qui met bien en relief l'importance que les Oinquas savent se donner en mission.

Il rencontra un jour trois d'entre eux dans un village où ils étaient allés régler une affaire pour laquelle on avait fait plus de bruit que de raison. Leurs allures vis-à-vis de notre compatriote avaient été très-convenables; ils lui avaient même fait présent d'un morceau de porc frais, qui avait été accueilli avec reconnaissance. Quand ils furent partis, la femme du dikero s'aperçut de la disparition de son coq, l'unique du village. La femme du magistrat s'élança à toutes jambes sur les traces des ravisseurs : elle les atteignit au village suivant.

Il était temps ! le coq vivait encore, mais on discutait déjà, comme dans une séance fameuse du sénat romain, à quelle sauce il serait mis. Les Oinquas, apprenant le nom et la qualité de la propriétaire, consentirent à lui rendre l'objet réclamé, mais ils affirmèrent que nul autre n'aurait atteint ce résultat. Bonnat ajoute qu'aucune personne moins bien placée n'eût même pensé à faire une semblable démarche.

Le roi, d'ailleurs, se montre peu scrupuleux en ce qui concerne ces razzias de vivres opérées par ses courtisans. Pourtant il n'en use pas personnellement. Quand il a besoin de poules, et cela arrive fréquemment, il donne de l'or à quelques-uns de ses jeunes serviteurs et les charge de lui en procurer. Ils se répandent aussitôt dans les villages et font main basse sur toute la volaille qu'ils rencontrent; rien n'est payé de ce qui a été saisi dans la rue; aussi les villageois se hâtent-ils de faire rentrer le plus qu'ils peuvent de poules, sachant que la loi interdit aux Oinquas de pénétrer dans leurs demeures.

La royauté dans l'Achanty est héréditaire, mais elle ne se lègue pas comme en Europe de père en fils. C'est le frère du roi mort qui est appelé à lui succéder. A son défaut, le trône appartient au fils de la sœur du défunt, c'est-à-dire à son neveu.

Les princes du sang ont un privilége assez singulier qui mérite une mention spéciale. En cas de condamnation à mort, ils ont droit de se suicider au lieu d'être décapités. Dans le cas très-rare où ils n'auraient pas le courage de se donner eux-mêmes la mort, ils sont noyés.

Nous avons parlé déjà de la législation des Achantis, et nous avons indiqué quelques-unes des absurdités qu'elle renferme. Ajoutons-en quelques autres exemples.

Si un homme entre à Coumassie en portant son panier sur sa tête, sans avoir changé son coussin ordinaire contre un autre fait de feuilles de bananier, il est puni de mort.

Si un homme parlant à un chef dont il sait le nom se trompe et lui donne une autre dénomination, il est également condamné à mort.

Il est défendu, sous peine de mort, d'éternuer dans les rues, mais surtout au palais : cela est cause chez les Achantis de contorsions et de grimaces qui n'ont rien de commun avec les bonnes manières européennes.

Nous avons dit combien Bonnat étudia avec soin les ressources du pays, et nous avons cité plusieurs des produits végétaux qu'il renferme. Les richesses minérales y sont encore plus remarquables. Le fer y est commun, et nos lecteurs ont vu que toutes les transactions s'y font avec de la poudre d'or. Il ne faudrait pourtant pas déduire de là que le métal précieux ne s'y rencontre qu'en poussière.

Dans l'Achanty, on trouve l'or en pépites et en lingots comme dans les autres centres aurifères. Bonnat, et plus tard Brun et Musy, ont rapporté bon nombre de ces morceaux d'une grosseur respectable, et si l'or qui vient en Europe de ces contrées est habituellement en poudre, c'est que sous cette forme il constitue la monnaie courante du pays : lingots et pépites sont fondus et réduits en poussière pour faciliter le commerce. Lors du séjour de Bonnat à Coumassie, il y a constaté la présence de plus de cent ouvriers occupés exclusivement à ce travail, qui est fort ingénieux.

Les lingots ou les pépites que l'on veut convertir en poudre d'or sont placés dans un petit creuset en terre cuite qui est soumis au feu d'une forge africaine. Dans ce creuset, les fondeurs ajoutent une certaine quantité de terre rouge bien sèche et pilée. Lorsque l'or est en fusion, le creuset est retiré du feu et vivement agité, afin d'opérer le mélange de l'or et du sable. Ce travail demande un certain tour de main et une grande habileté. Le contenu du creuset est ensuite jeté dans un grand bassin en bois rempli d'eau dans laquelle on a déjà délayé un peu de terre rouge. Cette eau est agitée, répandue et renouvelée jusqu'à ce que la poudre d'or, bien lavée, puisse être mise à part.

Bonnat, excellent catholique, étudia non moins consciencieusement la religion des Achantis.

Ce culte est celui du fétichisme mitigé par une croyance générale à un être suprême, et elle est plus compliquée que ne le sont généralement les religions rudimentaires des autres tribus de nègres occupant le reste de l'Afrique.

Les mahométans y sont en grande vénération, et un grand nombre d'entre eux, venant de l'intérieur, s'y sont établis. Ils ont captivé toute la confiance du roi et des chefs, auxquels ils vendent des amulettes à un prix exorbitant. Ces amulettes affectent un grand nombre de formes; à chacune d'elles ils attribuent une vertu spéciale à laquelle les Achantis apportent une entière confiance. Le roi et les principaux chefs ont toujours sur eux un certain nombre de ces objets vénérés et comptent sur leurs qualités merveilleuses pour se mettre à l'abri des accidents de la vie.

Les mahométans jouissent dans l'Achanty de priviléges extraordinaires; sous aucun prétexte ils ne peuvent être condamnés à mort, parce qu'ils prient Dieu directement et sont ses enfants.

Les Achantis reconnaissent l'existence d'un Dieu toutpuissant et qui a créé toutes choses. Ils le savent souverainement bon; c'est pourquoi ils ne le prient point.

Leur culte, leurs offrandes, leurs sacrifices sont réservés pour les génies et les esprits méchants auxquels ils supposent l'intention et le pouvoir de leur nuire. Le but du culte qu'on leur voue est de les apaiser et de s'attirer leurs faveurs.

Le peuple Achanti a trois grands fétiches : chaque enfant à sa naissance est voué à l'un d'eux pour sa vie entière. L'un s'appelle Boissomrou, le second Boissomphra et le troisième Boissomtchue. Le roi Kari-Kari était voué à Boissomrou, qui est le fétiche royal.

Tous les disciples de Boissomrou doivent s'abstenir, tous les mardis, de manger du maïs et de boire du vin de palme. C'est le grand fétiche d... lais, et le roi, comme tout le monde, doit s'abstenir le mardi de certains aliments.

Durant toute sa vie, il lui est interdit de manger du bœuf.

Boissomrou est le protecteur du palais ; sa représentation est une boîte en bois rehaussée en or. A l'intérieur, se trouvent un grand nombre d'objets, de l'or, des plumes, des morceaux de fer et de cuivre. Dans la matinée du mardi, cette boîte est exposée dans une des cours du palais. Une grande cérémonie a lieu tout auprès, à laquelle assistent tous les chefs de Coumassie. Ce jour-là, de grandes quantités de moutons sont sacrifiés.

Le culte des autres grands fétiches diffère peu de celui-là.

Le jour consacré au fétiche, chaque personnage placé sous sa protection se lave dès l'aurore et se couvre le haut du corps avec de la terre blanche.

Cet usage signifie contentement et dispositions heureuses. Les femmes dont les maris, les frères ou quelque parent sont à la guerre se marquent de blanc, pour aller à la procession quotidienne organisée à leur intention.

En dehors des trois grands fétiches, il y en a une quantité innombrable d'autres qui tirent leur origine d'autant de sources différentes. Parmi les plus célèbres, il convient de nommer *Tano,* qui, au dire des indigènes, habite dans les bois et est le plus méchant de tous. C'est pour cela qu'il est le mieux servi et le plus respecté. Chacun, dans sa maison, depuis le roi jusqu'au dernier de ses sujets, a des objets consacrés à Tano.

Les féticheurs, prêtres ou prêtresses, sont indistinctement appelés *Coumfo,* ce qui veut dire prophète. Ce sont les intermédiaires directs entre le peuple et les *bossom* ou fétiches. La façon dont ils sont coiffés les distingue du commun des mortels ; ils portent les cheveux longs et relevés par devant et par derrière, et reliés au sommet de la tête. Un Coumfo a toujours dans sa demeure une petite maisonnette blanche très-bien ornée où repose son fétiche sur une sorte d'autel. Ce fétiche est presque toujours une bassine en cuivre affectant la forme d'une grande cuvette; cette bassine entourée d'un linge blanc est ornée de plumes d'oiseaux et renferme toute sorte de choses; on l'asperge de sang; on la frotte avec des œufs battus et on la vénère comme contenant l'esprit du fétiche.

Chaque coumfo a des serviteurs qui sont initiés aux mystères du culte; quelques-uns même, à qui ces jongleries répugnent, en confient l'exercice à leurs domestiques. Ces coumfos vivent d'ailleurs généralement d'une façon très-scandaleuse; les prêtresses ne se marient jamais et vivent dans une extrême licence.

Chaque semaine a un jour spécialement consacré au fétiche et pendant lequel on le consulte. De bon matin, les coumfos sont saisis par l'esprit du fétiche qui, disent-ils, est entré dans leur corps. On les voit aussitôt crier, danser, faire toute espèce de contorsions. C'est le moment de cette sorte de possession qu'on choisit pour les interroger sur le présent, le passé et l'avenir; leur réponse leur est dictée par le fétiche en personne qui s'est emparé de leur corps et de leur voix.

La liberté dont ils jouissent en ce moment est sans limites. Avec leur bassine fétiche sur la tête, leur sabre à la main et le corps entouré d'une longue frange, ils parcourent les rues comme des fous, entrent parfois dans les maisons et y cassent tout ce qui leur tombe sous la main. Leur bouche à ce moment laisse échapper des sons bizarres qui constituent, suivant eux, le langage particulier dont ils se servent pour s'entretenir avec leur fétiche.

Pendant ces accès de folie, les coumfos sont suivis par

des gens fétiches qui, tendant les bras, sont prêts à recevoir la bassine si par hasard elle tombait; d'autres les accompagnent en chantant et en frappant sur une sorte de tambour.

Il arrive quelquefois aussi que l'esprit du fétiche s'empare du corps de son prêtre sans le concours de la bassine. Quand un pareil accès les saisit, on les voit, blanchis avec de la terre, courir tout alentour de la ville, s'arrêtant devant les arbres et les maisons, et touchant de la main tous ceux qu'ils rencontrent. Ce sont surtout les femmes prêtresses qui sont sujettes à ces possessions.

Les coumfos, hommes ou femmes, sont souvent utilisés pour présenter les offrandes au fétiche. Bien que chacun ait le droit de sacrifier personnellement, on croit qu'on se rendra plus aisément favorable à l'Esprit en se servant de l'intermédiaire de ses prêtres.

Les sacrifices sont infiniment variés. Des victimes humaines, de l'or, des animaux de toute sorte, du vin de palme, des plantes, des étoffes, des fruits composent ces sacrifices. Les hommes ne sont immolés que dans les coutumes ou fêtes funèbres, ou dans des circonstances exceptionnelles; le nombre des victimes varie suivant le rang du personnage mort et la fortune de la famille. Souvent aussi des enfants disparaissent; lorsque les coumfos en rencontrent à l'écart, ils les enlèvent et vont dans des lieux solitaires les immoler à Tano. Ces actes cruels sont souvent accomplis par ordre du roi.

Dans beaucoup de cas, des moutons ou des poules sont sacrifiés à l'âme d'un parent décédé ou offerts en holocauste au fétiche qu'on veut apaiser. Dans ce cas, après avoir tué l'animal sur la tombe de la personne morte, ou près de l'autel du fétiche qu'on désire se rendre propice, on prépare avec la chair les mets les plus raffinés du pays et on les apporte près des lieux où l'on pense qu'est le fétiche. En déposant ces plats souvent très-appétissants, on s'adresse à l'esprit invisible, lui demandant avec instance de faire connaître ses désirs, lui vantant l'excellence des mets apportés, le prix qu'ils ont coûté, ajoutant des promesses de largesses nouvelles si les vœux exprimés sont exaucés, terminant souvent ce beau discours par des imprécations et des menaces pour le cas où l'ingrat fétiche rejetterait la prière qui lui est faite.

L'autel sur lequel s'opère le sacrifice consiste le plus souvent en un simple tas de pierres ou de terre sur une route ou dans un champ.

Les gens qui ne sont pas assez riches pour sacrifier un mouton immolent une poule, ou offrent quelque mets du pays, œufs ou *foufou,* cette préparation qui fait le fond de la cuisine achantie.

Un jour que Bonnat se baignait dans un petit ruisseau, en compagnie de M. Ramseyer, ils virent arriver un habitant du village suivi d'un vieillard. Chacun d'eux portait à la main quelque chose que des feuilles enveloppaient. Ils s'arrêtèrent à environ quinze pas des baigneurs et déposèrent au pied d'un petit arbre qui croissait au bord du ruisseau les objets qu'ils avaient apportés, et chacun fit un discours, en s'adressant à l'arbre. Ils conjuraient le fétiche de leur être propice et de leur faire tuer beaucoup de gibier.

— Ces jours derniers, disaient-ils, plusieurs hommes ont tué des gazelles et des antilopes, et nous, nous avons été très-malheureux.

Ils énumérèrent alors ce qu'ils avaient déjà offert et firent toute sorte de promesses solennelles. Enfin ils terminèrent en menaçant le fétiche de ne plus rien lui donner s'il ne les favorisait pas davantage, et ils ajoutèrent que s'il agissait ainsi, ce serait un méchant et un abominable trompeur.

Quand les dévots sacrificateurs furent partis, les baigneurs s'avancèrent pour voir ce qu'ils avaient apporté; ils trouvèrent un magnifique foufou qui paraissait délicieux, un œuf et plusieurs petits paquets semblables à ceux où l'on enferme la poudre d'or. Ils en défirent un, mais il ne renfermait que du sable. Sans doute, ils avaient pensé que le fétiche s'en rapporterait à l'apparence et n'irait pas défaire les paquets pour s'assurer de leur contenu.

Un autre jour, Bonnat vit un jeune homme qui, avant d'aller jouer aux arachides, en porta quelques poignées à Quakou, le grand fétiche d'Abaukro, et finit en le menaçant de le cribler de coups de poing et de lui couper la tête, si, au lieu de gagner, il venait à perdre.

Les mets offerts et apportés aux fétiches deviennent la plupart du temps la pâture des animaux sauvages et privés, des antilopes, des sangliers, des porcs, des moutons, des oiseaux, etc. Non contents de manger la provende offerte, ils cassent encore le plus souvent les plats qui la contiennent. Cela fait le bonheur des sacrificateurs, qui se persuadent que le fétiche les favorisera, puisqu'il a profité avec tant d'appétit de leur libéralité.

Dans l'Achanty, comme partout ailleurs, il y a des gens plus ou moins fervents. Quelques-uns, quand ils sacrifient une poule, donnent seulement à leur fétiche les plumes et le sang; quand c'est un mouton, ils n'offrent que le sang et la peau. D'autres plus zélés clouent à terre l'animal vivant et le laissent là, jusqu'à ce que les vautours ou les fauves l'aient entièrement dévoré.

Le sacrifice le plus ordinaire, qui tantôt est fait par l'intermédiaire des féticheurs, tantôt pratiqué directement, ne manque pas d'originalité. On prend un pot d'eau tiède, une papaye verte, quelques feuilles de maïs et différentes herbes dont on fait de petits paquets arrosés d'huile de palme, enfin quelques racines de fougère qu'on arrache dans les bois; on joint à cela un plat de foufou et un petit poussin vivant. Le sacrificateur prend alors le pot d'eau tiède, le fait tourner trois fois autour de la tête de la personne au bénéfice de laquelle est fait le sacrifice, puis ensuite autour de la tête des personnes présentes; la même cérémonie a lieu avec les racines de fougère. Un des assistants prend ensuite le foufou, un autre le pot d'eau, et ainsi des autres; on se dirige alors vers une des entrées du village; là, le pot est renversé; sur le fond on place une pierre; le reste est mis en paquet et cloué à terre au moyen d'une fiche en bois; le foufou est posé à côté et le petit poussin cloué vivant au sol. A défaut de ce jeune poulet, on se sert quelquefois d'un œuf qu'on brise et qu'on répand sur la terre.

Ces sacrifices, comme ceux que nous avons décrits déjà, ne sont pas toujours faits avec autant de luxe; des personnages moins dévots jugent qu'un pot d'eau, une papaye verte et de la fougère sont bien suffisants. C'est ce qui eut lieu, quand, au commencement de leur captivité, Bonnat et ses compagnons étaient couverts d'ulcères. Le vieil Akina et les soldats qui les gardaient, jugeant à propos d'intercéder pour eux près d'un fétiche, ne firent pas un plus grand déploiement de luxe.

Nous achèverons cette étude rapide, mais nécessaire à l'intelligence du récit, du *modus vivendi* des Achantis, en passant en revue les naissances, les mariages, les décès et surtout les fatales *coutumes* qui suivent la mort des rois et des personnages importants.

A la naissance d'un enfant, les parents et les amis apportent généralement un cadeau à la mère. C'est ce que ne manquèrent pas de faire le roi Coffi Cari-Cari et sa mère quand madame Ramseyer mit au monde la petite Rosa ; et s'il n'en fut pas ainsi à la naissance du second enfant du missionnaire, c'est que c'était un garçon, et qu'en Achanty la naissance d'un mâle, enfant d'un captif, est un mauvais augure pour ceux qui le détiennent.

L'enfant achanti qui a déjà reçu un prénom d'après le jour de sa naissance, en prend un autre que lui donne son père, et qui est généralement emprunté au premier objet venu.

Les enfants des chefs et les princes portent le nom de leur grand-père, auquel souvent ils ajoutent un autre nom. La naissance des enfants du roi est souvent marquée par des salves de coups de fusil et des danses. S'il s'agit d'un héritier présomptif de la couronne, on sacrifie quelques victimes humaines.

Dans bien des cas les enfants sont fiancés dès leur naissance ; mais cela n'a rien d'obligatoire. Pour épouser une fille ou une femme, quand les partis sont d'accord, le futur n'a pas de démarches ruineuses à faire. S'il s'agit de gens du commun, il envoie à sa fiancée deux nattes dont l'une est fabriquée dans le pays et l'autre vient de Sérime ; il y joint un pagne, une autre pièce d'étoffe qui entre dans la toilette et quatre *tacous* de poudre d'or. Les présents des riches ne diffèrent que par la plus grande valeur de ces objets.

Comme dans tous les pays d'Afrique habités par les nègres, la polygamie est en honneur ; chaque homme a autant de femmes qu'il peut en avoir. Lorsqu'un mari est las d'une de ses compagnes, il la renvoie et lui permet de se marier de nouveau avec qui bon lui semblera. Il résulte de là que beaucoup de femmes ont eu autant de maris qu'elles ont d'enfants ; c'est pour cela aussi que les familles sont si étendues qu'il serait impossible d'établir en ce pays la généalogie et les liens de parenté des habitants. Bonnat a eu pour ami un homme jeune qui n'avait pas moins de soixante-douze enfants, dont le plus âgé n'avait pas vingt ans.

Personne, dans toute l'étendue du royaume, n'a le droit d'avoir autant de femmes que le roi ; quant au nombre de celles-ci, il est fort difficile de le savoir ; les uns affirment que ce chiffre atteint près de trois mille ; tous savent qu'il est supérieur à trois cents.

Dans le pays des Achantis, contrairement à ce qui a lieu dans les autres pays d'Afrique, la femme est considérée non comme l'esclave de l'homme, mais comme son égale, et ce qu'il y a de plus surprenant, c'est que cet état de choses s'allie avec la polygamie. La femme d'un chef, nous l'avons vu, remplace son mari pendant son absence ; elle le supplée partout où cela est utile.

De même la mère du roi, quand celui-ci est trop jeune, prend la régence et gouverne le royaume jusqu'à ce que son fils soit capable de prendre lui-même en main les rênes de l'État ; même après cette époque elle reste, toute sa vie durant, le principal conseiller du roi. Elle reste dépositaire du trésor royal légué par le roi précédent et ne s'en dessaisit que lorsqu'elle considère le roi régnant comme ayant fait suffisamment de preuves de sagesse pour être digne de posséder cette fortune.

Bonnat constate qu'il a vu, en Achanty, bon nombre de femmes pleines d'énergie et d'intelligence.

La femme achantie porte les cheveux rasés, sauf dans une place large environ comme une pièce de cinquante centimes et située sur le sommet de la tête, un peu à gauche; en ce point, les cheveux, de la longueur de trois doigts, forment un petit cône renversé. Derrière la nuque, à gauche, se trouve une autre place ronde aussi et de même dimension où les cheveux sont conservés, mais coupés courts. Enfin de chaque côté au-dessus des tempes, elles portent une mèche semblable que séparent trois points comparables aux trois points maçonniques et placés au sommet du front. Bonnat constate dans son journal qu'au premier abord, cette mode paraît étrange, mais qu'on s'y habitue si bien qu'on finit par ne pas la trouver laide. Le roi Coffi professait sans doute cette pensée; cela ne l'empêchait pas que chaque fois qu'il se trouvait en présence de madame Ramseyer, il lui faisait ôter son chapeau, lui dénouait sa coiffure et admirait ses beaux cheveux.

Un mari qui a plusieurs femmes en désigne toujours une parmi elles pour être la maîtresse de la maison; les autres lui sont soumises; c'est à celle-là que tout est confié; c'est elle qui gouverne tout et qui remplace le mari quand il est absent.

La première femme d'un chef est toujours plus âgée que lui; elle lui sert de guide et de conseiller. Cette femme cède ordinairement sa place et son titre à une plus jeune lorsque le chef est un peu plus avancé en âge et qu'il a acquis plus d'expérience. On dit qu'entre les femmes des chefs il n'y a pas de jalousie. Bonnat n'a pourtant pas pu constater ce fait extraordinaire.

Lorsqu'un individu veut renvoyer ou plutôt répudier une de ses femmes, il la conduit devant le roi ou devant le chef du village ou de la province où il se trouve, et là, publiquement, il lui fait au-dessus du cou une marque avec de la terre blanche (*fuero*). C'est un signe qu'il renonce à tout droit sur elle.

Les Achantis croient à l'immortalité de l'âme. A la mort, disent-ils, l'âme ou l'esprit qu'ils appellent *cra* s'en va dans un autre monde tout pareil à celui-ci et où chacun conserve le rang et la position qu'il a occupés ici-bas. Cette croyance a donné lieu aux terribles *coutumes* dont nous parlerons plus loin et à un incroyable mépris de la vie humaine.

Suivant eux, les victimes qu'ils sacrifient à la mémoire d'un personnage vont immédiatement le trouver et le servir dans l'autre monde. Si c'est un chef, il lui faut un nombreux personnel, disent-ils, et ils lui expédient, par voie d'égorgement, des hommes d'armes, des porteurs pour son hamac, des femmes et des esclaves pour le servir; pour cultiver ses plantations, en un mot pour satisfaire à tous les besoins qu'il avait sur la terre.

Lorsqu'un esclave meurt, s'il n'a pas été particulièrement aimé de son maître, on ne fait pas pour lui de coutume et souvent même on ne se donne pas la peine de lui creuser une tombe; la plupart du temps, on le jette à la voirie sans même attendre qu'il soit tout à fait mort, surtout si la maladie a été longue.

Pendant qu'ils demeuraient à la mission, les blancs captifs virent un jour arriver chez eux une femme décharnée et chancelante; c'était une esclave que la fièvre avait prise et que ses maîtres avaient chassée en lui disant d'aller mourir dans les bois. Elle trouva des soins et une hospitalité dévouée chez les chrétiens, et elle y mourut en paix après être restée plusieurs jours leur pensionnaire.

Lorsqu'un individu du commun meurt, homme ou femme libre, dès qu'il a fermé les yeux, la nouvelle en est envoyée à tous les voisins et parents des villages environnants; tous se réunissent aussitôt à la maison du défunt afin de le pleurer. Dès que ce dernier a expiré, on l'a lavé et paré de ses plus beaux vêtements, de ses plus riches bijoux et de ses ornements les plus somptueux; un des assistants lui a fait ensuite des dessins à la terre blanche sur la tête et sur le corps. Le cadavre reste ainsi étendu sur des nattes, la tête appuyée sur un coussin, pendant deux jours environ. Durant ce temps, la famille et les amis assemblés jeûnent, pleurent et dansent en buvant du vin de palme et des spiritueux. Tous ont revêtu des pagnes tissés dans le pays et de couleurs sombres, quelquefois même roulés dans la poussière; les femmes ont une petite bande d'étoffe serrée sur le front, les bras et la tête rougis par places avec de la terre rouge. De temps en temps les parents du défunt sortent et tirent en dehors un coup de fusil.

Le deuxième jour, chaque parent et chaque ami apporte un cadeau pour le mort; ce sont ordinairement des pagnes et de l'or; nécessairement ces cadeaux varient suivant le rang et la richesse de chacun. Ces présents arrivent généralement tous ensemble. Si c'est un pagne, deux personnes le tiennent chacune par un bout, et en levant les bras, de manière à bien l'étaler; si c'est de l'or, il est placé dans une petite bassine réservée à cet usage. Un individu marche devant et va s'arrêter en face des principaux personnages de la compagnie chargée de recevoir les visiteurs, afin de montrer et de faire valoir les dons de chacun.

Ordinairement, c'est vers la fin du second jour que le corps est enlevé; pour l'emporter, on ne le fait jamais passer par la porte, mais bien par une autre voie, soit en brisant une haie, un mur même si c'est nécessaire, et toujours en ayant soin de tenir la tête en avant. Toute l'assistance suit le corps, qui est placé alors dans une longue corbeille faite de branches de palmier et recouverte de nattes.

C'est habituellement dans le bois voisin que la tombe est creusée. Lorsque le corps est descendu dans la fosse, on y place les cadeaux apportés au mort et une grande quantité d'objets de toute sorte, sans considérer leur valeur. Ensuite le tout est recouvert de terre. En ce moment les assistants saluent le mort d'une salve de coups de fusil.

Dans la chambre mortuaire, pendant les deux journées qui précèdent l'ensevelissement, quoique le jeûne des assistants soit obligatoire, des mets de toute sorte sont étalés partout. Une partie de ces victuailles est apportée sur la tombe, le reste est distribué aux enfants.

Après ces lugubres cérémonies, les femmes vont faire une promenade autour du village, en dansant et en frappant l'un contre l'autre des cailloux qu'elles tiennent dans les mains.

Pour les plus proches parents, le jeûne continue plusieurs jours encore, pendant lesquels cependant, outre le vin de palme, il leur est permis de prendre quelques légers aliments, tels que des arachides et de l'opessié. Les légumes ne comptent pas comme nourriture et ne rompent pas le jeûne.

Quelques jours plus tard, nouvelle cérémonie. On prépare les mets que le défunt aimait le mieux, et l'on va les porter sur sa tombe; on renouvelle souvent ces provisions de bouche pendant plusieurs années de suite, suivant l'attachement plus ou moins grand que l'on avait pour la personne morte.

La durée du deuil est aussi variable, selon la volonté de chacun, et il consiste à se marquer avec de la terre rouge. Pendant tout le temps du deuil, les Achantis sont dispensés de tout devoir envers les fétiches; ils sont regardés comme impurs; sous aucun prétexte ils ne peuvent se parer avec de la terre blanche. Quand arrive l'époque marquée, ils vont se purifier en se lavant dans un certain point du ruisseau le plus rapproché du village. Dès lors, ils rentrent dans la vie commune et peuvent vaquer à tous leurs devoirs.

Les cérémonies qui accompagnent la mort d'un grand personnage, d'un chef renommé, d'un gouverneur de province, entraînent plus de solennité. Dès l'instant que le défunt a cessé de vivre, ses fils, ses frères, ses neveux s'élancent dans la ville, où ils commencent une course aussi furieuse qu'insensée et barbare. Tous les gens qu'ils rencontrent, esclaves ou hommes libres, sont impitoyablement massacrés par ces fous furieux. Cet état de choses, pendant lequel rien n'est respecté, dure jusqu'à ce que le roi ait été informé de la mort du défunt et ait eu le temps d'envoyer des ordres pour faire cesser le massacre.

En envoyant l'ordre d'interrompre le carnage, il envoie en même temps un de ses capitaines ou un des grands personnages de la capitale conduisant un nombre de victimes, qui est plus ou moins considérable, suivant le rang que le mort occupait pendant sa vie. Le chiffre des personnes qui doivent être sacrifiées est fixé par ordonnance royale, et le représentant du roi doit veiller à ce que toutes les cérémonies soient accomplies suivant les règles établies et la volonté royale. Après quoi, il retourne à Coumassie.

Cette froide cruauté, ce mépris de la vie humaine, ces épouvantables sacrifices et ces massacres barbares prennent des proportions encore bien autrement terribles quand il s'agit de la mort d'un souverain. « Alors, s'écrie Bonnat, le spectacle dépasse toutes les limites de l'horrible, et l'on peut dire, sans crainte d'être taxé d'exagération, que les rues de Coumassie ruissellent de sang. »

A la mort d'un roi achanti, les princes, quel que soit le rang qu'ils occupent, se précipitent dans les rues de Coumassie, armés de fusils et de sabres; une bande d'exécuteurs les accompagnent, et tous, à l'envi, se jettent sur les passants, massacrant sans pitié et sans dictinction tout ce qu'ils rencontrent sur leur passage, hommes libres ou esclaves, femmes, enfants, vieillards, même les chefs, les personnages du rang le plus élevé et les capitaines de l'armée.

Cette boucherie ne satisfait pas encore la soif sanguinaire qui s'est emparée des princes. La plupart des exécuteurs eux-mêmes, des *court's crye's,* des femmes du roi, des eunuques, des serviteurs, des porteurs de hamac, des officiers et des chefs de la maison royale sont désignés pour faire cortége au défunt dans l'autre monde, et immolés. Les *cras oiné cra,* ou les amis du roi, sont surtout massacrés par centaines.

On se rend compte aisément de la terreur que de si épouvantables désordres doivent faire naître parmi les habitants de Coumassie; une grande partie de la population s'échappant de ses demeures, qui ne sauraient protéger leur vie, s'efforce de quitter la ville et d'aller chercher un abri dans les profondeurs des bois. Ces fuites prudentes sont généralement, hélas! sans résultat. Les princes, accompagnés de leur lugubre escorte, s'élancent sur leurs traces, les poursuivent à travers champs, les traquent, aidés de leur meute humaine, dans les vallées, dans les coteaux, sur les collines, dans les halliers. Tout ce qui tombe sous leurs mains forcenées est mis à mort.

Ce ne sont plus alors, comme aux temps paisibles, des vivres de toute espèce, poissons, gibier, escargots énormes, plantanes, ignames, etc., que l'on voit arriver de tous côtés dans la capitale pour nourrir sa nombreuse population; ce sont d'éternels défilés de paniers remplis de têtes humaines qui, par toutes les portes, convergent vers le centre de la ville.

Pendant les huit jours qui suivent la mort du roi, il est interdit sous peine de mort à n'importe qui de prendre aucune espèce de nourriture. L'usage du tabac, celui du vin de palme et des divers spiritueux est seul autorisé. L'aspect d'un brin de feu dans une maison, un flocon de fumée qui s'en échappe, sont le signal du massacre général de tous les êtres vivants qui s'y trouvent. Bonnat constate néanmoins que les étrangers sont exceptés de ces réglementations, et que, même dans ces moments de sauvage effervescence, la vie des Européens et celle des musulmans sont entièrement en sûreté.

Le prince qui doit succéder au roi défunt, pendant cette période de huit jours consécutifs, parcourt les rues en pleurant. Son corps tout entier est couvert de boue et de cendres. En signe de douleur et de deuil, il tient ses deux mains appuyées sur le sommet de son crâne.

Au bout de huit jours, le corps du monarque défunt est enterré solennellement dans une des cours du palais et placé dans une tombe creusée au pied d'un arbre particulier, désigné pour cet usage. C'est alors que la sœur du roi, qui est aussi la mère du prince appelé à lui succéder, prend en main la régence du royaume et s'occupe de fixer le nombre des victimes qui doivent être immolées régulièrement pour faire honneur au mort et pour aller composer sa maison dans l'autre monde. C'est alors aussi que commence la *Coutume* proprement dite, qui doit durer trois mois sans interruption. Pendant cette période, les sacrifices humains n'ont plus lieu qu'une fois par semaine, et le jour désigné pour les accomplir est le jour anniversaire de la mort du souverain.

A l'expiration des trois mois, la grande coutume est terminée et ne doit plus, en mémoire du défunt, se renouveler qu'une fois par an.

Après un certain temps écoulé, la tombe du roi, placée au pied de l'arbre mortuaire, dans la cour du palais, est ouverte; les chairs ont eu le temps de disparaître, et les os sont retirés du cercueil qui les contenait. Ces ossements sont soigneusement nettoyés et polis au couteau, puis on les confie à un *djoum-fo,* artiste d'un ordre tout particulier et spécial à ce pays bizarre. Le djoum-fo remet en place l'un après l'autre tous les ossements du monarque, les unit et les rattache les uns aux autres au moyen de charnières en or. Ces hommes sont fort habiles en cette besogne.

Lorsque l'œuvre du djoum-fo est terminée, le squelette brillant et richement orné est transporté avec une grande solennité à Boutama, où ce qui reste du roi ira reposer près des ossements de ses ancêtres. Là, on a préalablement fait construire une maison où doit être déposé le royal squelette, comme en possède d'ailleurs chacun des squelettes des anciens monarques décédés depuis longtemps.

Dans cette maison funéraire ne seront pas seulement conservés les restes du défunt, mais on y apportera aussi et l'on déposera près de lui tous les objets qu'il aimait pendant sa vie ou qu'il utilisait de préférence. Là, est creusé un caveau dans lequel est dressé un lit de repos sur lequel on étend le squelette. Tout auprès, on dépose, pour l'y abandonner à jamais, le trésor qu'il a réuni pendant sa vie. Chaque roi emporte ainsi avec lui, dans sa tombe, sa fortune personnelle, ses trésors, ses objets précieux, sans qu'il soit jamais permis à un de ses successeurs de s'en emparer ou d'en faire usage. Nous avons dit que le trésor de l'État est confié à la régente.

Il y a pourtant une exception à cette règle dans deux cas spéciaux : 1° quand les fonds manquent pour donner à une *coutume* toute la solennité qu'elle nécessite ; 2° en cas de guerre, quand l'intérêt de la nation et son indépendance sont menacés. Le trésor des ancêtres peut alors être entamé, mais le monarque qui a usé de cette ressource est tenu de remplacer, dans un temps limité, les valeurs qu'il a utilisées.

La chambre funéraire dans laquelle est creusé ce caveau a ses murs garnis et comme ornementés par les armures, les sandales, les bijoux que le défunt possédait pendant sa vie. Dans une chambre voisine sont entassés les crânes des principaux criminels et des personnages importants qui ont été mis à mort pendant le règne et par les ordres du défunt. Les crânes des ennemis qu'il a tués à la guerre figurent à la place d'honneur dans cette chambre des souvenirs.

Dans chacune des maisons mortuaires qui composent les sépulcres de Boutama, le roi dont les restes y sont conservés a à son service un personnel nombreux. Ces domestiques des morts sont chargés de la conservation des objets renfermés dans ces tombeaux ; ils doivent en outre, chaque jour, préparer les repas, et y faire figurer les mets que le défunt préférait pendant sa vie. Ces préparations culinaires sont déposées chaque jour religieusement sur le tombeau royal.

Ces maisons sont considérées par les Achantis comme des lieux sacrés; à l'exception des serviteurs qui y sont spécialement attachés, du roi régnant et des princes du sang, nul n'a le droit d'y pénétrer. Si, par hasard ou par suite d'un accident quelconque, un peu de terre tombe des murs, si quelque dégradation, si minime qu'elle soit, se produit; si une partie du toit est dérangée ou emportée par l'orage, le roi, toutes choses cessantes, doit se rendre à Boutama, afin d'ordonner sans retard les réparations nécessaires. De plus, pour conjurer les dangers que présage un pareil accident, un nombre plus ou moins considérable de victimes humaines est immolé suivant le plus ou moins de gravité du désastre survenu.

Bonnat fait observer qu'en raison même de la mauvaise construction des maisons dans l'Achanty, ces déplorables sacrifices ont lieu assez fréquemment. Pendant les neuf premiers mois de sa captivité à Coumassie, il fut témoin deux fois de ces sanguinaires hécatombes, qui n'ont pas laissé un souvenir moins poignant à MM. Ramseyer et Kuhne.

La coutume annuelle pour célébrer le deuil public du roi défunt a lieu généralement en janvier ou février. Cette solennité entraîne le sacrifice de trente à quarante victimes humaines.

La tuerie générale qui suit invariablement la mort d'un monarque amène fréquemment des complications, des disputes et des haines qui sont de nature à augmenter considérablement la quantité de sang versé. Bonnat cite à ce sujet un fait qui aurait pu menacer la sécurité même de l'État.

Après la mort de Quakou-Douah, un des anciens rois d'Achanty, un prince, dans sa course vertigineuse et sanglante, tua le favori et le principal lieutenant du Samoï-Quanta, prince lui-même et guerrier célèbre. Samoï-Quanta, en apprenant cette mort, devint furieux et jura publiquement, par le grand serment du roi, qu'il obtiendrait satisfaction et qu'il vengerait la victime, dût-il pour cela brûler Coumassie. Déjà les deux partis étaient en présence, et une affreuse guerre civile allait éclater, quand la paix fut faite, grâce à la sagesse et à l'énergie d'Afoua-Coubé, la mère du dernier roi, qui, à ce moment, tenait en ses mains la régence.

Samoï-Quanta avait des prétentions inadmissibles; comme réparation de l'outrage dont il se plaignait, il demandait au prince qui l'avait offensé de lui livrer sa propre mère pour qu'elle fût mise à mort. A ce prix seulement, le farouche guerrier pardonnerait le meurtre de son favori. La régente intervint, et les deux parties s'arrêtèrent à un moyen terme. L'offenseur consentit à livrer à Samoï-Quanta son intendant et toute sa famille, c'est-à-dire les personnes qui lui étaient les plus chères. Samoï les exécuta publiquement, et l'affaire en resta là.

Lorsque la grande coutume qui suit la mort du roi est terminée, la régente convoque à Coumassie tous les gouverneurs de province, ainsi que les princes et les grands du royaume. Ceux-ci sont appelés à installer le nouveau roi sur le trône de l'Achanty, et cette cérémonie a lieu avec la plus grande pompe. Si le roi est jugé trop jeune et n'a pas toute l'expérience nécessaire pour régner en personne, les rênes du gouvernement sont laissées à la reine mère pendant quelques années. Bonnat a vu, sous le règne de Coffi Cari-Cari, la reine mère encore régente, bien que son fils eût dépassé déjà vingt-cinq ans.

Pendant la durée de son existence, la reine mère est considérée, nous l'avons dit, comme un des plus grands personnages du royaume. Elle a une cour à elle; le plus grand luxe préside à son existence : bijoux précieux, riches costumes, vaisselle d'argent, tout ce qui constitue le train de vie du roi lui-même est chez elle en abondance. Une assez singulière coutume et dont il serait difficile d'expliquer l'origine est de composer plus spécialement l'entourage de la reine mère des jeunes filles les plus laides et les plus contrefaites qu'on puisse rencontrer. Malgré le luxe royal qui l'entoure, la reine mère n'a pas de parasols; cette marque de distinction est remplacée pour elle par de grands et riches éventails en étoffes de velours de soie, qui sont portés derrière elle par des personnes de sa suite.

Les princes et les princesses du sang sont enterrés dans des cimetières particuliers. Les tombeaux des princesses sont creusés sous de grands arbres près du palais, et ceux des princes sont dans un autre cimetière situé au sud-est de la ville, et qu'on appelle Barima.

CHAPITRE XI

Espérances trompées. — Fierté de Bonnat. — Ambassade du prince Ansah. — Villégiature. — La maison de Bonnat. — Plantations et jardin. — Cancans achantis. — Nouvelles graves de la côte. — Pillage de la mission de Waya. — La fête des aïeux du roi. — Sacrifices humains. — L'arbre *Coum*. — Hygiène de Bonnat. — Réception solennelle des prisonniers fantis. — Message de M. Forson et son retour à la côte. — Réception des mâchoires des vaincus. — Appel des morts. — Un grand conseil. — M. Plange. — Une invasion de fourmis. — Maladie de M. Kuhne. — Un docteur nègre. — Retour du prince Ansah. — Occupations agricoles. — Assou-Coco. — Départ de Coumassie. — Amanful; Akoukaasi; Fomana. — Mauvais traitements; retour. — La guerre déclarée. — Alternatives de craintes et d'espérances. — Construction d'un palais royal. — M. Dawson, envoyé anglais. — Ultimatum. — Nouvel an. — Sir Garnet Wolseley. — Départ de M. Kuhne.

Les jours, les semaines, les mois s'écoulaient pour les prisonniers dans des alternatives d'espoirs toujours trompés, et de découragements qu'un mot du roi parvenait généralement à détruire. Souvent les familiers du palais venaient leur annoncer que leur captivité allait finir, que les troupes anglaises étaient en route pour Coumassie, que le gouvernement de Cape-Coast exigeait impérieusement leur renvoi à la côte. Le roi lui-même, à diverses reprises, leur affirma qu'il était décidé à les rendre à la liberté. Puis quelques heures plus tard, tout avait changé;

Les grands du royaume refusaient leur adhésion; il faudrait se résigner à payer une rançon, et le prix demandé allait sans cesse en grandissant. Les missionnaires, qui continuaient à être en relation avec leurs confrères de la côte, marchandaient de leur mieux la somme demandée, sachant que les missions ne les abandonneraient pas, mais désirant leur causer le moins de dépenses possible. Bonnat, lui, déclara nettement que les troupes qui l'avaient fait prisonnier avaient pillé toutes ses marchandises, qu'il était complétement ruiné, et qu'il préférait ne jamais sortir de Coumassie que de demander à sa famille un centime pour payer sa rançon. Cette vivacité et cette décision, loin de déplaire au roi, lui donnèrent de son prisonnier une idée plus haute encore que celle qu'il en avait conçue et augmentèrent l'amitié particulière qu'il lui portait déjà.

Bonnat était fier et amoureux de son indépendance. Les missionnaires, qui recevaient assez fréquemment des provisions de la côte, avaient d'abord fraternellement partagé avec lui. Quand il sut que ces secours ne provenaient pas tous du gouverneur anglais, mais que la plupart venaient des missionnaires, il déclara à ses compagnons qu'il refusait d'accepter à l'avenir aucun partage de ces provisions destinées à eux et non à lui. Tout ce que purent faire ou dire M. et madame Ramseyer et même M. Kühne ne parvint pas à changer sa détermination.

Le prince Ansah fut enfin désigné pour aller, sur les rives du Prah, traiter de l'échange des prisonniers avec l'armée anglaise qui s'était avancée jusque-là. Il promit à ses amis, les blancs, de ne rien négliger pour faire revenir le roi sur la décision prise par lui de n'échanger que les prisonniers noirs contre les Achantis prisonniers des

Anglais, et de garder les Européens jusqu'au retour de l'armée victorieuse.

Les motifs que le roi invoquait pour justifier cette décision s'appuyaient sur la nécessité de la présence des blancs pour témoigner du dommage que leur avait causé l'armée en les faisant prisonniers. Bonnat et ses compagnons affirmèrent vainement à diverses reprises qu'ils renonçaient volontiers à toute revendication ; le roi, qui avait sans doute ses raisons pour cela, refusait de rien entendre et persistait de plus en plus dans sa résolution.

Le bon prince Ansah, avant son départ, obtint du roi, pour les prisonniers, l'autorisation d'aller faire de la villégiature dans une propriété qu'il possédait aux environs de Coumassie et qu'il mettait à leur disposition. Bonnat obtint de ses compagnons qu'un partage serait fait entre eux des dons provenant de la libéralité du roi, et il leur fit connaître sa résolution bien arrêtée de vivre avec la moitié de ces présents qui lui furent attribués. Accompagné d'un seul serviteur, Bonnat se rendit à la campagne du prince, s'y construisit une petite maison européenne à la façon des maisons des paysans qui vivent sur les bords fleuris de la Saône, et l'environna d'un enclos dans lequel il planta les légumes achantis à côté des légumes européens dont il tentait l'acclimatation. Disons tout de suite que cette plantation réussit si bien que M. Ramseyer s'empressa d'imiter notre héros, et que le sombre Kuhne lui-même ne dédaigna pas d'arroser de sa sueur la terre d'exil.

Pendant que les prisonniers cherchaient ainsi les moyens d'oublier leur captivité et, pour nous servir d'une expression bien connue, de tuer le temps, quelques épisodes racontés dans le journal de Bonnat méritent les honneurs d'une citation. Laissons-lui donc la parole.

« 11 janvier 1871. — Depuis quelque temps, le prince Ansah paraissait ennuyé; cela nous intriguait beaucoup; enfin nous en eûmes la raison.

« Un homme du camp avait dit au roi que madame Ramseyer était une demoiselle Bonamot d'Acera, et non une Européenne. Or, M. Bonamot était un officier du gouverneur de Cape-Coast qui s'était marié à une princesse achantie prisonnière. Depuis ce temps, les Achantis lui avaient voué une haine mortelle.

« Il faut réellement que ces gens aient le diable au corps pour inventer des choses pareilles! Madame Ramseyer est une demoiselle Bontemps de Neuchâtel (Suisse). M. Ansah nous promit de démentir ce faux rapport et d'arranger cette affaire la première fois qu'il verrait le roi. Cela était d'autant plus urgent que sans cela, jamais on ne consentirait à la laisser partir.

« Le 23 janvier, le roi fit venir M. Ansah, et M. Watts, envoyé du gouverneur anglais. Plusieurs lettres étaient arrivées de la côte. C'étaient les réponses du gouverneur et du major commandant l'armée anglaise. Les premières mirent le roi dans l'embarras, et la dernière l'effraya, ainsi que les chefs influents de Coumassie. Le major donnait un délai extrême de dix jours pour l'échange des prisonniers. Passé ce délai, il rentrerait à Cape-Coast, convaincu que le roi ne tient aucun compte des bons sentiments qui animent le gouvernement de la reine envers lui. Il le priait de considérer le tort que la guerre causerait à ses États, et il ajoutait que si le général achanti Adou Bafo refusait de rentrer en Achanty avec son armée, il se chargerait de lui faire repasser le Volta. Enfin il ajoutait que si le roi ne voulait pas accéder à ses demandes, il eût à garder non-seulement les Européens, mais encore tous les Fantis prisonniers.

« Cette lettre me donna beaucoup à réfléchir. Je pensais avec raison que des événements sérieux avaient dû se passer à la côte depuis un mois. Ces nouvelles, nous dit le prince, ont fortement impressionné le roi. Celui-ci et son conseil l'ont prié de fixer lui-même le jour de son départ avec les prisonniers.

« Le lendemain, nous apprenions le pillage de la mission de Waga; les ministres protestants avaient été arrêtés avec leurs femmes, mais, à en croire le roi, ils avaient été relâchés tout de suite.

« Le même jour, j'ai eu occasion d'interroger quelques noirs sur l'intérieur de l'Afrique. Ils me dirent que Marawa, dont j'entendais parler si souvent, et Sakatou sont la même ville. Les esclaves qui en viennent parlent des *blancs* de Marawa. A mon avis, ce doivent être des Arabes et des Maures marchands d'esclaves. Le grand marché qui à lui seul constitue la richesse des Achantis ne s'appelle pas *Saraba,* comme je l'ai cru quelque temps, mais bien *Salaga.*

« Le 25 janvier, le roi fit venir M. Ansah; en le voyant revenir, nous devinâmes à son air découragé qu'il avait vainement plaidé la cause de notre mise en liberté. Les chefs s'étaient opposés formellement à notre départ. Celui du prince accompagnant les autres prisonniers fut fixé au 31.

« Le 30, l'excellent ambassadeur tenta un nouvel effort. Le roi promit de nous mettre en liberté aussitôt après le retour d'Adou Bafo. Or, un vieux chef de Coumassie, oncle d'Ansah, nous annonça qu'il allait partir au-devant de l'armée pour rapporter avec elle les mâchoires des ennemis décapités. Ce sont les trophées des vainqueurs; elles sont transportées par des prisonniers qui auront à leur tour la tête tranchée. Mon cœur se serra à la pensée que parmi ces dépouilles opimes se trouveraient probablement les mâchoires de mes malheureux compagnons immolés sous mes yeux.

« M. Ansah partit enfin le 2 février de grand matin, avec les prisonniers fantis et nos lettres.

« Le lundi, 6 février, eut lieu la fête des aïeux du roi. Celui-ci alla en grande cérémonie à Boutama visiter leurs squelettes. A cette occasion, on sacrifia un grand nombre de victimes humaines. Nos serviteurs nous dirent qu'il y en avait cinquante-cinq, mais je crois qu'il y en eut davantage. En allant au marché, je vis devant notre porte une mare de sang; je sus bientôt qu'un malheureux vieillard avait été décapité en cet endroit pendant la nuit. Mon serviteur me montra plusieurs autres lieux d'exécution sur notre chemin, ainsi que la fosse où sont jetés les cadavres de ces victimes.

« Je vis aussi, pendant cette sortie, pour la première fois, l'arbre qui donne son nom à la ville. Cet arbre n'est du reste qu'un rejeton du premier tombé sous le poids des ans. L'arbre se nomme *coum,* et *assi* veut dire *au pied* L'étymologie est donc *la ville au pied du coum.* »

Bonnat, à tort ou à raison (mais selon nous il ne se trompait pas), avait cru reconnaître que les vivres européens qu'on envoyait de la côte aux missionnaires étaient contraires à la santé des Européens dans ce climat torride. Lui-même, dans le principe, avait été atteint de cette cruelle fièvre bilieuse qui ne quittait plus ses compagnons. Il résolut dès lors de ne plus vivre qu'à la façon des indigènes, et, quoi qu'il en coûtât à sa gourmandise, il refusa résolûment de prendre sa part des mets délicats venus du Cap-Coast ou d'Elmina.

Une autre raison encore le détermina à prendre cette résolution. Les victuailles venues de la côte étaient un don des missionnaires, et avec une discrétion qui l'honore, Bonnat pensa qu'il devait ne pas accepter une part des largesses des révérends, destinées à leurs collègues et non à lui.

A la date du 18 février, il écrit :

« Malgré les critiques et les moqueries de mes compagnons, je persiste dans ma résolution de ne plus manger de conserves européennes. Je m'en trouve bien : ces messieurs et madame Ramseyer sont toujours indisposés, tandis que j'ai retrouvé mon appétit et que je mange avec plaisir même les vers de palmier qui ressemblent par trop aux larves de hannetons. Ils vivent dans le tronc et dans les branches de ces beaux arbres quand ils sont morts. Les noirs en sont très-friands, et je suis obligé d'avouer que c'est une nourriture très-délicate et très-agréable.

« 20 mars 1851. — L'échange des prisonniers a eu lieu le 1er de ce mois. J'assiste aujourd'hui à leur réception solennelle, dans laquelle le roi et ses courtisans se livrent à une chorégraphie pompeuse pendant une heure et demie. Durant le défilé, je vois les familles de ces cent délivrés saluer le roi pour le remercier de leur retour. Je pense alors à ma mère, à mes parents; quelques larmes que je cache soigneusement viennent mouiller mes paupières.

« Le 26 mars, au milieu de la nuit, je fus réveillé par les tambours de la mort; le lendemain matin, nous apprîmes que le roi avait joué du ketté, ce qui prouve sa mauvaise humeur, et l'on me dit aussi que quatre exécutions avaient eu lieu à cette occasion.

« Le mardi, 11 avril, le roi nous fit appeler pour nous remettre en grande cérémonie une lettre du gouverneur anglais, et pria M. Ramseyer de la lire en présence de toute la cour. Le gouverneur remerciait le roi d'avoir enfin renvoyé les prisonniers fantis et donnait la liste des Achantis échangés. Il terminait en disant qu'il espérait voir les promesses du roi réalisées et les prisonniers européens mis en liberté.

« Quelques jours plus tard, arriva à Coumassie un envoyé du gouverneur, M. Forson, accompagné d'un serviteur de M. Ansah. La réception qu'on lui fit fut plus solennelle que jamais. Il vint s'installer dans notre maison, nous dit que sa mission était d'obtenir notre liberté, et nous affirma qu'il était sûr de réussir. Il ne connaît guère les Achantis!... Quant à nous, nous ne nous faisions plus d'illusion à ce sujet. Il me remit une lettre et des journaux qui m'apprirent la continuation des malheurs de ma chère patrie. Hélas! que ne puis-je lui donner tout mon sang!

« M. Forson fut appelé le 24 avril au palais pour y exposer son message. Il montra beaucoup de sang-froid et ne se laissa ni intimider, ni tromper par l'astucieuse habileté des chefs réunis.

« Ce résultat étonna le roi, qui avait acheté aux mahométans nombre d'amulettes destinées à lui brouiller l'entendement. Les marchands interrogés sur les raisons de ce résultat négatif dirent effrontément que sans aucun doute l'Anglais possédait des talismans encore plus puissants que ceux qu'ils avaient apportés.

« La réponse du roi au message du gouverneur ne lui est remise que le 13 mai; il refuse totalement de nous renvoyer avant que toutes les questions de la guerre aient été résolues. Le roi et son conseil croient qu'en nous gardant ils obtiendront toutes les concessions qu'ils demandent. Ils ont la conviction que le gouvernement anglais est dans l'impossibilité de faire quelque chose pour nous.

« Quoique nous n'ayons jamais compté sur le résultat

de la mission confiée à M. Forson, cette nouvelle nous causa un grand désappointement. Madame Ramseyer surtout fut très-chagrine, parce qu'elle avait compté pouvoir partir dans cette occasion.

« Le 22 mai, M. Forson, après avoir reçu son présent de départ et son audience d'adieu, se remit en route pour la côte, nous promettant de revenir dans un mois et de nous emmener à ce second voyage.

« .....Le 3 juillet, les fameuses mâchoires des vaincus, tant de fois annoncées, firent enfin leur entrée triomphale à Coumassie.

« A quatre heures de l'après-midi, une avant-garde composée d'une centaine de soldats entra dans la ville par la route de Boutama. Derrière eux s'avançaient environ dix-huit cents esclaves prisonniers, d'une maigreur effrayante et pouvant à peine marcher. Ils étaient suivis de deux noirs dont l'un avait le buste enduit de terre rouge et l'autre de terre blanche. Ces deux hommes portaient chacun sur leur tête un grand bassin en cuivre, contenant les crânes des chefs vaincus. Immédiatement après, marchaient une dizaine de prisonniers tenant chacun un bâton dans lequel étaient enfilées les mâchoires des principaux personnages et guerriers tués pendant la guerre. Ensuite venaient dix soldats achantis portant chacun un des grands parasols de guerre de ces chefs; ces parasols, aux couleurs variées et éclatantes, remplacent chez eux les drapeaux et constituent les trophées les plus précieux.

« Derrière ces porteurs s'avançaient deux mille individus, hommes, femmes, enfants et vieillards. C'étaient les habitants de deux villages Tougo et Oussoutrou, situés dans le pays de Crépé. Ils s'étaient alliés contre leur pays aux Achantis auxquels ils avaient rendu d'immenses services. Les chefs de l'armée victorieuse les emmenaient à leur suite, sous le prétexte de saluer le roi qui, disaient-ils, voulait les remercier et leur faire de riches présents. Les personnages importants des deux villages avaient d'abord refusé; alors les promesses et les cajoleries des Achantis s'étaient changées en menaces. Les malheureux furent ainsi obligés de quitter les bords du Volta pour suivre les vainqueurs en captivité. Ils ne furent pas mieux traités que les autres prisonniers de guerre; on leur laissa seulement l'apparence de la liberté. Pendant la longue et pénible route qu'ils avaient parcourue, plusieurs centaines d'entre eux étaient morts de fatigue, de misère et de faim.

« Lorsque cette immense procession défila devant le roi et les chefs de Coumassie, un de ceux qui portaient les crânes des chefs vaincus fut amené devant Coffi Cari-Cari et exécuté sur-le-champ à la grande joie de la foule qui chantait la gloire de son roi et lui donnait les noms les plus élogieux.

« Le jeudi 6 juillet, les olifants et les cornes d'alarme annonçaient que le roi allait entendre l'appel public des noms des chefs et des guerriers tombés pendant la guerre. Les capitaines, les chefs et les princes de Coumassie, des environs et des provinces, entouraient le monarque. Comme lui, ils étaient vêtus de deuil et marqués de terre rouge, ce qui est un signe de chagrin.

« A peine le lecteur eut-il fini sa funèbre énumération, que la ville entière retentit de pleurs et de gémissements, car chaque famille avait à déplorer la perte de quelqu'un de ses membres.

« Un instant après, les olifants et les tambours de la mort nous annonçaient le commencement des exécutions en l'honneur des chefs décédés. Toute la journée et toute la nuit, dans toutes les rues de la capitale, tombèrent plusieurs centaines de têtes des prisonniers de guerre.

« Aujourd'hui, 22 juillet, s'est tenu un grand conseil. La séance a duré depuis le matin jusqu'à trois heures de l'après-midi. Il y a, paraît-il, deux partis en présence, celui de la paix qui veut nous mettre en liberté et celui de la guerre s'opposant à notre délivrance. Ce dernier, qui a à sa tête le général victorieux, semble l'emporter sur l'autre. M. Plange, envoyé du gouvernement hollandais, qui habite chez nous, nous rapporte confidentiellement que le roi lui a dit qu'il voulait faire la guerre aux Fantis, et que les Anglais ont occupé Elmina, qu'ils ont acheté à la Hollande. Il y a en ce moment quatre navires de guerre en rade de Cape-Coast.....

« Pendant la nuit du mardi 10 octobre, je fus réveillé dans ma maison de campagne par des piqûres d'insectes. D'abord je n'y fis pas attention, attendu que depuis longtemps je suis poursuivi par les punaises. Mais bientôt je dus renoncer au sommeil. Alors, prêtant l'oreille, j'entendis un bruissement que je connaissais depuis longtemps. C'étaient des fourmis. Je sautai dans la cour et me mis à piétiner au milieu de ces affreuses bêtes qui me montaient dans les jambes en me piquant affreusement. Je pris ma natte et ma couverture, et je me réfugiai chez Joseph. M. Kuhne, qui était venu respirer l'air de la campagne chez moi, ne tarda pas à m'inviter à me rendre dans sa case, et nous laissâmes passer l'avalanche.

« Ces fourmis sont des ennemis beaucoup plus terribles qu'un Européen ne peut se le figurer. Lorsqu'elles vont en quête de provisions, rien ne les arrête et ne peut leur faire changer de route. Elles marchent en bataillons épais de 15 à 20 mètres de front sur 20 à 25 mètres de profondeur.

Le sol est littéralement couvert de ces infernales bêtes. Elles ne laissent aucun endroit inexploré, fouillent les arbres, les herbes, les feuilles; rien ne leur échappe; elles en chassent tout être vivant, insectes et vermisseaux. Souvent j'ai contemplé ce spectacle étrange; je voyais ces bestioles entrer dans les plus petits trous d'où les insectes ne tardaient pas à s'échapper, sautant ou volant, pour aller retomber au milieu de ces voraces ennemis qui les saisissaient et les emportaient.

« Tous les animaux fuient devant les fourmis; elles attaquent jusqu'aux rats. Quelques-unes d'entre elles trouvent-elles une proie? grande ou petite, elle est couverte d'une nuée d'ennemis qui, se formant en masses profondes et unissant leurs efforts, la consomment sur place ou l'entraînent dans leurs demeures souterraines.....

« M. Kuhne est toujours malade, et le roi lui envoie fréquemment un médecin qui lui fait des ordonnances non moins gravement que s'il avait été reçu docteur à la Faculté de Paris. Il vint récemment, accompagné d'un parasol qui est un insigne de noblesse ou de commandement. Je pensai d'abord qu'il avait opéré quelque cure merveilleuse sur la personne d'un prince de la famille royale. J'appris bientôt que cette noblesse de fraîche date avait une moins flatteuse origine.

« Le docteur nègre avait épousé une jeune et jolie femme que le roi avait distinguée à la cour. Coffi ne la laissa pas retourner chez son mari et la fit entrer dans son sérail. Il en fit même sa favorite pour quelques jours. Le mari avait droit à un dédommagement; le roi, en souverain très-gracieux, lui fit des cadeaux magnifiques et le nomma capitaine. Le docteur dut à la suite de ces largesses aller remercier un si bon roi. »

Le prince Ansah était revenu de sa mission au bord du Prah, et il était porteur d'une lettre du gouverneur pour le roi. Celui-ci rappelait à Coffi Cari-Cari sa promesse plusieurs fois réitérée de renvoyer les prisonniers blancs aussitôt après le retour d'Adou Baffo, et il le sommait de tenir sa parole. Le roi se réfugiait sans cesse devant l'opposition des grands chefs et parlait toujours d'une rançon à payer dont le chiffre variait à chaque conseil.

La plantation de Bonnat l'occupait beaucoup et promettait de merveilleux résultats ; malheureusement, il avait souvent à se plaindre de déprédations commises par les indigènes malgré sa surveillance constante, et la menace de mort faite par le roi contre quiconque serait convaincu d'avoir dérobé un seul objet appartenant aux Européens.

L'année 1872 fut presque entièrement consacrée à ces occupations agricoles, qui permirent à Bonnat de constater que la plupart de nos légumes peuvent être cultivés dans l'Achanty. Sa maison de campagne d'Aquami s'embellissait chaque jour et était un sujet d'admiration pour tout le monde; son esprit pratique et industrieux y créait sans cesse quelque nouvel objet de luxe, des tables, des chaises, des tapis et des nattes, etc., etc.

Reprenons le journal de Bonnat en ce qui concerne ses espérances de retour à la liberté :

« Le 8 novembre 1872, nous fûmes appelés au palais. Là, le roi, entouré de ses chefs, reçut un message de la côte. Ce message était apporté par Ossaï et Ossor Adoum, les deux frères d'Ossou Coco. M. Plange lut la lettre. Après cela, le roi nous dit qu'il nous donnait la liberté, et que nous allions partir pour Fomana, d'où nous écririons au gouverneur anglais que nous étions en route. Ce dernier, en effet, déclarait qu'il tenait à la disposition du roi

1000 livres sterling (25,000 fr.) pour notre rançon. Assou-Coco devait nous accompagner et recevoir la somme en nous remettant entre les mains des autorités anglaises.

« Cette nouvelle de liberté ne nous trouva pas aussi enthousiastes que l'on pourrait le penser. Déjà si souvent on avait fait mirer en vain à nos yeux cette perspective !

« Le dimanche 10, nous fîmes nos préparatifs de départ. Le lendemain, le roi nous envoya 72 dollars de poudre d'or pour les frais de notre nourriture en route.

« Notre départ de Coumassie eut lieu le mardi 12 novembre. Arrivés à Kaisi où nous passâmes la nuit, la pluie tomba à torrents, et il fallut renoncer à continuer notre route par ce temps, en raison surtout de l'état de maladie où se trouvaient M. et madame Ramseyer.

« Le 14, nous nous remîmes en route et nous traversâmes la rivière Dahsou, ou rivière du Dah, sur un arbre à moitié submergé. Nous arrivâmes enfin à Fomana le 16 novembre, après avoir traversé plusieurs villages, parmi lesquels je citerai Amanful et Akankaasi.

« Mes pressentiments ne m'avaient pas trompé, et, cette fois encore, notre mise en liberté n'était qu'un leurre. Le roi ne voulait qu'une chose, toucher les 25,000 francs du gouverneur tout en dissimulant ainsi aux Anglais les préparatifs de guerre qui se faisaient activement contre eux à Coumassie.

« Quand nos guides surent que les Anglais ne tombaient pas dans le piége et que les mille livres qu'ils espéraient encaisser avaient été versés chez un banquier de Cape-Coast, ils nous déclarèrent qu'il ne nous restait qu'à revenir sur nos pas. Je n'insisterai pas sur les mauvais traitements dont nous fûmes encore victimes ; qu'il me suffise de dire que tout l'or que les missionnaires avaient reçu de la côte et qu'ils portaient sur eux leur fut confisqué sans que jamais ils aient pu se le faire restituer.

« Nous obtînmes du roi la permission d'aller vivre de nouveau dans notre plantation, où nous attendîmes résignés les événements. »

La guerre fut déclarée par le roi aux peuples de la côte; vainement il se défendait d'aucune hostilité contre les Anglais. Ceux-ci comprirent que leur influence sur la Côte d'Or allait dépendre du sort des armes; ils firent venir à grands frais des renforts d'Europe, organisèrent en armée régulière leurs protégés indigènes et se mirent en mesure de supporter le choc des Achantis.

Cette brillante campagne a été racontée maintes fois par les Anglais dans des livres traduits en français; nous n'insisterons donc pas sur ces événements, qui ne tiennent qu'incidemment à l'histoire de Bonnat.

A la date du 3 avril 1873, celui-ci résumait en ces termes la situation politique du pays :

« Aujourd'hui, en moins de quatre mois, l'Achanty a perdu son orgueil et la foi aveugle qu'il avait dans sa puissance. Les dépenses énormes que le roi a faites pour se procurer les fétiches, les talismans et les amulettes qui doivent lui assurer la victoire; les sommes immenses qu'a coûté une expédition comme ce pays n'en avait jamais fait; son armée, enfin, qui avait le renom d'invincible et dont chaque jour on apprenait la défaite, tout cela devait ouvrir les yeux de tout le monde...

« D'après les dernières nouvelles, l'armée achantie aurait été réduite de moitié par les désertions et une sanglante bataille que lui ont livrée les Fantis. »

Le temps s'écoulait toujours pour les captifs au milieu d'alternatives de craintes et d'espérances. La population se montrait d'autant plus hostile contre eux que les nouvelles de la côte étaient moins favorables. Pourtant, le roi ne cessa pas de les couvrir de sa protection.

Le dimanche 25 mai, au matin, Cari-Cari fit savoir à ses prisonniers blancs qu'il avait résolu de se construire une maison à la mode européenne, et qu'il voulait qu'ils prissent la direction des travaux.

Le lieu indiqué était voisin de la maison de campagne de Bonnat et de la plantation qui l'entourait. Les infortunés captifs durent se mettre à l'œuvre. Nous n'insisterons pas sur les difficultés de toute sorte qu'ils eurent à combattre. Tantôt le bois manquait, et les ouvriers, mal payés, mal nourris, abandonnaient leur travail; tantôt les pluies venaient détremper non-seulement les briques en terre séchée au soleil, mais encore les murs qui s'élevaient péniblement. Bonnat, converti en architecte, n'apporta pas moins tout son zèle et tous ses efforts à cette construction, qui prenait chaque jour un aspect plus riant.

Les mois de juin, de juillet, d'août, de septembre et d'octobre se passèrent employés à ces stériles travaux, pendant que les désastres de l'armée achantie se multipliaient et que les prétentions des Anglais, appuyées sur des forces toujours grandissantes, devenaient plus pressantes chaque jour. Quelques mots du journal de Bonnat nous mettront au courant de la situation. Ces lignes sont datées de la fin de novembre.

« Samedi matin, M. Dawson, l'envoyé anglais, retenu à Coumassie, arriva à la maison pour nous parler du contenu d'un message qu'il avait lu devant le roi. Il y avait deux lettres, une datée du 13 octobre, et l'autre du 1er novembre. La première est la copie d'une lettre envoyée à Amanqua Lié. Le gouverneur y dit au roi qu'il est investi des pouvoirs nécessaires pour le *punir d'avoir déchiré le traité conclu par l'Angleterre* avec son prédécesseur Quakou-Douah. Cependant, ajoute-t-il, la reine d'Angleterre est puissante et par conséquent patiente et indulgente. Si le roi, dans les vingt jours qui suivront, remplit les trois clauses suivantes, lui, gouverneur, consentira à négocier la paix. Voici les clauses imposées :

« 1° Le roi devra rappeler son armée immédiatement;

« 2° Il renverra tous les gens, hommes, femmes et enfants qu'il garde en captivité;

« 3° Il devra rembourser ce que lesdits captifs ont perdu et payer en plus une somme à fixer comme dédommagement de l'injure qui leur a été faite. »

Cette lettre, de même que la seconde, se termine par la menace d'exterminer, en cas de refus du roi, tout le pays des Achantis.

Le monarque noir, suivant son habitude, répondit en restant en dehors de la question, parla des 25,000 francs qu'il n'avait pas reçus, et dit à ses captifs blancs qu'il les laisserait partir dès qu'ils auraient achevé la construction de sa maison européenne.

Toutes les nouvelles qui arrivèrent à Coumassie au commencement de décembre s'accordaient pour annoncer la défaite et la dispersion de l'armée achantie.

Le 22 décembre, cette armée rentra, chargée des dépouilles des ennemis morts. Les mâchoires étaient nombreuses, mais les habitants de Coumassie eux-mêmes s'accordaient à dire que c'étaient les mêmes qui avaient déjà servi au défilé des troupes d'Adou-Bafo.

Le renouvellement de l'année eut lieu au milieu de ces anxiétés.

Le 7 janvier. M. Dawson vint apprendre aux prisonniers que les troupes anglaises avaient passé le Prah et se trouvaient à Asiaman, c'est-à-dire à une journée de marche en avant. Le soir, ils surent que le roi avait rassemblé toutes ses forces avec l'intention de se mettre à leur tête et de marcher vers le sud. Les captifs n'étaient en somme que fort peu rassurés, car, devant le danger grandissant, quel parti prendrait-on à leur endroit? Les nouvelles se succédaient toutes plus menaçantes les unes que les autres pour la vie de ces malheureux.

Le 9 janvier, ils furent mandés au palais vers trois heures pour entendre la lecture d'une lettre de sir Garnet Wolseley, le général des troupes anglaises. Le roi fut terrifié par les paroles sévères qu'elle contenait. Les Anglais menaçaient de pulvériser le royaume si le souverain n'acceptait pas immédiatement les trois conditions suivantes :

1° Libération immédiate de tous les prisonniers ;

2° Payement, à titre d'indemnité de guerre, de 50,000 onces d'or (4,480,000 francs) ;

3° Envoi d'otages lors de la signature de la paix à Coumassie.

Le roi comprit qu'il fallait céder ou du moins en avoir l'air. Il chargea M. Dawson de répondre qu'il acceptait toutes ces conditions. « Que mon bon ami le gouverneur, fit-il écrire, veuille suspendre la marche de son armée, et envoyer un officier muni de ses pleins pouvoirs, je signerai le traité de paix et je renverrai tous les prisonniers sans exception. »

Bonnat, en apprenant cette résolution du roi, le pria de vouloir bien prendre en considération l'état désespéré de santé de M. Kuhne et lui permettre de partir avec l'ambassade qui porterait cette lettre au général. Contre toute attente, le roi adhéra immédiatement à cette demande. Le missionnaire allemand, ayant reçu le présent d'adieu du roi, put prendre congé de ses compagnons, après une captivité de près de cinq années. Il avait obtenu, en outre, d'emmener avec lui, à titre de porteurs, quatre Fantis prisonniers.

Bonnat, M. et madame Ramseyer, ne virent pas partir leur ami sans un serrement de cœur. Leur situation pouvait devenir terrible d'un instant à l'autre, car ils savaient, à n'en pas douter, que la soumission du roi n'était qu'apparente, et que les Achantis étaient décidés à tenter une dernière fois le sort des armes. Pour dissimuler le mieux possible leurs inquiétudes, ils se donnèrent tout entiers à l'achèvement de la maison du roi. Le lundi 19 janvier, ils montèrent la galerie qui devait faire le tour du premier étage de cette résidence.

CHAPITRE XII

Boikey-Tintin. — La sœur et la mère du roi. — Départ. — Les cadeaux du roi. — Voyage de quatre jours. — Les avant-postes anglais. — Réception à Fomana. — Monsé. — Le général Wolseley. — Bonnat enrôlé dans l'armée anglaise. — Bataille d'Amanful. — Incendie de Béqué. — Bataille de Dasu. — Prise de Coumassie. — Incendies. — Visite au palais. — La maison de Bossomrou pillée. — Pillage du palais. — Coumassie livrée aux flammes. — La rançon. — Cape-Coast. — Passage gratuit. — Visite aux missionnaires d'Acra.

Ici, nous donnerons encore la parole à Bonnat, qui raconte comme il suit les péripéties de sa délivrance :

« Mercredi 21 janvier. — Dans la matinée, nous fûmes appelés par Boikey Tintin. En route, nous rencontrâmes M. Dawson. Il nous apprit qu'il avait vu Bossomrou, et que celui-ci lui avait annoncé notre prochain départ. Chez Boikey Tintin, nous trouvâmes la sœur de la mère du roi, qui nous donna audience à la place de la reine mère indisposée.

« Nous parlâmes de l'Achanty et des périls qui le menaçaient, et nous jurâmes que nous implorions la mère du roi non pour nous, mais pour son pays menacé. La princesse fut émue, et Boikey nous dit qu'il fallait répéter cela au roi. Nous le suivîmes au palais.

« Nous trouvâmes le roi seul avec sa mère et les chefs de sa maison. Il nous annonça qu'il allait nous faire partir et nous demanda si nous reviendrions en Achanty. Je lui fis les plus vives protestations d'amitié et de dévouement pour lui et pour son peuple. Il en parut extrêmement touché. Je m'engageai à revenir librement dès que cela me serait possible.

« Il fut convenu que nous partirions le soir même, et que chacun de nous prendrait trois des Fantis prisonniers pour nous porter en hamac. Deux autres nous furent accordés pour porter la petite fille de madame Ramseyer.

« Nous rentrâmes chez nous peu enthousiasmés, car nous étions payés pour ne croire à rien des promesses du roi, et nous étions encore trop près de notre dernier voyage à Fomana pour ne pas craindre de voir celui-ci se terminer de même.

« A cinq heures, Ossou Coco nous apporta les cadeaux du roi. C'étaient de riches présents, dont nous allâmes le remercier vers sept heures. Il paraissait malheureux de nous voir partir; il nous parla peu et nous chargea de présenter ses salutations au gouverneur.

« Vers les neuf heures du soir, nous partîmes après avoir fait nos adieux aux pauvres prisonniers que nous laissions derrière nous, puis nous quittâmes Coumassie, nous demandant si nous touchions bien vraiment à cette liberté tant désirée.

« Nous marchâmes quatre jours, rencontrant des indigènes affolés qui quittaient leurs villages dans la peur d'y voir arriver l'ennemi.

« Le vendredi 23 janvier, vers les trois heures de l'après-midi, j'avais pris la tête de notre petite colonne pour prévenir par ma présence les avant-postes anglais de l'arrivée d'Européens, quand je vis à quarante pas devant moi deux nègres vêtus à l'européenne ; ils avaient un fusil et tout l'équipement militaire. C'étaient les sentinelles du poste avancé de l'avant garde de l'armée libératrice. Quand j'arrivai près d'eux, ils croisèrent la baïonnette et me demandèrent qui j'étais.

« Sur ma réponse, ils me dirent de me retirer de quelques pas en arrière, ainsi que les gens qui m'accompagnaient, et l'un d'eux alla annoncer notre arrivée. Quelques minutes après, je vis venir la compagnie entière sous les armes, et à sa tête un officier européen. Ce jeune homme vint à moi, me serra la main et me témoigna son plaisir de nous voir arriver.

« Quand la famille Ramseyer et l'arrière-garde de notre petite caravane furent arrivées, on nous conduisit à Fomana, où nous reçûmes l'accueil le plus flatteur et le plus amical. Les questions de toute sorte ne tardèrent pas à pleuvoir sur nous, et nous ne savions par où commencer, quand arriva un ordre du général en chef, nous invitant à une discrétion absolue jusqu'après que nous l'aurions vu.

« Les officiers de l'avant-garde nous invitèrent à déjeuner, et nous fîmes en leur société un joyeux repas. A peine sortions-nous de table, qu'il arriva un ordre nous priant de nous rendre à Monsé, de l'autre côté de la chaîne de montagnes de Cuisa (ou Adansé), où était le général Wolseley avec le principal corps d'armée. Un officier, qui nous accompagnait, avait pour consigne d'empêcher qu'on nous interrogeât en route, et ce n'était pas une sinécure, car nous rencontrâmes sur la montagne, où ils avaient élu domicile, les correspondants de plusieurs journaux, qui en leur qualité de reporters ne se piquaient de rien moins que de discrétion.

« Le soleil allait bientôt disparaître derrière l'horizon, quand nous arrivâmes à Monsé au bas de la montagne; les soldats avaient défriché une grande étendue de terre où campait le corps d'armée principal. Toutefois ils avaient eu soin de conserver les grands arbres, et c'est à leur ombre qu'on avait dressé le camp, dont le bruit, l'aspect, la vie et le mouvement nous charmèrent plus que je ne saurais dire.

« Le général nous invita à souper, et tout le temps du repas se passa à causer de l'Achanty. Au moment où nous allions nous retirer, sir Wolseley nous dit qu'il serait heureux de nous avoir auprès de lui, pendant quelques jours. Je lui répondis que j'étais disposé à lui offrir mes services pendant toute la durée de la campagne. Le général accepta avec empressement ma proposition, et je me séparai de M. Ramseyer, non sans lui avoir solennellement promis de ne pas retourner en Europe avant de le revoir et d'aller le visiter à Accra dès que la campagne aurait pris fin.

« Le général m'annonça que je toucherais une ration comme un officier, et que je recevrais à titre de solde une guinée par jour. Le capitaine Grubbe, commandant la campagne de débarquement, m'invita à prendre place à son mess, ce que j'acceptai avec plaisir. Je gardai avec moi Quassi, mon domestique, et je renvoyai à la côte les deux autres Fantis qui m'avaient porté en venant de Coumassie. »

Cette campagne est connue; nous n'en dirons donc que quelques mots. Dans son journal, Bonnat raconte longuement la bataille d'Amanful, dont il fut témoin, mais à laquelle il ne prit aucune part :

« J'avais refusé, dit-il, de porter toute espèce d'armes, car je ne voulais pas me battre contre les Achantis. Les bontés du roi pour moi et mes compagnons pendant notre captivité avaient éteint dans mon cœur toute rancune. Une profonde pitié pour ces populations malheureuses et ignorantes était le seul sentiment qui m'animât depuis mon départ. »

Après avoir supporté le feu ennemi pendant deux heures

et avoir vu bon nombre des matelots, ses voisins d'avant-garde, frappés plus ou moins grièvement, Bonnat, comprenant combien était inutile un homme désarmé au milieu d'une bataille, alla prodiguer ses soins aux blessés dans les ambulances.

Pendant six heures, 1500 Anglais combattirent contre 20,000 Achantis; grâce à leur héroïsme, à leur discipline, à leurs armes supérieures, à l'habileté de leur jeune général, ils restèrent, malgré leur petit nombre, malgré le courage admirable des ennemis, victorieux sur toute la ligne. Le camp des Achantis, avec tout ce qu'il contenait de provisions et d'objets précieux, tomba en leur pouvoir.

Le lendemain de la bataille d'Amanful (1er février), le capitaine Grubbe reçut l'ordre d'aller attaquer avec ses marins et incendier Béqué ou Bekwae, suivant l'orthographe anglaise, grande ville située à environ un mille et demi d'Amanful. La résistance fut presque nulle, et la ville, abandonnée de ses habitants, fut impitoyablement livrée aux flammes.

La colonie anglaise continua sa route victorieuse du côté de l'Ouest. Le 3 février, elle traversa le Dah sur un pont improvisé, et le 4, elle livra bataille à l'armée achantie aux portes de Dassu (Odaso). Le roi Koffi Cari-Cari, assis sur un trône d'or, assistait de loin au combat, abrité sous un parasol rouge. Ses troupes furent héroïques; mais quand il les vit succomber sous les coups de la poignée d'Européens qui l'attaquait, il comprit que toute lutte était devenue impossible, et s'enfuit dans sa ville d'Amanghia.

L'armée anglaise continua sa marche sur Coumassie, où le régiment écossais entra vers les quatre heures sans rencontrer de résistance. Les impressions de l'ancien prisonnier des Achantis, quand il se retrouva vainqueur dans la ville où naguère il était captif, méritent d'être citées textuellement :

« Arrivé à Coumassie, mon premier soin fut de demander où étaient les prisonniers. On me répondit qu'on les avait mis aux fers la veille lorsque le roi s'était mis à la tête de ses troupes, mais qu'ils avaient été délivrés par les premiers soldats anglais entrés à Coumassie.

« Après avoir donné ordre à mon domestique Quassi de dresser ma tente, je me dirigeai vers la mission pour aller voir ce qu'étaient devenus mes malheureux compagnons de captivité. Un peu avant d'arriver, je rencontrai Joseph, le serviteur du prince Ansah, qui m'accompagna. Je trouvai à la mission tous les prisonniers chez qui la joie la plus grande, le sentiment de la liberté avaient succédé au plus profond désespoir.

« En retournant à mon poste, je fus appelé par le général sir Garnett Wolseley, qui s'était installé avec son état-major presque en face du marché; il me fit asseoir près de lui, m'offrit du thé et des cigares, puis il me questionna sur Coumassie. Il m'interrogea spécialement sur M. Dawson, dont plusieurs officiers soupçonnaient la fidélité. Je fis mon possible pour défendre ce brave homme, qui certes ne méritait pas ces défiances, et qui avait fait pour la cause anglaise tout ce qu'il était humainement possible de faire.

« Notre entretien fut interrompu par plusieurs alertes. Des incendies se déclaraient à la fois sur plusieurs points de la ville. Le général, comprenant comme moi que cela éloignerait le roi s'il avait intention de venir traiter, fit publier qu'il ferait pendre sans autre forme de procès quiconque serait pris à mettre le feu ou à piller. Un policeman, pris en flagrant délit de vol, fut pendu immédiatement pour servir d'exemple. Cela arrêta les incendies, mais ne put empêcher le pillage, tant les noirs sont foncièrement voleurs.

« L'endroit où nous étions campés était empesté par les odeurs émanées de la fosse funèbre d'Appetesseni, car nous nous trouvions entre ce lieu et la place du marché. Ces puanteurs écœurantes nous firent passer une fort mauvaise nuit.

« Le lendemain matin, j'allai avec le capitaine Grubbe et d'autres officiers visiter le palais. Nous trouvâmes là un grand nombre d'Achantis qui nous prévinrent qu'un véritable pillage s'y était organisé. J'en prévins sir Garnett, et j'appris qu'il venait de donner des ordres pour qu'un corps de garde fût établi au palais et s'opposât aux déprédations.

« Le matin, le roi avait envoyé un bœuf et quelques autres provisions pour les prisonniers, et avait fait dire au général qu'il viendrait dans l'après-midi. En revenant du palais, je rencontrai Bossomrou presque devant sa maison; il nous fit entrer, M. Dawson et moi, et se plaignit amèrement qu'on lui eût pris son or. Il me pria d'en informer le général, et de demander justice pour lui.

« — N'avez-vous rien autre à lui dire? lui demandai-je. Aucun message de la part du roi?

« — Non, reprit-il. Je n'ai pas vu le roi ce matin; je suis venu uniquement pour voir ma maison et constater l'état de mes affaires.

« Quand je rapportai au général cette conversation, il me pria de retourner vers Bossomrou et de l'engager à dire au roi qu'il pouvait venir sans crainte.

« — Je désire vivement le voir, ajouta-t-il, afin de signer un traité de paix. Aussitôt après, je me retirerai avec toutes mes troupes.

« Le général me donna carte blanche pour cette négociation, et je me rendis incontinent chez Bossomrou. Rien ne put impressionner cet égoïste. Je lui fis envisager en vain les malheurs qui menaçaient sa patrie, et les suites fatales qu'entraînerait la continuation des hostilités.

« — Regarde, me répondait cette brute, dans quel état on a mis ma maison ; ils ont tout pris, tout enlevé ! Des monceaux d'or !... Je suis ruiné, perdu !

« Je me retirai sans espoir d'en rien tirer autre, après avoir vainement déployé toute mon éloquence.

« Dans l'après-midi, j'allai avec d'autres officiers faire une seconde visite au palais, et j'entrai au sérail, où je vis une quantité de choses précieuses appartenant aux femmes du roi. Rien qu'à considérer le désordre qui régnait en ces lieux, il était aisé de voir avec quelle précipitation ces malheureuses avaient dû prendre la fuite.

« Le soir, je fus requis de nouveau par le capitaine Blakenburg pour faire une visite au palais ; il avait pour escorte un certain nombre d'officiers, que je reconnus comme formant la commission des prises. Munis de fanaux et de bougies, nous pénétrâmes dans la maison de pierre, où ces messieurs se mirent en devoir d'empaqueter tout ce qui leur parut précieux.

« Quoique les Achantis, en abandonnant Coumassie, eussent emporté la plus grande partie des objets de valeur, il se trouvait encore bien des choses dignes d'attention : des plaques d'or, des ornements de tous genres, des vases d'argent, des figures en or, des épées et des sabres de parade aux riches poignées, des coiffures royales avec garnitures d'or, des bracelets, des parasols, des chaises embellies de métaux précieux, des soieries et des pagnes riches fabriqués dans le pays, des pipes d'or et d'argent, et une quantité d'objets curieux, d'images en cuivre, de poids de toute forme et de toute grosseur, etc., etc.

« Tout fut emballé et expédié au général. On visita

ensuite les autres parties du palais, en faisant main basse sur tout ce qui avait quelque valeur. Pendant ce pillage organisé, rien ne m'aurait été plus facile que de remplir mes poches d'or et de riches curiosités dont j'aurais pu disposer avantageusement plus tard. Plus que tout autre j'en avais le droit, car les Achantis m'avaient dépouillé de toute ma fortune. Je ne voulus rien prendre, et sortis les mains vides.

« Ce pillage nocturne avait à mes yeux quelque chose de repoussant et de honteux ; je ne voulus pas en être complice. Beaucoup d'officiers m'ont dit plus tard que j'avais agi comme un benêt ; il est possible que ce soit là leur appréciation ; pour moi, je m'en applaudis.

« Vers les deux heures après minuit, je laissai ces messieurs continuer leurs recherches, et, fatigué, je me couchai sur une natte, dans une des galeries de la cour où tant de fois j'étais venu saluer le roi les jours de Petit Adé. Toute une série de pensées mélancoliques me laissèrent à peine dormir. »

Cessons là ces citations et contentons-nous de rappeler l'ensemble des faits qui suivirent :

Le général Wolseley, apprenant qu'au lieu de venir, le roi s'éloignait de Coumassie, redoutant pour ses troupes les difficultés d'approvisionnements et les maladies, se décida à battre en retraite. Auparavant, il fit miner le palais, le fit sauter et brûla Coumassie de fond en comble.

On reprit la route du Prah, et l'on arriva à Fomana. Tous les chefs alliés des Achantis se hâtèrent de faire leur soumission entre les mains du général anglais, et le roi Koffi lui-même envoya à sir Garnett des messagers porteurs de mille onces d'or, qu'il versait à compte sur l'indemnité de guerre réclamée.

« Le 12 février, dit Bonnat, le général me fit demander. J'étais malade, mais néanmoins je me rendis clopin-clopant à son appel. J'appris que le roi des Achantis venait d'envoyer des messagers avec mille onces d'or. »

Bonnat reconnut plusieurs des messagers et put assister au pesage de l'or apporté. Ces mille onces se composaient en grande partie des bijoux, ornements et plaques d'or, qu'il avait vus en maintes circonstances. Entre autres objets, il remarqua les deux oiseaux d'or massif qui surmontaient le trône royal. Il reconnut aussi plusieurs des plaques précieuses que les chefs portent sur leur poitrine, ainsi que des bracelets et des bagues. Le reste était composé de pépites et de lingots.

La vue de cette misère d'un peuple qu'il aimait malgré tout lui serra le cœur, et il se demanda quelle pensée avait pu guider le roi et le décider à se dépouiller ainsi de ses objets les plus précieux au moment où les Anglais se retiraient sans rien réclamer.

Quand il arriva à Cape-Coast, après une maladie qui menaça de l'emporter, Bonnat alla rendre visite au général, qui, non content de lui faire compter 32 livres sterling à titre de gratification pour les services rendus, lui offrit de lui faire donner son passage gratuit sur un navire anglais, pour retourner en Europe. Bonnat accepta avec reconnaissance, et comme il avait quelques jours devant lui, il demanda et obtint, sur le navire de l'État *l'Argus*, non-seulement son passage personnel gratuit à Acra, mais encore celui de cinq de ses anciens serviteurs de Coumassie, qui, ramenés à Cape-Coast, ne savaient comment aller rejoindre M. Ramseyer à sa mission. Il put donc remplir sa promesse et aller serrer une fois encore la main aux missionnaires qui avaient été si longtemps ses compagnons de captivité.

CHAPITRE XIII

Arrivée en Europe. — M. Hertz et l'*Explorateur*. — Une lettre de Bonnat. — M. Camus. — M. de Cardi. — Second départ pour la Côte d'Or. — Voyage à Aquamu. — Le plan de Bonnat. — Voyage à Coumassie. — Le roi Mensa. — Révolte du Djuabin. — Jalousie du roi. — Mission échouée. — Départ pour Salaga. — Arrivée à Atebobo. — Trahison et guet-apens. — Bonnat prisonnier. — Assemblée des notables. — Accusation et défense. — Opinion du grand féticheur. — Bonnat reconduit à la côte. — Entêtement du voyageur. — Un amour pur. — Départ pour Salaga. — Krakey. — Nouveaux périls conjurés. — Comment on se rend les féticheurs favorables. — Une reconnaissance. — Pémé, capitale du Sérima. — Salaga. — Un voyageur non attendu; lord Goldbury. — Reconnaissance du Haut-Volta. — Lettre de M. de Cardi. — Chicane d'allemand. — Voyage à Liverpool. — M. Radkliffe. — Un procès en Angleterre. — Les laveurs Bazin. — MM. Vérillon et Bassot. — Mines d'or de la Côte d'Or. — Nouvelle expédition. — George Bazin, Edmond Musy et Brun. — Mariage et mort de Bonnat.

Dès qu'il arriva en Europe, la première pensée de Bonnat fut de chercher des associés ou des commanditaires pour mettre à profit la connaissance profonde qu'il avait si péniblement acquise du pays Achanty. Il s'adressa d'abord vainement en France; le défaut de relations dans le monde financier l'empêcha de réussir; il tourna donc les yeux du côté de l'Angleterre après de longs et infructueux efforts, et il ne tarda pas à trouver un appui sérieux auprès d'un négociant français établi à Liverpool.

A son passage à Paris, il était venu rendre visite à l'auteur de ce livre qui l'avait présenté à M. Hertz, un des hommes du moment le plus à même d'appeler l'attention publique sur l'œuvre entreprise par le jeune voyageur. M. Hertz, en effet, était non-seulement membre du Conseil de la Société de géographie de Paris, mais il venait de fonder la Commission de géographie commerciale et son organe le journal *l'Explorateur*, dont la disparition a été sans contredit un malheur pour la science géographique.

MM. Hertz et Gros avaient été vivement frappés non-seulement par les récits merveilleux des aventures de Bonnat; mais ce qui les avait surtout intéressés, c'étaient ses projets d'avenir, son ambition de bon aloi, le côté pratique de ses conceptions. Il ne pensait pas encore à l'exploitation de l'or dans ce pays qui allait s'ouvrir à la civilisation, mais il avait constaté la prodigieuse abondance du précieux métal. Son premier projet, qui prouve combien, en lui, les idées étaient persistantes, était la continuation de l'œuvre interrompue par sa captivité. Son rêve était d'établir le plus possible de comptoirs sur la côte et le plus haut qu'il pourrait sur les rives de ce fleuve Volta qu'il avait aperçu pour la première fois dans un moment si terrible.

La lettre suivante, datée de Liverpool fin janvier 1874, fera mieux connaître sa situation et ses desiderata, que nous ne saurions le faire avec un long développement. Elle est adressée à M. Hertz, secrétaire général de la Commission de géographie commerciale et rédacteur en chef de l'*Explorateur*.

« MONSIEUR LE SECRÉTAIRE GÉNÉRAL,

« Dans la trop courte entrevue que j'ai eue avec vous le jour de mon départ de Paris, je n'avais pas bien saisi l'idée et le but que vous vous proposez dans la Commission de géographie commerciale dont l'*Explorateur* est l'organe. Le premier numéro est venu m'éclairer, et j'ai immédiatement compris toute l'importance de votre noble entreprise, qui est appelée à donner un nouvel essor au commerce et à l'industrie de notre pays, essor, je dois l'avouer, dont il a grand besoin.

« M'intéressant tout spécialement à l'Afrique, j'appellerai autant que possible votre attention sur cet immense et riche pays, si négligé par la science et le commerce, et qui, sans nul doute, est le pays de l'avenir. On dit que le sol africain est meurtrier, et qu'un grand nombre d'Européens y trouvent leur tombeau. Ces appréciations sont trop superficielles; elles empêchent d'exploiter l'Afrique centrale, qui possède des richesses minérales, végétales et animales incalculables et jusqu'ici restées inconnues; — mais je m'arrête sur ce sujet et me propose dans quelque temps de vous adresser de plus amples notes.

« A mon arrivée à Londres, j'ai été reçu par le général Wolseley, qui prend un très-grand intérêt à mon entreprise et qui m'a présenté à lord Carnarvon, avec qui j'ai eu un entretien assez long; le noble lord m'a remis une lettre de recommandation du *Colonial Office* et m'a promis qu'à mon arrivée à la Côte d'Or, le gouverneur Straham aurait des ordres pour me prêter toute l'assistance morale en son pouvoir.

« Le matériel nécessaire à mon entreprise consiste en une chaloupe à vapeur et un ou deux chalands, portant environ vingt-cinq tonneaux, sur un tirant d'eau maximum de trois pieds. Quant aux marchandises, elles se composeraient, pour débuter, principalement de sel et de quelques articles de Manchester, Birmingham et Glascow. A cela, joignez quelques jeunes gens intelligents pour me seconder, et je me fais fort d'établir plusieurs comptoirs sur le haut Volta et d'obtenir d'excellents résultats.

« Je dois ajouter que, pendant la construction de la flottille, je prendrai les devants, me rendrai à Cape-Coast-Castle et de là me dirigerai par terre sur Coumassie, lieu de ma captivité, pour m'entendre avec le gouvernement des Achantis, qui, depuis l'avénement de Mensa au trône, a complétement changé sa politique et ne désire maintenant que paix et commerce. Là, il y a quelques cordes sensibles à toucher, et j'en userai. Cela me sera d'autant plus facile que j'ai acquis parmi les chefs une certaine popularité. Après leur avoir démontré le bien immense que mon entreprise apportera dans leur pays, je me ferai donner une escorte jusqu'à Salaga, ville très-importante de 40,000 âmes et grand marché où se rencontrent toutes les caravanes du centre africain. C'est là que les nègres mahométans de l'intérieur viennent acheter un fruit amer appelé *cola* ou *goro*, que les Achantis y apportent en immenses quantités. Cette ville est à 10 milles de la rive gauche du Volta et à environ 170 milles de son embouchure. De là, je descendrai le fleuve en pirogue, m'arrêtant dans les principaux villages pour y nouer des relations amicales et obtenir des otages en garantie des traités que je ferai avec les chefs. Arrivé à Adah, j'attendrai, s'il n'est pas déjà sur place, mon matériel et mon personnel.

« *Signé :* M. J. Bonnat. »

Cette lettre fut publiée dans l'*Explorateur* et obtint un grand succès parmi les abonnés. Plusieurs écrivirent à Hertz afin d'avoir des détails complémentaires, et nous vîmes bientôt qu'il ne serait pas impossible d'intéresser pécuniairement à cette entreprise quelques capitalistes français.

Pourtant ce résultat ne fut pas atteint aussitôt que nous l'avions espéré. Bonnat trouva d'abord à se faire aider par des capitaux anglais.

Il partit donc de nouveau pour la Côte d'Or, le 27 mars 1875, à dix heures, par le paquebot anglais. Il arriva à Cape-Coast le 18 avril au soir et commença par explorer les rapides du Volta, dans l'espoir de pouvoir se tracer par ce fleuve une route commerciale pour l'intérieur.

Voici comment il raconte cette expédition, dans une lettre datée de Cape-Coast, le 18 mai, et adressée à son ami M. Patrasson :

« Deux jours après mon arrivée à Accra, je fis à la hâte mes préparatifs, et je partis pour Krobo et Kpong, qui sont à 50 milles au nord d'Accra, et près des rapides de Medica, que je voulais reconnaître. Arrivé là, j'appris que ces rapides n'étaient pas l'obstacle le plus sérieux que j'aurais à vaincre, mais qu'à quelques lieues plus haut, en un lieu nommé Senkyi, j'en rencontrerais d'autres plus considérables et plus difficiles à franchir. Je résolus donc de poursuivre ma route jusqu'à Akuamu, d'y voir le roi de ce pays, de nouer avec lui des relations amicales et de visiter ces rapides pour m'assurer s'ils rendaient toute navigation supérieure impossible.

« Je continuai ma route, et, après avoir passé la nuit dans un petit village d'où j'entendais parfaitement le bruit de la chute d'eau, je franchis les rapides, qui n'ont pas moins de 800 mètres de long, et vers midi j'arrivai à Akuamu, où le roi Sékété et ses courtisans me firent une grande réception. Après un échange de cadeaux et de politesses, j'eus avec le roi une longue conférence. Il me témoigna le vif désir de voir des Européens venir dans ses États, s'y établir et y faire le commerce. Je lui demandai de me donner six des Achantis qu'il avait chez lui, ainsi qu'un messager qui me

VUE D'ELMINA.

conduirait à Coumassie. Non-seulement il y consentit, mais encore il m'accorda des hommes et un canot pour me ramener par le fleuve jusqu'à Adda. Je repartis ainsi en pirogue après vingt-quatre heures de séjour.

« Je descendis le fleuve en faisant des sondages et en étudiant les rapides et les difficultés de tout genre. A Adda, qui est à l'embouchure du fleuve, j'allai observer la barre et je repris la route d'Accra par le bord de la mer. J'y arrivai le 5 mai après un voyage de treize jours, pendant lesquels j'avais fait plus de 200 milles anglais. »

On voit avec quelle conscience Bonnat commençait son entreprise ; c'est que, depuis longtemps, il avait un plan arrêté, et il ne voulait rien négliger pour le mener à bien.

Nous avons dit que, pendant sa captivité, il avait souvent entendu parler d'une ville située au nord-ouest, et que tous les Achantis signalaient comme étant le marché central de l'Afrique. Cette ville nommée Salaga était devenue l'objectif des investigations du voyageur ; mais pour y parvenir il était nécessaire d'obtenir l'adhésion du roi des Achantis, car ce centre commercial, aussi bien que tous les pays à traverser pour y arriver, étaient placés sous sa domination.

Retourner à Coumassie, après avoir joué un rôle dans l'armée anglaise envahissante, était une entreprise bien imprudente ; néanmoins Bonnat avait résolu de l'accomplir, et le prince Ansah qu'il rencontra à Cape-Coast l'encouragea fortement et l'assura que personne ne lui avait conservé rancune du rôle qu'il avait joué pendant la guerre.

L'intrépide et aventureux jeune homme partit donc et arriva dans la capitale achantie, où sa confiance fut pleinement justifiée. Le roi Kofi Cari-Cari avait été destitué à la suite de sa défaite, et son frère le prince Mensa avait été proclamé à sa place. Bonnat fut reçu à bras ouverts, et, quelques jours après son arrivée, il était devenu le conseiller intime du monarque et l'un des plus grands personnages de l'État.

A la suite de la guerre, plusieurs des provinces soumises aux Achantis avaient profité de leur défaite pour secouer le joug. A la tête de ces révoltés, dont Bonnat, à force d'habileté, ramena plusieurs à l'obéissance, se trouvait la grande province du Djuabin. Le roi Mensa chargea son nouveau conseiller d'aller voir le monarque rebelle et de ramener, s'il le pouvait, le peuple révolté à la soumission et au respect de son suzerain.

Bonnat accepta d'autant plus volontiers cette ambassade que, pour se rendre de Coumassie à Salaga, il devait traverser des populations qui pactisaient avec les rebelles, et il voyait dans sa mission la double perspective de ramener la paix et d'assurer son propre passage jusqu'au grand marché qu'il avait résolu de visiter. Mais il fut mal reçu. Le roi de Djuabin était profondément jaloux de l'amitié que le roi des Achantis avait témoignée à son ambassadeur.

— Je ne vous laisserai jamais passer, lui répéta-t-il à plusieurs reprises, et quand bien même vous auriez avec vous quarante hommes armés pour vous défendre, je vous ferai trancher la tête. Dites bien cela au roi Mensa.

Bonnat revint à Coumassie et raconta le résultat de sa mission. Le roi, sans prendre complétement au sérieux les menaces qui avaient été faites, fit son possible pour détourner le voyageur de son projet.

— Je partirai quoi qu'il arrive, lui répondit résolument Bonnat.

Le roi lui fournit alors cinquante hommes à titre de gardes et de porteurs, puis l'explorateur se mit en route.

Le commencement de son voyage sembla justifier son audace. Après avoir traversé sans encombre plusieurs grandes villes de l'Achanty, il arriva à Atebobo, capitale d'un royaume révolté et allié du roi de Djuabin. Bonnat résolut d'y passer la nuit; mais à peine était-il endormi qu'un des hommes de son escorte, qu'il avait placé en sentinelle, se précipita dans sa case :

— Aux armes! Nous sommes trahis! s'écria-t-il.

Bonnat n'eut pas même le temps de se mettre sur son séant, quand des hommes, se précipitant sur les pas de la sentinelle, envahirent la case et le garrottèrent étroitement. Quand il sortit, entraîné par ses gardiens, il s'aperçut que tous ceux de son escorte avaient été mis aux fers, et il apprit que les cent cinquante hommes qui l'avaient ainsi surpris et arrêté étaient des Djuabins, apostés là pour le faire prisonnier; ils l'emmenèrent de force dans la capitale du pays révolté.

Le cœur du malheureux voyageur fut envahi à la fois par toute sorte de craintes. Son passé si douloureux se déroula devant ses yeux. Allait-il de nouveau subir une captivité qui n'aurait de fin que celle d'une guerre impitoyable, ou bien les Djuabins, moins scrupuleux que les Achantis, allaient-ils lui couper le cou?

Partout sur son passage il n'entendait que des menaces de mort et des cris de haine; néanmoins il ne se laissa pas abattre, et retrouva tout son courage dans cette aveugle confiance en Dieu, qu'il poussait parfois jusqu'au fanatisme et qui faisait le fond de son caractère. Quand il comparut devant le roi ennemi :

— Je te tiens enfin en mon pouvoir, lui dit celui-ci. Tu verras si ton maître sera assez fort pour te délivrer.

Une assemblée de notables fut convoquée pour se prononcer sur le sort du prisonnier. Quand il comparut devant ce singulier tribunal, composé de ses ennemis acharnés, le malheureux voyageur comprit bien, à la mine farouche de ceux qui le tenaient en leur pouvoir, qu'il n'avait rien à espérer de leur clémence, et que sa mort était d'avance résolue. Néanmoins, se rappelant qu'il était Français, il fit noble contenance devant ces bandits noirs.

Le roi prit la parole, et, dans un discours plein d'astuce, il démontra quel danger il y avait pour le peuple djuabin à laisser vivant un homme qui ne pouvait être que l'espion des blancs, en même temps qu'il était celui du tyran contre lequel on s'était révolté.

On demanda à Bonnat ce qu'il avait à répondre à ses accusateurs.

— Je ne vous crains pas, leur dit-il, et je vous mets au défi d'attenter à ma personne. Je n'ai rien à vous dire, sinon que, pour le seul fait de m'avoir ravi ma liberté, le peuple achanti a été cruellement châtié et que la ville de Coumassie a été détruite de fond en comble. Si vous ne me rendez libre immédiatement ou si vous menacez ma vie, le même sort, je vous l'affirme, attend la ville de Djuabin.

Ce discours, qui en Europe aurait été accueilli par des éclats de rire, émut profondément ces hommes superstitieux. Un des princes les plus importants composant l'assemblée se leva et dit:

— Le blanc a raison. La loi religieuse qui de tout temps a gouverné nos contrées est formelle, et il n'y a pas un seul grand prêtre des fétiches qui contredira mes paroles. Tout le monde sait que le jour où un homme blanc aura perdu la vie par suite de mort violente dans l'Achanty ou dans un des pays qui en dépendent, toutes les populations de nos vastes territoires seront immédiatement détruites. Pour mon compte, je m'oppose formellement à ce qu'il soit fait aucun mal à cet homme, et je demande qu'on se contente de le reconduire à la côte.

Le grand féticheur, qui faisait partie de l'assemblée, appuya cette motion, qui constatait, d'ailleurs, la supériorité de la classe des prêtres sur celle des guerriers.

Tout le monde s'inclina, et le captif, entouré d'une forte escorte, fut reconduit jusque sur le territoire anglais.

Cet échec, qui eût paru irrémédiable à tout autre, n'ébranla pas la foi que Bonnat avait dans son cœur. Renonçant à tenter une seconde fois la traversée du pays des Achantis par Coumassie, il n'en résolut pas moins de gagner Salaga par une autre voie, et de faire la fortune qu'il avait rêvée, quoi qu'il pût lui en coûter.

Un élément nouveau était venu apporter à cet esprit naturellement persistant une force plus grande. Au désir vague de s'enrichir qui avait été jusqu'alors un de ses principaux objectifs, était venu s'adjoindre un autre sentiment autour duquel il fit bientôt converger toutes les tendances de son esprit et de son cœur.

Pendant son voyage en France, il était allé visiter les siens, et au milieu de tous ces êtres aimés, il avait rencontré une famille très-honorable, où on l'accueillit avec ce sentiment hospitalier qui est la vertu la plus pratiquée parmi les populations des rives de la Saône.

Là, il avait fait la connaissance d'une jeune fille accomplie sous tous les rapports, et son cœur, resté muet jusqu'alors, avait été envahi souverainement par un sentiment tout nouveau pour lui. Il avait demandé la main de la demoiselle; mais le père, en homme prudent, lui avait démontré la nécessité de se créer une position sérieuse avant de songer à se mettre en ménage.

— Que mademoiselle Marie consente à m'attendre, s'écria le jeune amoureux, et vous verrez que je reviendrai un jour, riche, honoré, digne d'elle.

Dès lors, Bonnat eut un objectif précis; il poursuivit son but avec acharnement, sans se laisser distraire par rien d'étranger à son amour. Dans les moments difficiles que lui réservait encore sa vie d'aventures, il ne cessa un seul instant de se reporter par la pensée aux lieux lointains où vivait sa fiancée, et ses forces, sa constance, sa foi dans la réussite étaient décuplées.

Ce changement survenu dans le cœur du jeune homme ne fut pas étranger à la résolution qu'il prit, sans hésiter, de tenter la route de Salaga par le fleuve Volta, dont il avait déjà étudié le cours inférieur et dont le cours supérieur devait le conduire non loin de ce marché qu'il avait juré d'atteindre.

Il partit d'Akuama le 7 décembre à la tête d'une flottille, composée de cinq pirogues montées par vingt-sept hommes.

Nous ne suivrons pas jour par jour sa marche sur ce fleuve dont les rives se déroulaient en un panorama merveilleux; nous nous contenterons d'emprunter à son journal les épisodes les plus saisissants de ce voyage rempli de périls et accompli dans des régions où jamais visage blanc ne s'était encore fait voir.

Quelques-uns des pays traversés par la flottille recevaient les voyageurs admirablement bien; d'autres, au contraire, montraient une hostilité à peine déguisée par la peur que leur inspiraient les forces déployées. Ce sentiment se montra surtout à Krakey, village que l'expédition atteignit le jeudi 20 janvier 1876. Laissons le voyageur raconter lui-même les difficultés qu'il eut à surmonter dans cette occasion :

« A huit heures, nous traversons le petit bras de rivière qui nous sépare de la rive, et nous montons au village à l'entrée duquel nous nous arrêtons pour donner aux chefs le temps de se rassembler. Nous sommes accompagnés de la plus grande partie de nos gens armés, et nous avons déployé les pavillons anglais et français.

« Vingt minutes après, le roi nous fait dire qu'il est prêt à nous recevoir. Nous nous mettons en marche, traversons d'abord un village de cent huttes rondes, très-mal placées sur des rochers; puis nous nous dirigeons sur un autre village à une centaine de mètres du premier.

« Là, nous trouvons le roi, les chefs et toute la population mâle de l'endroit. Nous saluons à la manière du pays, puis nous allons nous asseoir en face du chef. On nous demande le motif de notre visite. Nous répondons que notre but principal est le commerce, et que nous nous dirigeons sur Salaga, dans l'espérance d'étendre le négoce des Européens dans l'intérieur.

« Pendant que l'interprète reproduit nos paroles, je regarde fixement le roi, qui est un vieillard de soixante-dix ans. Je vois l'anxiété, la peur, l'embarras peints sur sa figure, et lorsqu'il rencontre mon regard, il détourne aussitôt les yeux.

« Quand l'interprète eut fini, le roi dit qu'il avait entendu et qu'il allait se retirer. Dès qu'il fut levé, tous l'imitèrent, et nous fîmes de même. On nous montra l'endroit qui nous était assigné pour demeure à l'entrée du premier village. Nous choisîmes deux huttes et un vaste espace de terrain pour y établir notre camp. Une partie des hommes alla chercher nos bagages, et l'autre s'occupa de construire un vaste abri contre le soleil, qui était accablant. A midi, nous étions installés.

« On vint nous dire que l'opinion des naturels en voyant notre déploiement de forces, cinq revolvers, six fusils à aiguille, six à silex, deux pistolets et deux sabres, était que nous prétextions le commerce, mais que notre attitude indiquait des projets belliqueux. Je fus très-content de voir ces barbares intimidés, et je ne cherchai pas à les détromper.

« Nous apprenons qu'ils se disposent à consulter leur grand féticheur pour lui demander comment ils doivent se conduire à notre égard.

« Crakey est la capitale d'une douzaine d'autres villes ou villages sur lesquels elle exerce une grande influence. De plus, c'est le point qui m'a été signalé tout le long du fleuve comme celui où l'on nous interdira le passage.

« *21 janvier*. — Il faut être politique. Je fais présent aux féticheurs d'un baril de sel de 450 livres, d'une cuvette magnifique, d'un bracelet d'argent, d'un collier, d'une serviette, de cinq bouteilles de gin, de quatre flacons, de deux plateaux avec verres à liqueur, d'un service à limonade avec verres et carafes, le tout peint et doré. J'accompagne ces présents de protestations de bonnes intentions; enfin je leur déclare que je ne sollicite en rien d'eux la permission de passer, car la route appartient de droit aux Européens, et j'irai de l'avant, quoi qu'il advienne.

« *22 janvier*. — Sous prétexte de chasse, nous allons faire une reconnaissance sur la route de Salaga, sous la conduite d'un de mes serviteurs, Nolly, qui a déjà fait le chemin. De retour à Crakey, on nous interroge de nouveau sur nos intentions, et l'on cherche des faux-fuyants pour nous empêcher de continuer notre voyage. Je réponds que les drapeaux de France et d'Angleterre ne sont pas habitués à retourner sur leurs pas.

« Le féticheur se prononce en notre faveur, et le lendemain, vers les huit heures, les principaux chefs viennent m'annoncer que nous pouvons continuer notre route. Dans l'après-midi, nous tirons vingt et un coups de canon pour saluer nos pavillons... »

C'est le samedi 29 janvier, à huit heures, que l'expédition, après avoir quitté le Volta, et avoir pris la route de terre, arriva en vue de Pémé, capitale du Sérima, et résidence du roi de Salaga. Quatre ou cinq guerriers vinrent à leur rencontre et leur apportèrent un grand pot de bière de millet de la part du chef.

Après avoir arboré leurs drapeaux et s'être disposés en bon ordre, ils traversèrent une longue ligne de maisons rondes, puis ils entrèrent sur une immense place couverte d'herbe, qu'ils traversèrent pour se rendre auprès d'un chef qui les attendait sous un arbre par ordre du roi. Ce chef était assis à l'orientale sur des peaux entassées et était à demi couché sur un coussin brodé.

Bonnat comprit qu'il y avait dans la présence de ce chef une sorte de mauvais vouloir du roi et un parti pris de ne pas le recevoir. Il refusa de répondre aux questions qui lui furent faites, dit qu'il était fatigué et pria qu'on lui indiquât un logement. Les huttes qu'on lui désigna lui semblant trop peu confortables, il alla s'installer avec ses bagages sous deux arbres ombrageant une large place. Ses compagnons et lui furent bientôt entourés des curieux de la ville, qui ne compte pas moins de 6,000 habitants.

Le lendemain, le roi comprit qu'il devait un dédommagement à ses hôtes et les reçut solennellement. Bonnat en profita pour faire un long discours en langue achantie.

Il parla de sa captivité, qui lui avait permis de connaître l'importance de Sahara (vrai nom de Salaga), et du désir qu'il avait d'y fonder un établissement commercial européen.

Le roi, qui était un beau vieillard, se leva; il déclara qu'il était heureux de recevoir ce nouvel hôte et d'apprendre ses bonnes intentions; que Sahara était une ville ouverte au commerce de toutes les nations, et que quiconque y viendrait pour trafiquer serait le bien reçu.

Il était temps que Bonnat arrivât pour avoir l'honneur indiscuté d'être le premier Européen ayant pénétré à Salaga. Laissons-le raconter lui-même la surprise que lui causa l'arrivée subite autant qu'inattendue d'un autre blanc qui aurait bien voulu lui couper l'herbe sous les pieds :

« Le roi m'envoya un messager tout effrayé pour me dire qu'un autre blanc arrivait par la route de l'Achanty. Il me priait de lui apprendre ce que j'en savais.

« Je répondis que j'avais entendu le gouverneur de la Côte exprimer l'intention de venir à Salaga, mais que je doutais que ce fût lui; que je pouvais lui assurer sur serment qu'en tout cas, cet Européen ne venait que dans de bonnes intentions.

« Quoique l'après-dînée fût fort avancée, nous résolûmes, mon compagnon de route européen, M. Bonnerman et moi, d'aller faire une excursion à Salaga. Un instant après, nous étions en route, transportés dans nos hamacs et suivis de nos gens. Dix minutes plus tard, nous découvrions Salaga, assise dans une longue ondulation de la plaine. Les milliers de huttes de la ville formaient une ligne immense et compacte de plus d'un kilomètre et demi. De grands arbres s'élevaient çà et là au-dessus des habitations.

Nos gens étaient enthousiasmés, nos porteurs couraient plutôt qu'ils ne marchaient. Nous traversâmes de nombreux troupeaux de chèvres, de vaches, de moutons, d'ânes et de chevaux, et bientôt nous arrivâmes aux premières huttes. La foule accourait sur notre passage. Nous fûmes obligés de mettre pied à terre.

« Le marché offrait le coup d'œil le plus africain que j'aie jamais vu. Au bout du marché, nous apprîmes que l'Européen annoncé était arrivé et se reposait sous un arbre.

« — Si c'était Goldsbury ? me dit M. Bonnerman.

« (M. Goldsbury était le commandant de la ville d'Acra.)

« C'était lui, en effet, que nous eûmes la surprise de rencontrer. J'appris le lendemain qu'il avait fait huit jours de marche forcée depuis Usuta, où il avait appris notre présence dans le haut Volta ; laissant en arrière ses bagages, son lit, ses domestiques, il avait cherché à arriver premier et s'était trompé de quarante-huit heures !... Aussi à mon cordial salut répondit-il un peu froidement. »

Bonnat reconnut bien vite qu'on ne lui avait exagéré en rien l'importance du marché de Salaga ; il y vit des caravanes venant des quatre points cardinaux, les unes du Sénégal et du Niger, d'autres de Tombouctou, d'autres même du lac Tchad. Les bénéfices à réaliser par lui dépassaient de beaucoup toutes ses espérances. Après avoir fait une reconnaissance du haut Volta et s'être assuré qu'avec des précautions, il pourrait faire remonter ses marchandises jusqu'à hauteur de Salaga et doubler ainsi les bénéfices réalisés, il se décida, la joie au cœur, à redescendre le fleuve, afin d'annoncer à l'Europe les résultats inespérés de sa mission.

Les offres de services ne lui avaient pourtant pas manqué avant de quitter la côte. Trois jours après son départ, il recevait les propositions de l'agent en chef d'une maison anglaise. Il s'agissait de retourner dans le haut Volta dans les mêmes conditions déjà qu'il avait acceptées. La proposition était tentante et laissa Bonnat si perplexe qu'il tira au sort pour se décider sur le parti à prendre. C'est la décision du hasard qui le ramena à Liverpool, et qui, par suite, vint apporter un grand changement dans ses plans d'avenir.

A Liverpool, il fit connaissance avec un riche commissionnaire, M. Radkliffe, qui lui offrit non-seulement l'hospitalité, mais encore l'appui de ses relations et de son expérience.

C'est dans une lettre datée de Londres le 29 décembre 1876 que Bonnat écrit à M. Luc, son ami et son futur beau-père, la lettre suivante, qui marque bien la transition subite survenue dans ses projets :

« Il y a deux ans, dit-il, c'est-à-dire quelque temps avant mon second voyage en Afrique, je reçus une lettre d'un de mes amis de la Côte d'Or. C'était un naturel de distinction qui appelait mon attention sur les rivières de cette contrée qui sont très-riches en or. Il m'assurait connaître des indigènes qui, en plongeant avec une sébile en bois, prenaient du sable au fond de la rivière et remontaient ensuite en opérer le lavage. Ils réalisaient ainsi chacun de 150 à 200 francs par jour.

« Mon ami me demandait si je ne trouverais pas en Europe un instrument qui pût faire ce travail sur une grande échelle, et promettait des résultats splendides. Il insistait pour que j'apportasse toute mon attention à cette affaire.

« A ce moment, j'étais trop occupé du Volta pour m'arrêter à cette idée, que j'oubliais alors.

« Il y a deux ou trois mois, j'ai reçu une lettre d'un M. Bazin, de Paris, qui avait lu une partie de mes aventures dans l'*Explorateur,* et qui était l'ami de MM. Hertz et J. Gros, rédacteurs à ce journal. Il m'annonçait qu'il était l'inventeur breveté d'un *extracteur* des sables aurifères, et il me demandait mon concours pour une petite expédition qu'il se proposait de faire à la Côte d'Or en vue de l'exploitation de son appareil. Quelques lettres furent échangées, puis tout retomba dans l'oubli.

« Les choses en étaient là, quand je reçus une nouvelle lettre pressante de M. Bazin, me priant de me rendre à Londres, où il désirait me rencontrer. C'est pour cela que je vous écris de Londres aujourd'hui... »

Une affaire fut entamée; elle devait plus tard amener la grande et puissante Société des mines d'or de l'Afrique occidentale, dont l'organisateur et le directeur actuel, M. Vérillon, se propose de raconter l'histoire dans un volume que je me garderai bien de déflorer.

Quand il organisa son expédition aurifère, Bonnat ne renonça pas entièrement aux entreprises commerciales qu'il avait si bien commencées. Il emmenait avec lui trois jeunes Français, dont deux devaient se consacrer aux prospections et à la récolte du métal précieux; c'étaient le fils aîné de l'ingénieur Bazin, qui l'avait chargé de la direction de divers outils inventés par lui pour la circonstance, et M. Edmond Musy, fils d'un percepteur de la Côte-Saint-André, bien connu des gourmets littéraires par les fables qu'il a traduites en patois du Bugey sous le pseudonyme de *Père Froment.* Le troisième compagnon de Bonnat était Brun, un jeune négociant, qui devint plus tard agent consulaire français, consul de Hollande, et mourut récemment à Elmina.

Bonnat et ses compagnons s'embarquèrent à Liverpool dans le courant du mois de mars 1877 et arrivèrent à la

Côte d'Or le 10 avril. Après avoir opéré le débarquement de ses marchandises et laissé au jeune Brun, son agent, la direction de ses affaires commerciales, il se rendit, suivi de Bazin et de Musy, au bas de la rivière Ancobra, où huit pirogues qu'il avait louées les attendaient. L'Ancobra est le cours d'eau qu'on leur avait signalé comme un des plus riches en or et celui dans lequel ils avaient résolu de faire leurs premières recherches.

Laissons la parole au chef de l'expédition, et puisons ce récit dans une lettre adressée par lui d'Axim, le 16 mai 1877 :

« Lorsque j'eus péniblement achevé mon chargement, je partis le 7 avril avec mes huit pirogues et un canot. Après quatre jours d'une navigation rendue difficile par l'insuffisance du nombre d'hommes d'équipage et par une crue subite causée par des pluies récentes, nous arrivâmes au bas de rapides assez importants. Mes canotiers, gens peu habiles et peu expérimentés, prirent peur et déclarèrent impossible de continuer la route. Force me fut de m'arrêter et de dresser ma tente. Je pris le chemin de terre et me rendis à Aodoua. Ce village, distant d'environ 12 milles des rapides qui m'avaient arrêté, était le but de mon voyage.

« La route que je suivis me démontra surabondamment l'impossibilité de faire transporter par terre mes colis lourds et encombrants. Je louai en conséquence une pirogue à Aodoua et je descendis le cours d'eau jusqu'au point où j'avais laissé mes compagnons. Cette exploration de la rivière me sembla peu rassurante, car je ne rencontrai pas moins de onze rapides avant d'arriver à mes pirogues.

« Il n'y avait pas à hésiter ; il fallait tenter l'ascension de ces obstacles. Je me procurai quelques naturels riverains du fleuve pour renforcer mes équipes, et avec l'aide d'ancres et de cordages, nous parvînmes à faire en trois jours les 12 milles que j'avais parcourus en trois heures à la descente. »

Bonnat, arrivé à Aodoua, noua des relations très-amicales avec le chef du village, qui s'empressa de lui indiquer les points de la rivière où les naturels allaient eux-mêmes chercher de l'or; malheureusement on s'assura bien vite que les outils apportés, destinés au lavage des sables aurifères, ne sauraient être utilisés dans une rivière dont le fond se composait d'une couche d'environ 2 ou 3 mètres de gros cailloux roulés. C'est cette couche qu'il s'agissait d'extraire avant d'arriver aux sables ou aux terres riches.

Avant de se décider à quitter ainsi Aodoua, Bonnat vit les chefs du pays et leur confia les difficultés qu'il rencontrait pour mettre en usage l'outillage apporté et la nécessité d'en faire venir d'Europe un autre mieux approprié aux nécessités du terrain. Ces braves gens, voulant prouver la sincérité des renseignements qu'ils avaient donnés, amenèrent trois de leurs meilleurs plongeurs, qui, malgré la saison et la hauteur des eaux, se mirent à l'œuvre, et déployant une énergie d'autant plus méritoire qu'elle est moins commune chez eux, ils arrivèrent à pratiquer un trou dans la couche pierreuse. Parvenus à la surface du sable aurifère, en peu d'instants, ils récoltèrent une quantité d'or fort respectable qu'ils donnèrent à leur hôte et que celui-ci se hâta d'envoyer à Paris à titre d'échantillon.

Ici devrait se terminer la vie d'aventures de Bonnat; à partir de ce moment, en effet, il n'eut plus qu'à prodiguer ses soins à la grande œuvre entreprise. Tout paraissait lui réussir; au petit capital aventuré pour l'exploitation aurifère des mines de la Côte d'Or, s'était substitué un capital considérable. Chaque jour, l'exploitation prenait une importance nouvelle, et bientôt Bonnat, qui en avait été nommé directeur délégué, put revenir en France demander la main de celle dont la pensée l'avait soutenu dans les instants les plus difficiles.

Lors du retour en France de Bonnat, M. Vérillon, qui, étant allé sur les lieux, avait pu juger par lui-même de l'énergie du directeur, en faisait l'éloge dans les termes suivants :

« Notre directeur délégué, M. Bonnat, va nous revenir après trois ans d'une vie rude et extrêmement fatigante. Il laisse nos travaux entre les mains de notre ingénieur en chef M. Héral, qui saura mener à bonne fin l'exploitation commencée par M. Bonnat. Notre compagnie ne devra jamais oublier que ce dernier a été le pionnier toujours courageux de notre entreprise en Afrique, et désirant que le souvenir de ses services ne disparaisse pas avec son départ, j'ai proposé à mes collègues du conseil d'administration que le nom de Bonnat's Hill (Mont Bonnat) soit donné officiellement au petit village que forment déjà nos établissements sur la crête de la colline de Taqua. »

C'est à ce moment où tout lui avait souri, l'amour, la gloire, la fortune, au moment où ses plus ambitieux projets avaient été dépassés, qu'il crut devoir faire un dernier voyage à cette Côte où il s'était illustré. Il lui restait quelques intérêts personnels à régler ; il partit, le cœur joyeux, avec la hâte de revenir passer sa vie entière auprès de celle qu'il aimait tant, qu'il avait si longtemps espérée, qui, elle aussi, l'avait si noblement attendu.

Il était parti en compagnie du célèbre voyageur Cameron, devenu directeur d'une compagnie anglaise d'exploitation de mines d'or, quand un vulgaire chaud et froid vint terrasser en quelques jours celui qu'avaient épargné les sabres des Achantis, des Djuabins et de toutes les populations féroces qui défendaient avant lui les abords du Volta, et Bonnat, qui avait résisté aux fièvres meurtrières, mourut d'un mal qu'il aurait pu aussi bien prendre à la suite d'une imprudence sur les bords tièdes et fleuris de la Saône.

En effet, il fut enlevé à l'affection de tous les siens par une vulgaire fluxion de poitrine. Il mourut à Taqua, sur le théâtre de sa gloire, le 8 juillet 1882. Sa famille fit revenir en France ses restes mortels. L'inhumation eut lieu à Pont-de-Vaux, le 17 janvier 1883, au milieu d'un concours immense d'amis et d'admirateurs.

Citons, pour terminer, les dernières paroles que M. Vérillon prononça sur la tombe de Bonnat, au nom de la Société de géographie :

« Au nom de la Société de géographie de France, que son illustre président, M. de Lesseps, a bien voulu me charger de représenter, et au nom de la compagnie minière de la Côte d'Or d'Afrique, je viens dire quelques paroles d'adieu sur la tombe de Joseph Bonnat, et retracer, en peu de mots, la carrière si bien remplie de cet explorateur énergique, qu'une mort implacable est venue prématurément briser.

« Joseph Bonnat était encore bien jeune lorsque, dévoré par le démon des voyages, il partit pour l'Afrique équatoriale, dont les attrayants mystères l'attiraient invinciblement.

« Pendant dix années, il parcourut, rien qu'avec ses modestes ressources personnelles, les territoires alors totalement inconnus de l'intérieur de la Côte d'Or d'Afrique, jusqu'au jour où, fait prisonnier par les Achantis, il dut subir une affreuse captivité, qui ne dura pas moins de cinq années.

« Ne jamais désespérer était sa devise ; aussi, dès qu'il fut délivré par l'armée anglaise entrée à Coumassie, Bonnat continua-t-il, avec une ardeur nouvelle, l'exploration qu'il avait entreprise.

« Le succès, cette fois, couronna ses efforts, car il est, en effet, le premier Européen qui ait réussi à atteindre la grande ville de Salaga, le Tombouctou de l'Afrique équatoriale, ouvrant ainsi à la civilisation le marché le plus considérable de cette partie du continent africain.

« Rentré en France, Bonnat, à peine reposé de ses accablantes fatigues, ne songea qu'à réunir les éléments nécessaires à une autre exploration qu'il méditait depuis longtemps et qui devait achever sa réputation.

« Soutenu par plusieurs amis qui, émerveillés de son indomptable énergie, s'attachèrent dès lors hardiment à sa fortune, il se mit, cette fois, au service d'une compagnie essentiellement française, et repartit pour ce pays qu'il aimait tant.

« Mettant à profit sa solide expérience du noir continent, le premier encore, il explora le pays de Wassaw, perçant ainsi le mystère jusqu'alors impénétrable qui avait de tout temps entouré le pays légendaire des mines d'or de la Côte d'Or d'Afrique.

« Les Anglais eux-mêmes, malgré leur esprit d'initiative et d'entreprise, bien qu'étant depuis de longues années établis dans ces parages, n'y avaient encore rien tenté.

« Pendant trois ans, Bonnat se consacra tout entier à la nouvelle tâche qu'il avait assumée. A lui revient l'honneur d'avoir, à force de travail, fait surgir, au sein de l'Afrique centrale, les usines de la compagnie minière de la Côte d'Or d'Afrique, autour desquelles huit compagnies anglaises, jalouses de partager les fruits de l'initiative de notre compatriote, sont venues se grouper.

« Ces lieux, où régnait naguère le silence absolu de la forêt vierge, retentissent aujourd'hui du bruit des machines, et bientôt un chemin de fer reliant les mines à la Côte viendra leur apporter l'animation des grands centres industriels.

« Mieux que personne, je puis parler de l'énergie incomparable de Bonnat, de sa persévérance à vaincre les obstacles les plus difficiles, car je l'ai vu à l'œuvre, et je ne saurais me rappeler sans émotion que, pendant trois mois, il a été mon compagnon et mon guide à la Côte d'Or, que c'est lui qui m'a initié aux dangers de la vie africaine, et que c'est à ses affectueux conseils que je dois de les avoir surmontés.

« Il ne lui était, hélas ! pas donné de jouir en paix de la fortune dont il avait réuni les éléments au prix de tant de peines et de fatigues, et lui qui avait mille fois échappé à une mort certaine devait périr victime de ce climat, qui ne pardonne aucune imprudence.

« Combien il serait maintenant heureux et fier d'assister au succès de l'œuvre qu'il a créée ! mais pauvre pionnier infatigable de la civilisation, il est mort victime du devoir ; aussi le souvenir de Joseph Bonnat restera-t-il longtemps vivant et honoré dans le cœur de ses amis.

« Sa vie, bien courte, restera un modèle pour nos explorateurs futurs, et s'il a succombé à la tâche, du moins il a résolu sa large part du grand problème africain ; son passage sur cette terre a été utile à la France ; il a frayé le chemin, et derrière lui la civilisation marche à grands pas ; l'œuvre commencée s'achève, et le nom de Bonnat restera pour toujours attaché à la découverte des régions aurifères de Taquah et d'Abosso.

« *Eripitur persona ; — manet res.* »

Nous n'ajouterons rien à ces éloquentes paroles; elles résument bien ce que fut Bonnat, la grandeur de son œuvre, la place éminente qu'il a prise dans le monde des explorations et de la géographie.

Son nom, pour son éternel honneur, fera le pendant de celui du glorieux René Caillié, qui, comme lui, sans fortune, sans instruction supérieure, sans appui, n'en poursuivit pas moins le but qu'il s'était tracé, et fut le premier blanc qui foula le sol de Tombouctou.

FIN.

TABLE DES MATIÈRES

CHAPITRE PREMIER

Le capitaine Magnan. — e lieutenant Charles Girard. —Le peintre Cuisinier. — La guerre à la Russie. — Une entreprise mort-née. — Une exploration projetée. — Alexandre Dumas père et la goëlette *l'Emma*. — Organisation commerciale. — Voyage aux bouches du Niger. — Tempête. — Naufrage. — Des Robinsons sur la côte de France. 1

CHAPITRE II

Le *Joseph-Léon*. — Départ. — Les Canaries. — Saint-Louis du Sénégal. — Appréciations de M. J. Bonnat. — Son journal de voyage. — Gorée et Dakar. — Fernando-Po. — Le Bony. — Le roi Peppel et son tuteur Ya-Ya. — Le grand chef de la religion Adalessen. — Un dîner chez les noirs. — Les mangliers et les huîtres. 13

CHAPITRE III

Le Nouveau-Calebar. — Navigation fluviale. — M. Bobington. — Les pontons anglais. — M. Cromswick. — M. de Cardi. — Le roi Will Amakri. — Un dîner chez un prince nègre. —Un sacrifice aux fétiches. — Une visite inattendue au *Joseph-Léon*. — Le village du Grand-Calebar. — Les tombeaux des ancêtres. — Le temple et ses ornements. — Le beau Dick, frère du roi. — Le roi Gouéché. — Le balafon. — Danses et fêtes. — Les marchés du Haut-Calebar. — Tchioppo et son chef Boy. — Avaries et difficultés. — Le roi d'Atego et la batterie électrique. — Le *Pas-des-Éléphants*. — Girard Jew-Jew. — Retour du *Joseph-Léon* à l'embouchure de la rivière. 32

CHAPITRE IV

La pointe Fouché. — Les pilotes réfractaires. — Une navigation impossible. — Retour à Bonny. — Départ pour la France du capitaine Girard. — Le subrécargue Bonnat promu au grade d'économe. — Les ponchons d'huile de palme. — Un commerce fructueux. — Les dangers du voyage. — État politique, constitution, famille, religion, funérailles, moyens d'existence, guerres des peuples du bas Niger. — Anthropophagie. — Rôle possible de la France. — Fâcheuses nouvelles. — Événements récents; massacre des Jew-Jew. — La justice indigène. — Un voleur à bord. — Chasse et pêche. — Un village de Krickmen. — Un pavé de coquillages à Jew-Jew-town. — Une négociation difficile. — Triomphe de la cuisine française. — Un jugement de piraterie. — Le roi d'Ibo et son sceptre. — Les pêches miraculeuses à Calebar. — Mariage de Charles Girard. — M. Delport. — Un vol à bord. — Voyage à Calebar. — La fête des eaux. — Une fumisterie nègre. — Le roi de Tchioppo et le roi des Krickmen. — Une petite guerre à Bonny. — Un naufrage. — Scène de piraterie. . 54

CHAPITRE V

Une grande résolution. — Désastre financier de Girard. — Un négociant improvisé. — Le commerce de la côte. — Ce qu'il faut vendre. — Ce qu'il faut acheter. — Prix d'origine, prix de vente. — Retour de Girard. — M. Sakakini et ses fondés de pouvoir. — Séparation. — Marchandises anglaises et françaises. — Situation compromise de Girard. — Le comble de l'égoïsme. — Arrivée du *Georges et Rosine*. — Désorganisation de l'expédition. — Propositions d'accommodement. — Séparation définitive. — Appel à la maison Régis, de Marseille. — Bonnat persiste dans ses entreprises commerciales. 79

CHAPITRE VI

Année 1869. — Lettre du 21 mars. — Mort du capitaine Girard. — MM. Reuxhel et d'Albignac. — Bruits de guerre. — Voyage à Hô. — Les fugitifs. — Entrée à Hô. — Aspect du village. — La mission de M. Homberger. — Reprise des opérations commerciales. — Invasion de Hô par les fugitifs. — La trahison du Aoulan. — Arrivée de Médan et Beecroft. — Bruits de guerre contradictoires. — Le chef Doupré. — Fuite des missionnaires. — Bonnat et ses compagnons s'établissent à la mission. — Le tam-tam de guerre des Achantis. — La mission envahie. — Bonnat prisonnier. — La bague de sa mère. — Bonnat dépouillé et battu. — Mort de Médan et de Beecroft. — Un moment de désespoir. — Un gardien charitable et ses fils. — Le général achanti et son aide de camp. — Adoucissements au sort du prisonnier. — Espérances de liberté. — Les ruines de Hô. — Le camp des vainqueurs. — Un conseil de guerre. — Dons généreux du grand chef 89

CHAPITRE VII

Un nouveau conseil. — Un chef borgne. — Une alerte. — Pillage de la mission. — Les Aoulanfo. — Aoulou et Achou. — Badago. — Jonction des deux armées. — Bonnat perd la suite des dates. — Réception du captif par le général. — Une panique. — Bataille. — Une chaude alerte. — Un geôlier adouci. — Victoire des Achantis. — Les blessés. — Un moyen nouveau de consulter l'avenir. — Retour à la mission. — Le repas des vautours. — Un sorcier. — Une inscription murale. — Nouvelle visite au camp. — Boisson. — Départ du camp. — Un verre singulier. — Tawieffé; une halte. — A Madsé; caisse de beurre retrouvée. — Une bonne nuit et une bonne journée. — Arrivée à Sawieffé. — Une vieille inhospitalière. — Un bon feu. — Départ et nombreuse escorte. — Le camp des Achantis. — Une foule menaçante et un homme inhospitalier. — Grande réception officielle. — Adou-Boffo et le roi d'Aquamou. — Séjour au camp. — Meilleurs traitements. — Départ. — Une case bienfaisante. — Botoukou. — Un vieux chef mystérieux. — Une perte douloureuse. — Une ascension pénible et une descente périlleuse. — Le Volta. 108

CHAPITRE VIII

Traversée du Volta. — Thomas Coffi. — Assabi. — Projet d'évasion. — Changement de vues. — La cérémonie du *moumanié*. — Un conseil important. — Un nouveau compagnon de route. — Départ du village d'Assabi. — Dekoko. — Une terrible étape. — Un accident. — Changement de paysage. — Un faux village. — Une halte peu confortable. — Le désert. — Un bassin merveilleux. — Désespoir. — Résistance et victoire. — Amauni dompté et adouci. — Un repas consolateur. — Une caravane. — La rivière Aframe. — Des étrangers hospitaliers. — Le village de Tafo. — Le compagnon de route quitte la caravane. — Obitifi. — Séjour et repos. — Retour de Boikey. — Abena. — Nuit à la belle étoile. — Un empoisonnement manqué. — Agougo. — Réception hospitalière. — Amantran. — Sokoré. — Une vieille femme charitable. — Réception. — Un chef mystérieux. — Le choix du coin où l'on dort. — Le prince est une princesse. — La *dikeresse*. — Un bâton de défense. — Assaut d'une demeure pacifique. — Les assiégeants donnent des vivres aux assiégés. — Une jalousie à propos de foufou. — Départ. — Est-ce enfin Coumassie? — Une belle ville. — Les *Ampan*. — Djabin. — Le roi de Djabin et ses femmes. — Deux réceptions diverses. . . 131

CHAPITRE IX

Rencontre inattendue. — Les missionnaires d'Anum : M. Ramseyer et sa femme; M. Kuhne. — Le vieil Akina. — Séjour à Oboukro. — La vieille Mako. — Premier cadeau du roi. — Boikey. — Fête de l'*Appaframe*. — Le chef Sabin. — Un rhume rapidement guéri. — Un *Oinqua*. — Village d'Assoutchué. — Un bain et des écrevisses. — Village royal de Manfrou. — Ebenezer. — Une lettre de M. David Assanty. — Visite au roi Kari-Kari. — Une réception royale. — Travaux d'intérieur. — Les femmes du roi. Le prince Ansah. — Provisions européennes. — Le serment royal. — Le *sougou-ho-ho-aye*. — Le *goro*, ou *kola*, ou *bessé*. — Le plantanier. — Le palmier. — Journal de MM. Ramseyer et Kuhne. — Le lac Bassomtchué. — Danger de répandre l'huile de palme. — Ibrahim et les mahométans. — L'*Omavo* et les ignames. — Un aliment peu appétissant. — Négociations du gouvernement anglais. — Un boa. — Dévouement du prince Ansah. . . . 146

CHAPITRE X

Entrée à Coumassie. — La mission et ses habitants. — Installation des prisonniers. — Bossom-Mourou. — Une alerte. — Mauvaises nouvelles de France. — Réception solennelle. — Retour à la mission; cris de mort. — Boutama. — Fête de Noël. — Richesses indigènes; premiers rêves ambitieux. — Le major Bronwell. — Amanghya. — L'*adé*. — Jour du grand fétiche. — La fête du grand adé. — Visite à Barima. — Rôle des étrangers. — Gouvernement achanti. — Divisions territoriales. — Justice. — Le *dikéro* du village. — La cour suprême. — Les peines. — La peine de mort. — Les bourreaux. — Jugement de Dieu et épreuves. — Le refuge de Boutama. — Les *oinqua*. — Histoire d'un coq. — Bizarreries de la législation. — L'or et les richesses naturelles. — La religion. — Les fétiches et les féticheurs. — Sacrifices divers. — Une rencontre originale. — Un joueur superstitieux. — Les coutumes. — Naissance. — Polygamie. — Rôle de la femme. — Mort. — Tombes et obsèques des rois. — Sépulture des princes à Barima. 175

CHAPITRE XI

Espérances trompées. — Fierté de Bonnat. — Ambassade du prince Ansah. — Villégiature. — La maison de Bonnat. — Plantations et jardin. — Cancans achantis. — Nouvelles graves de la côte. — Pillage de la maison de Waya. — La fête des aïeux du roi. — Sacrifices humains. — L'arbre *Coum*. — Hygiène de Bonnat. — Réception solennelle des prisonniers fantis. — Message de M. Forson et son retour à la côte. — Réception des mâchoires des vaincus. — Appel des morts. — Un grand conseil. — M. Plange. — Une invasion de fourmis. — Maladie de M. Kuhne. — Un docteur nègre. — Retour du prince Ansah. — Occupations agricoles. — Assou-Coco. — Départ de Coumassie. — Amanful; Akoukaasi; Fomana. — Mauvais traitements; retour. — La guerre déclarée. — Alternatives de craintes et d'espérances. — Construction d'un palais royal. — M. Dawson, envoyé anglais. — Ultimatum. — Nouvel an. — Sir Garnett Wolseley. — Départ de M. Kuhne. 219

CHAPITRE XII

Boikey-Tintin. — La sœur et la mère du roi. — Départ. — Les cadeaux du roi. — Voyage de quatre jours. — Les avant-postes anglais. — Réception à Fomana. — Monsé. — Le général Wolseley. — Bonnat enrôlé dans l'armée anglaise. — Bataille d'Amanful. — Incendie de Béqué. — Bataille de Dasu. — Prise de Coumassie. — Incendies. — Visite au palais. — La maison de Bossomrou pillée. — Pillage du palais. — Coumassie livrée aux flammes. — La rançon. — Cape-Coast. — Passage gratuit. — Visite aux missionnaires d'Acra. 238

CHAPITRE XIII

Arrivée en Europe. — M. Hertz et l'*Explorateur*. — Une lettre de Bonnat. — M. Camus. — M. de Cardi. — Second départ pour la Côte d'Or. — Voyage à Aquamu. — Le plan de Bonnat. — Voyage à Coumassie. — Le roi Mensa. — Révolte du Djabin. — Jalousie du roi. — Mission échouée. — Départ pour Salaga. — Arrivée à Atebobo. — Trahison et guet-apens. — Bonnat prisonnier. — Assemblée des notables. — Accusation et défense. — Opinion du grand féticheur. — Bonnat reconduit à la côte. — Entêtement du voyageur. — Un amour pur. — Départ pour Salaga. — Krakey. — Nouveaux périls conjurés. — Comment on se rend les féticheurs favorables. — Une reconnaissance. — Pémé, capitale du Sérima. — Salaga. — Un voyageur non attendu; lord Goldbury. — Reconnaissance du haut Volta. — Lettre de M. de Cardi. — Chicane d'allemand. — Voyage à Liverpool. — M. Radkliffe. — Un procès en Angleterre. — L'extracteur Bazin. — MM. Vérillon et Bassot. — Mines d'or de la Côte d'Or. — Nouvelle expédition. — George Bazin, Edmond Musy et Brun. — Mariage et mort de Bonnat. . . 248

FIN DE LA TABLE DES MATIÈRES.

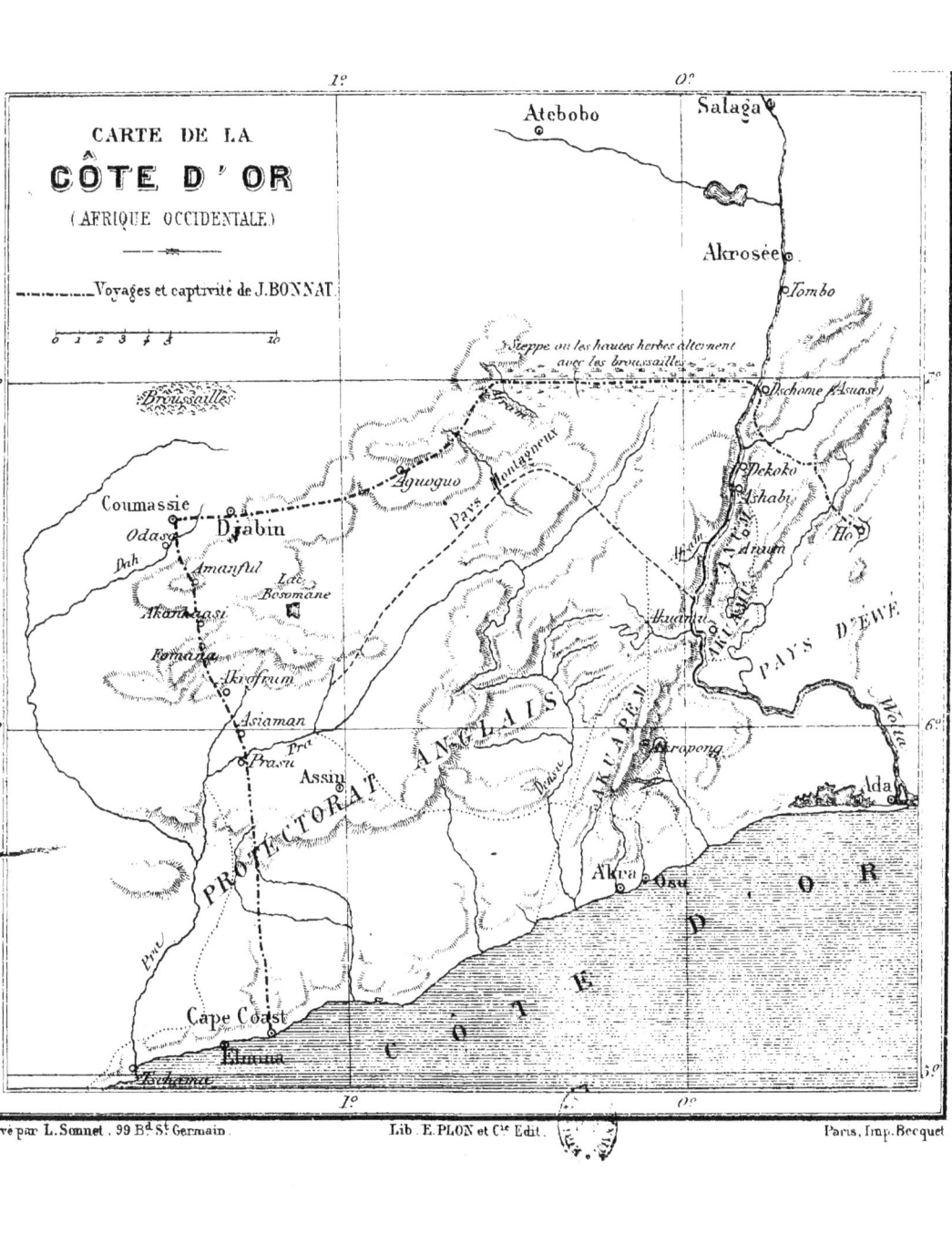

TABLE DES GRAVURES

	Pages.
Portrait de J. Bonnat...............................	Frontispice.
La récolte du vin de palme........................	23
Femme d'Ewalfé.....................................	44
Bonnat prisonnier...................................	97
Grands chefs...	101
Guerrier nègre.......................................	102
Féticheur en prière..................................	118
La dikeresse de Soccoré............................	143
Une femme du roi de Djabin.......................	145
La dikeresse d'Assoutchué.........................	152
Intérieur d'un kest (cour de case).................	163
Réception des prisonniers à Coumassie...........	180
Jeune fille portant son frère.......................	226
Vue d'Elmina..	267

Carte de la Côte d'Or.

A LA MÊME LIBRAIRIE

Une Mission en Abyssinie et dans la mer Rouge (23 octobre 1859 — 7 mai 1860), par le Cte St. Russel, capitaine de frégate. Préface de M. Gabriel Charmes. In-18. 3 fr. 50

En Asie centrale : De Moscou en Bactriane, par G. Bonvalot. Un vol. in-18, avec carte et grav. 4 fr.

Chine et Extrême-Orient, par le baron de Contenson, ancien attaché militaire en Chine. In-18... 3 fr. 50

En Allemagne. *La Prusse et ses annexes.* Le pays — les habitants — la vie intérieure, par F. Narjoux. Un vol. petit in-8° anglais, avec gravures. Prix...... 5 fr.

Les Pays sud-slaves de l'Austro-Hongrie (Croatie, Slavonie, Bosnie, Herzégovine, Dalmatie), par le vicomte Caix de Saint-Aymour. In-18, avec carte et grav.. 4 fr.

Souvenirs du Venezuela. Notes de voyage, par Jenny de Tallenay. Un vol. in-18, avec gravures. Prix. 4 fr.

Le Mexique aujourd'hui, par A. Dupin de Saint-André. Un vol. in-18. Prix................ 3 fr. 50

Un Parisien dans les Antilles, par Quatrelles. Un vol. petit in-8° anglais, avec dessins de Riou. Prix... 5 fr.

Une Course à Constantinople, par M. de Blowitz. 3e édition. Un vol. in-16. Prix............. 3 fr. 50

Pérak et les Orangs-Sakeys. Voyage dans l'intérieur de la presqu'île malaise, par Beau de Saint-Pol Lias. Un vol. in-18, avec carte et gravures. Prix...... 4 fr.

Chez les Atchés. Lobong (île de Sumatra), par Beau de Saint-Pol Lias. Un vol. in-18, avec carte et grav. 4 fr.

La Save, le Danube et le Balkan. Voyage chez les Slovènes, les Croates, les Serbes et les Bulgares, par L. Leger. Un vol. in-18. Prix............... 3 fr.

L'Australie nouvelle, par E. Marin la Meslée. Un vol. in-18, avec carte et gravures. Prix........ 4 fr.

Le Japon pittoresque, par M. Dubard. Un vol. in-18, avec gravures. Prix................. 4 fr.

La Terre de glace. Féroë — Islande — les Geysers — le mont Hékla, par Jules Leclercq. In-18, avec carte et gravures. Prix...................... 4 fr.

Paris. Typographie E. Plon, Nourrit et Cie, rue Garancière, 8.

www.ingramcontent.com/pod-product-compliance
Lightning Source LLC
Chambersburg PA
CBHW071142160426
43196CB00011B/1987